中国网络文化产业
政府补助研究

曾维新◎著

知识产权出版社
全国百佳图书出版单位
—北京—

图书在版编目（CIP）数据

中国网络文化产业政府补助研究/曾维新著. —北京：知识产权出版社，2021.1
ISBN 978 – 7 – 5130 – 7332 – 5

Ⅰ.①中… Ⅱ.①曾… Ⅲ.①互联网络—文化产业—政府补贴—研究—中国 Ⅳ.①G124

中国版本图书馆 CIP 数据核字（2020）第 248406 号

内容提要

本书以网络文化产业为研究对象，研究政府补助这一特定行为，目的在于为政府通过补助扶持网络文化产业提供依据，并分析总结当前中国网络文化产业政府补助的政策和特征，以便政府部门能更好地制定和修正补助政策，实现补助资源的优化配置，促进中国网络文化产业的健康快速发展。

责任编辑：栾晓航　　　　　　　　　　责任校对：谷　洋

封面设计：邵建文　马倬麟　　　　　　责任印制：孙婷婷

中国网络文化产业政府补助研究

曾维新　著

出版发行：**知识产权出版社** 有限责任公司	网　　址：http://www.ipph.cn
社　　址：北京市海淀区气象路 50 号院	邮　　编：100081
责编电话：010 – 82000860 转 8382	责编邮箱：luanxiaohang@cnipr.com
发行电话：010 – 82000860 转 8101/8102	发行传真：010 – 82000893/82005070/82000270
印　　刷：北京中献拓方科技发展有限公司	经　　销：各大网上书店、新华书店及相关专业书店
开　　本：787mm×1092mm　1/16	印　　张：15.5
版　　次：2021 年 1 月第 1 版	印　　次：2021 年 1 月第 1 次印刷
字　　数：270 千字	定　　价：76.00 元
ISBN 978 – 7 – 5130 – 7332 – 5	

序　言

　　网络文化产业在世界范围内都属于新兴产业，并日益成为推动各国经济发展的新动力，大部分国家对该产业均采取扶持政策。目前中国网络文化产业呈现出爆发式增长的态势，以网络游戏、网络视频、网络音乐、网络动漫、网络新闻媒体等为代表的新型业态已初具规模，并逐渐成为国民经济新的增长点。这一方面得益于中国网络基础设施的完善及消费群体的不断扩大，另一方面得益于政府的政策支持。近几年国家先后出台了众多涉及该产业的重要政策，从明确该产业的重要地位到文化产业统计范围变化以及各种财政、税收、金融扶持补助政策不一而足。这些财税金融扶持政策提供的各种政府资源最终落实到企业层面都归入了政府补助范畴。然而对于政府是否应当介入和扶持网络文化产业发展尚存争议，有关网络文化产业的相关扶持政策的执行情况如何，因扶持政策形成的巨额补助是如何落实到网络文化企业层面，补助是否实现了政府部门既定目标，这些问题都亟待深入探讨。因此，研究我国网络文化产业的政府补助问题具有重要的理论和现实意义。

　　通过梳理现有文献发现：一是当前国内外对网络文化产业并无权威统一的界定，众多学者或部门将其称之为数字创意产业、数字文化产业、数字内容产业、互联网文化产业等；二是现有对政府补助的研究大都聚焦于战略新兴产业、信息技术产业等，鲜有以网络文化产业为对象的研究；三是对网络文化产业政府补助的研究主要以定性为主，较少以定量方法来研究政府补助的绩效；四是在考察政府补助对企业的影响时，大都只考察总体补助的作用，较少考察不同类型补助的效果差异，且对政府补助类型的研究仍有细化的空间。基于此，本书依据"要不要—怎么样—行不行"的逻辑，聚焦中国网络文化产业，研究其政府补助问题。其中，"要不要"解决政府是否有必要对网络文化产业进行补助，这就需要对网络文化产业的特性及在中国国情下的现实必要性开展研究。"怎么样"解决中国网络文化产业政府补助的现状如何，这就需要梳理中国现有的关于网络文化产业的相关政策和研究当前中国网络文化企业获取政府补助所呈现的总体特征和内容特征。"行不行"则要解决政府补助是否有效，即绩效评价问题，这就需要验证政府补助（包括总体补助和不同细分类型补助）对网络文化企业的经营绩效、创新和社会责任方面是否起到积极作用。最终目的在于为政府通过补助扶持网络文化产业提供依据，并帮助其更好地制定和修正补助政策，实现补助资源的优化配置，促进网络文化产业快速发展。

本书的研究内容可概括为以下三部分。

第一部分研究政府通过补助扶持网络文化产业发展的必要性。采用归纳演绎法，在明确和完善网络文化产业概念及系统研究网络文化产业各种特性的基础上，先是从市场失灵、产业竞争力理论和幼稚产业保护理论出发论述政府扶持该产业的理论依据；然后在介绍中国网络文化产业新兴业态发展现状及其原因之后，从中国经济转轨及文化体制改革角度探讨政府通过补助扶持网络文化产业发展的现实必要性。同时尝试明确政府在网络文化产业发展中应扮演的角色。

第二部分全面剖析中国网络文化产业政府补助的现状。一是依据重要政策出台或技术进步的关键节点将中国网络文化产业的发展划分为六个阶段，并详细梳理各阶段的政府政策，总结政策演进情况以及特点和问题。二是依据筛选的 179 家网络文化上市公司（其中核心领域 132 家，相关领域 47 家）年报中披露的政府补助金额数据剖析中国网络文化产业政府补助的特征，包括总体政府补助和不同类型补助（财政拨款、政府奖励和税收优惠）在所有制、细分行业和区域等方面呈现出的分布特征；并使用单因素方差分析法（One - Way Anova）和 LSD 多重比较法（Least - Significant Difference）验证所有制性质、细分行业和区域因素是否是影响网络文化企业获取政府补助的因素。三是对中国网络文化产业政府补助的内容结构进行分析。基于补助的目的和具体指向性，将样本企业补助明细科目归类整理分为七大板块内容，通过统计分析揭示中国网络文化产业政府补助的内容结构特征。

第三部分检验中国网络文化产业政府补助的有效性。本研究搭建了网络文化产业政府补助有效性的综合评价框架，利用 179 家网络文化样本企业 2013—2017 年的非平衡面板数据，实证考察了政府补助对网络文化企业经营绩效（财务绩效和市场价值）、创新和增加就业三方面的影响。不仅考察总体政府补助，还考察财政拨款、政府奖励和税收优惠三种细分类型补助对网络文化企业的影响。在整个实证研究中还考虑了所有制因素和细分行业因素对政府补助与网络文化企业各种绩效之间的关系是否存在调节作用。此外还检验了研发投入在政府补助与网络文化企业创新之间是否起到中介作用。

本书的研究结论主要有：

第一，网络文化产业是一个不断变化和演进的动态概念。通过梳理政府部门、研究机构及学者繁杂众多的概念可知，从文化创意产业、文化内容产业到数字文化产业、数字创意产业、数字内容产业再到互联网文化产业、网络文化产业，这些概念的出现是文化产业和不同时段的技术融合发展产生的必然结果。随着科技进步，文化与科技的深度融合，网络文化产业的定义还会不断演进。

第二，中国扶持网络文化产业发展存在理论依据和现实需求。网络文化产业具有经济、文化和意识形态三重属性，同时表现出强大的产业融合和技术关联性等特征，这些特征让其具备了其他产业没有的优势。市场失灵理论（外部性、公共产品、信号传递理论）、产业竞争力理论及幼稚产业保护理论为政府介入网络文化产业提供了理论基石。同时我国经济转型发展、深化文化体制改革和缓解中小科技型网络文化企业融资困境的现实情况也需政府扶持网络文化产业发展。本研究还明确政府的角色应定位为公共网络文化产品的提供者和监管者，网络文化产业发展的引导者和调控者，网络文化市场秩序的建设者和维护者。

第三，中国网络文化产业补助政策不断完善但仍需优化。我国网络文化产业从萌芽发展至今可划分为六个阶段，管理和补助扶持政策经历了从无到有，并不断丰富完善的过程。现有补助政策呈现出规制监管的专门性和政府补助的一般性，推动传统文化产业网络化转型补助政策多过扶持新兴网络文化产业补助政策等特征。同时补助政策也存在不够具体、相对被动和滞后需求等问题。虽然我国已形成了包含财政资金、专项基金、税收减免、政府采购、贷款贴息、保费补贴、项目补贴和政府奖励等在内的多种手段的综合补助政策体系，但尚未建立对各种政策和措施的效果和绩效进行评价的机制。

第四，中国网络文化产业补助具有普惠性并且特征复杂。我国网络文化产业上市公司2013—2017年政府补助覆盖率在95%以上，说明补助对于网络文化上市公司是"普惠"政策，而非"特惠"政策。财政拨款是我国网络文化上市公司政府补助最主要的形式，其次为税收优惠；政府奖励呈现出"奖励名目较多，奖励金额不高"的特征。进一步研究发现，国有网络文化企业、相关领域企业和东部地区的网络文化企业相较于非国有、核心领域和中西部地区的网络文化企业在获取补助方面具有一定优势。但通过单因素方差分析和LSD多重比较法研究发现，网络文化企业在获取政府补助上存在显著的所有制和细分行业差异，而地区差异并没有统计上的显著性。

第五，技术创新类补助是网络文化产业政府补助的主要内容。中国政府对网络文化产业的补助大部分都投向了技术和创新方面，这符合网络文化产业与技术高度关联的特征。其次为产业专项补助和项目专项补助，投融资补助、涉外补助、人才和就业补助、无形资产补助四块内容的政府补助金额占比较少。

第六，实证研究结果表明：①总体而言，在网络文化企业经营绩效方面，政府补助的影响较为复杂，其中对企业市场价值具有显著正向影响，对企业财务绩效并无显著影响；在网络文化企业创新和社会责任（就业）方面，政府补助均有积极正向促进作用；②不同类型补助对网络文化企业的影响存在差异，财政拨款对网络文化企业的市场价值、创新和增加就业方面均有显著正向促进作用，税收优惠对网络文化企业的市场价值和增加就业方面均有显著正向促进作用，政府奖励对网络文化企业创新有负向影响；③所有制因素并没有对政府补助与网络文化企业的经营绩效、创新和就业之间的关系起到调节作用；④细分行业是影响政府补助和网络文化企业创新、就业之间关系的重要因素，以生产网络文化设备为主的相关领域相较于以网络内容生产为主的核心领域而言，政府补助对企业创新和增加就业的影响更加显著；⑤研发投入（RD）在政府补助与网络文化企业创新之间起到中介作用，政府补助对网络文化企业创新的正向促进作用有6.63%是通过企业研发投入来实现的。

基于本研究的主要发现和结论，建议从以下几方面优化网络文化产业的政府补助行为：一是要建立专门的网络文化产业管理体制和补助体系；二是明确财政拨款、政府奖励和税收优惠三类补助各自的特征和效果，依据政策既定目标选择合适的补助类型，确保补助发挥最佳效用；三是破除"所有制惯性"，坚持"竞争中性"和"所有制中立"原则，给予国有和民营网络文化企业平等的市场地位，公平合理分配补助资源。四是关注网络文化产业内部结构差异，鉴于核心领域企业是网络文化产业的主体，最能体现该产业特性，补助可适当向核心领域企业倾斜；五是建立科学有效的网络文化产业补助绩效评价机制，以提高网络文化产业政府补助的利用效率。

目　录

导　论

一、研究背景与意义

（一）研究背景

1. 网络文化产业具有多重特征能产生积极的经济社会效益

网络文化产业作为数字技术、网络信息技术与文化产业融合的新型产业，当前国内外对其并无权威统一的界定，众多学者或部门将其称之为数字创意产业、数字文化产业、数字内容产业、互联网文化产业，等等。无论称谓如何，网络文化产业作为一种新型产业，一方面是传统文化产业转型发展的方向，另一方面催生了网络游戏、网络文学、网络视听、新媒体等多种新型业态，表现出了强大的产业融合特点，不仅极大地改变了文化产业格局，而且由于其具有经济、文化和意识形态多重属性，深刻地影响了社会经济文化的各个方面。此外网络文化产业具有技术关联性，属于典型的知识密集型产业和绿色环保产业，有助于推动我国技术创新和应用，优化产业结构。再者网络文化产业以创意为核心，属于轻资产运营，虽然头部效应明显但准入门槛相对较低，所以以中小民营企业为主，在解决社会就业问题方面也发挥着重要作用。总之网络文化产业的健康快速发展不仅能产生经济效益，还能带来积极的社会效应。

2. 网络文化产业发展迅速且日益成为国民经济新的增长点

国家统计局数据显示，2004—2010 年我国文化及相关产业增加值年均增速为 23.4%，但从 2011 年开始下降，增速从 2011 年的 21.96%降至 2017 年的 12.8%；且 2018 年占 GDP 的比重为 4.3%，仅比 2017 年提高了 0.1%。产业增加值增速和占 GDP 比重增速的双重放缓表明我国文化产业到了需要转变的临界点，主要表现为文化产业结构发生重大变化。一方面包括报纸、图书出版、广电等在内的传统文化产业增长乏力；另一方面随着文化与科技不断融合，与数字和网络信息技术相关的文化新业态和新模式不断涌现且高速增长。网络文化产业已成为文化产业发展不可逆转的趋势。要实现文化产业成为国民经济支柱产业的目标（占 GDP 比重达到 5%），必须全力支持和促进网络文化产业发展。

截至 2018 年年底，中国网民已达 8.29 亿人，其中手机网民 8.17 亿人，占比 98.6%。互联网普及率由 2008 年的 22.6% 提升至 2018 年的 59.6%。庞大的网民数量和互联网的广泛普及为网络文化产业的发展提供了极大的空间。进一步分析发现我国网民中以年轻网民为主（10～39 岁年龄阶段的网民占比 67.8%），网民收入占比最大的为 3001～5000 元群体（21%）❶，网民的年龄结构和收入结构都显示出我国网络文化市场具有强劲的消费潜力。伴随着网络信息技术的发展以及我国网络文化消费群体的形成和扩大，加之政府的重视和支持，我国网络文化产业得到快速发展，网络游戏、网络视频、网络音乐、网络动漫、网络新闻媒体等新型业态已初具规模，并日益成为国民经济新的增长点。2018 年我国网络游戏市场规模达到 2480 亿元，其中自主研发网络游戏海外市场实际销售收入达到 95.9 亿美元，同比增长 15.8%；网络视频用户 6.12 亿人，市场规模达到 963 亿元，同比增长 32%，增长主要来自广告营销创新以及付费会员业务的快速发展；网络音乐用户数为 5.76 亿人，市场规模为 226 亿元，同比增长 29%；网络文学（数字阅读）用户规模达 4.32 亿人，市场规模达 90.5 亿元，增长主要来自用户付费和网络文学 IP 改编；网络动漫用户达到 2.19 亿人，市场规模增长至 141.6 亿元，同比增长 53%，其中网络动漫 IP 授权收入占比超过 30%。2018 年中国网络新闻用户规模达 6.75 亿人，整体网络媒体广告市场规模增长至 2904 亿元，同比增幅在 30% 以上；此外，网络直播新业态出现并发展迅速，市场规模达到 485.8 亿元❷。

3. 国家高度关注并出台多项政策促进网络文化产业的发展

网络文化产业在世界范围内都属于新兴产业，并日益成为推动各国经济发展的新动力，大部分国家对该产业均采取扶持政策。中国政府也十分重视网络

---

❶ 中国互联网信息中心. 第 43 次中国互联网发展状况统计报告［R］. 2019.
❷ 数据来自：国家版权局网络版权产业研究基地. 中国网络版权产业发展报告（2018）［R］. 2019；腾讯研究院. 数字中国指数报告（2019）［R］. 2019. 其中市场规模均指以营业收入计算的规模。

文化产业的发展，近几年先后出台了众多涉及该产业的重要政策，从明确该产业的重要地位，到文化产业统计范围变化以及各种财政、税收、金融扶持补助政策不一而足。2016 年 12 月，国务院印发《"十三五"国家战略性新兴产业发展规划》首次将数字创意产业纳入国家战略性新兴产业发展规划，成为与新一代信息技术、生物、高端制造、绿色低碳产业并列的五大新支柱。随后文化部于 2017 年 4 月发布了《关于推动数字文化产业创新发展的指导意见》（文产发〔2017〕8 号），首次明确了数字文化产业是以文化创意内容为核心，依托数字技术进行创作、生产、传播和服务，呈现出技术更迭快、生产数字化、传播网络化和消费个性化等特点。并从财税方面给予补助支持，明确提出要用好各类财政资金、投资政策；支持符合条件的数字文化企业申报高新技术企业认定，享受减按 15% 的税率征收企业所得税等政策；对企业发生的符合条件的创意和设计费用执行税前加计扣除政策等。2018 年 4 月，国家统计局印发《文化及相关产业分类（2018）》（国统字〔2018〕43 号），这是为了适应当前我国网络时代文化新业态不断涌现的新形势，对《文化及相关产业分类（2012）》进行的修订，新修订后的分类标准突出了互联网信息服务、数字内容服务、互联网文化娱乐平台等反映网络文化产业发展形势的内容。由此可见，国家十分重视网络文化产业的发展，将其作为优化产业结构、促进经济增长的重要支柱性产业。

综上可知，我国网络文化产业已进入快速发展时期，其既具有文化产业的特征，也具有自身特有的属性，日益成为国民经济新的增长点，对我国转变经济增长方式、调整产业结构、促进技术创新和增加就业等方面发挥着越来越重要的作用。因此，我国政府也越来越重视该产业的发展，出台了系列扶持政策，尤其是通过各种财政、税收、金融等政策为网络文化产业的发展提供各种补助。然而对于政府是否应当介入网络文化产业，扶持该产业发展尚存争议，这就需要对网络文化产业进行深入的研究，具体需考虑：一是网络文化产业的内涵和外延是什么，具有哪些特征；二是我国网络文化产业的发展是否需要政府介入，即政府介入的必要性，包括政府介入的相关理论依据以及在当前我国深化文化体制改革背景下政府扶持网络文化产业发展的现实必要性。此外，还要考虑政府与市场的关系，即政府在网络文化产业发展中的定位问题。

中国网络文化产业自 20 世纪 90 年代萌芽发展至今，政府间接或直接出台了系列相关的管理规制政策和专门的财政、税收和金融等扶持政策，这些财税金融扶持政策提供的各种政府资源最终落实到企业层面都归入了政府补助范畴。大量的政府资源是如何落实到网络文化企业层面，补助是否能实现政府部门的初衷，都值得深入研究。笔者试图从以下几个方面进行研究来回答上述问题：一是我国网络文化产业不同发展阶段的政府管理和补助政策的演进变化，政策的特点和存在的问题；二是我国网络文化产业政府补助的落实情况，即补助的分布特征，不同类型补助的结构关系，以及网络文化企业所获补助是否因所有制、细分行业和区域不同而产生明显差异；三是我国网络文化产业政府补助的具体内容，即补助用于何种目的，是用于激发企业创新还是用于增加就业或是其他方面；四是政府补助是否促进了网络文化企业的发展和壮大，即网络文化产业政府补助的有效性研究。

（二）研究意义

1. 理论意义

（1）完善网络文化产业概念，明确网络文化产业是一个不断变化和演进的动态概念。目前对网络文化产业定义的研究较多，出现了诸如数字内容产业、数字文化产业、数字创意产业、互联网文化产业、网络文化产业等多个概念，但至今仍无权威统一的界定。上述各个概念之间具有相似性，但也各有侧重，很多学者将上述概念都等同于网络文化产业，或认为各个概念存在包含的关系。笔者认为应从网络文化产业研究的逻辑起点，即技术与文化相互融合去思考其定义。文化产业和不同时段不同技术融合发展会诞生不同新兴业态，而网络文化产业可以追溯到信息技术革命的突破，其依托不断创新的数字、信息和网络技术，将文化科技融合创新能力持续转化为文化生产力，不断革新文化产业旧的业态、催生新的业态。因此必须明确网络文化产业不是一个静止、封闭的概念，而是随着科技不断进步会不断变化和演进的动态、开放的概念。

（2）系统研究网络文化产业的特性，结合政府介入产业的各项理论和中国经济转轨及深化文化体制改革的需要，探讨政府通过补助扶持网络文化产业发展的必要性，为政府扶持网络文化产业提供依据。本研究深入剖析了网络文化产业的经济、文化和意识形态三重属性及经济特征和产业特征，这些特性使得网络文化产业不同于制造业等传统行业，因而具备了某些特性。基于网络文化产业的特性以及现在所处发展阶段，从弥补市场失灵、保护幼稚产业以及提高产业竞争力等理论出发，形成了政府扶持网络文化产业的理论依据。同时从我国经济转型发展、深化文化体制改革和缓解中小科技型网络文化企业融资困境的现实需要角度出发阐述了政府扶持网络文化产业的现实必要性。最后基于网络文化产业的三重属性及政府和市场的博弈，明确了政府在网络文化产业发展中的定位。

（3）构建网络文化产业政府补助有效性的综合评价框架，为网络文化产业的政府补助的有效性提供经验证据。现有理论和实证研究文献通常只考察政府补助对企业某一个指标的影响，这种单一的研究不能完全体现政府补助的效果和价值。本书构建政府补助对网络文化企业多维影响的研究框架，综合考虑了政府补助对网络文化企业经营绩效（财务绩效和市场价值）、创新和增加就业的影响。而且本研究不仅考虑总体补助的影响，还依据补助的内容和特点，将补助细分为财政拨款、政府奖励和税收优惠三种类型，分别考察它们对网络文化企业的影响。

2. 现实意义

网络文化企业的发展需要来自政府的补助支持，政府部门则需要决定是否提供补助，提供何种补助，以及评价实施的补助是否有效果。本书的研究能够较好地服务上述目的，具有重要的实际价值。

（1）为政府部门提供决策参考依据。本书通过对现有网络文化产业的政府补助政策的梳理、政府补助特点和内容结构的研究，以及实证考察政府补助对网络文化企业经营绩效、创新和增加就业方面的影响，为中央及地方政府相关部门提供决策参考依据，以制定科学有效的网络文化产业政府补助政策。本书研究发现政府补助能够促进网络文化企业市场价值的提升、创新产出和增加就业，因而政府部门应坚定地给予网络文化企业补助；不同类型的补助对网络文化企业的影响各有差异，政府应充分了解财政拨款、政府奖励和税收优惠各自的特点和效果，针对性地采用合适的补助，提高补助的效果。虽然国有网络文化企业相较于非国有企业在获取补助方面具有优势，但是这种优势并没有转化为对补助的使用效果上；网络文化产业相关领域企业相较于核心领域企业获得更多的补助，但网络文化产业的主体是核心领域，因此政府在给予补助时，应考虑适当向核心领域倾斜。

（2）为市场主体提供补助申请指导。现阶段我国并没有专门针对网络文化产业的补助政策，相关补助政策大多散见于文化产业、信息技术产业以及综合性的规划政策文件中。此外，我国的补助名目过多过滥，对于网络文化企业而言，可能不知道或是不全了解当前我国与网络文化产业相关的补助政策以及补助项目，从而无法或不能及时地申请相应的补助。本书对网络文化产业六个发展阶段管理政策和补助政策的梳理，以及对补助明细科目内容的分类研究，有助于网络文化企业了解我国有关该行业的政府补助政策及补助关注的重点方向和内容，以便能够更好地申请政府补助，提升企业价值，实现长期发展。

二、研究思路和方法

（一）研究思路

本书以网络文化产业为研究对象，研究政府补助这一特定行为，目的在于为政府通过补助扶持网络文化产业提供依据，并分析总结当前我国网络文化产业政府补助的政策和特征，以便政府部门能更好地制定和修正补助政策，实现补助资源的优化配置，促进网络文化产业的健康快速发展。因此本书将遵循"要不要—怎么样—行不行"的逻辑展开研究。首先，对政府补助和网络文化产业国内外研究成果进行梳理，明确界定网络文化产业的概念作为研究的基础；其次，深入研究网络文化产业的特性，并从理论依据和我国现实需要两个维度论证政府对网络文化产业进行补助的必要性，即解决政府"要不要"补助该产业的问题；再次，结合我国网络文化产业的发展阶段梳理不同阶段的政府管理和补助扶持政策，并以网络文化上市公司为样本，通过对样本企业年报中披露的政府补助明细科目和金额数据，剖析当前我国网络文化产业政府补助的基本特征、内容结构，即研究我国网络文化产业补助的现状是"怎么样"的问题。在上述数据和分析的基础上，通过建立模型从多个维度综合验证我国网络文化产业政府补助的有效性，对补助的绩效进行评价，即政府补助"行不行"。最后，总结全书的主要研究结论，并提出我国网络文化产业补助优化建议。本书研究思路和框架如图 0 - 1 所示。

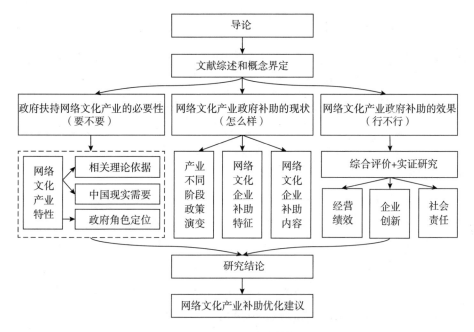

图 0 - 1　研究思路及逻辑框架图

（二）研究方法

本研究聚焦新兴产业的具体问题，属于典型的产业经济学研究范畴，除使用产业经济学研究方法外，还借鉴和参考了发展经济学、宏观经济学、统计学和计量经济学等领域的研究方法，就中国网络文化产业的政府补助问题进行深入探究。本研究采用的主要研究方法有：

（1）文献研究法。先是分别对政府补助和网络文化产业的国内外主要研究成果进行梳理。在此基础上重点对网络文化产业政府补助相关研究成果进行分析和总结，从而了解网络文化产业及政府补助研究的现状和趋势，以便明确本书的主要研究内容和方向。

（2）归纳演绎法。一是归纳总结现有网络文化产业定义研究的异同点，然后从文化与科技融合的逻辑研究起点出发，综合考虑文化资源、技术、创意、传播渠道和消费者等核心要素，结合内容生产、传输和消费的过程演绎并完善网络文化产业的概念；二是运用市场失灵理论、产业竞争力理论和幼稚产业保护理论分析演绎网络文化产业的产业特性，为政府扶持该产业发展提供理论依据。

（3）统计分析法。为全面详细了解我国网络文化产业的补助特征和内容结构特征，笔者基于手动收集的网络文化上市公司政府补助金额和明细科目数据资料，进行深度的统计分析。一是从年度变化上进行纵向的动态分析，了解网络文化企业政府补助的动态变化；二是对不同所有制企业（国有、民营和外商投资）、不同细分行业的企业（核心领域和相关领域）及不同区域企业（东部、中部和西部）所获补助的特征及内容结构特征进行了对比统计分析。此外还对比分析了网络文化企业财政拨款、政府奖励和税收优惠三种不同类型补助的比例关系和动态变化。

（4）计量分析法。依据笔者构建的网络文化产业政府补助有效性综合评价框架，基于 179 家样本企业 2013—2017 年的非平衡面板数据，分别就政府补助与网络文化企业的经营绩效、创新和增加就业之间的关系构建计量模型，采用普通最小二乘估计法（OLS）进行多元回归分析。此外为保证实证结果的可靠性，通过更换被解释变量或改变解释变量处理方式进行稳健性检验，采用自变量滞后期或两阶段最小二乘法（2SLS）回归进行内生性检验。

第一章　概念界定和文献综述

本研究是针对网络文化产业这一特定研究对象研究政府补助这一特定行为，因而有必要对政府补助和网络文化产业的相关概念和国内外主要研究成果进行梳理，尤其是对当前网络文化产业政府补助相关研究成果进行梳理和总结。从而了解网络文化产业及政府补助研究的现状和趋势，为本研究奠定理论基础。

第一节　政府补助研究综述

一、政府补助界定及类型

（一）政府补助界定

政府通常通过产业政策影响和引导企业发展，现实中产业政策一般通过财政税收、金融等各种手段发挥作用，其中政府补助是政府用以实现产业政策目的的重要工具之一（宋凌云、王贤彬，2013）。无论是经济平稳发展时期，还是经济转型时期，补助是政府发挥"有形之手"扶持功能的一种最为直接和有效的手段（Frye & Shleifer，1997）。政府补助往往因国家利益和宏观调控的需要而实施，补助的出现虽然受到经济因素和非经济因素（如政治、科技）的影响，但本身却成为了影响经济发展的重要因素（巫建国，1987）。国内学者对政府补助的概念界定基本上保持一致，如孔东民等（2013），魏志华等（2015）和王德祥、李昕（2017）等认为政府补助是政府（包括中央和地方政府）依据一定时期的政治、经济方针和政策，为实现特定的目标，通过直接或间接的方式向微观经济主体提供的一种无偿转移支付，属于政府财政支出的重要组成部分，具有明显的政策指向性。我国政府部门制定了专门文件对政府补助进行界定，财政部在 2006 年制定并于 2017 年重新修订的《企业会计准则第 16 号——政府补助》（财会〔2017〕15 号）中，明确将政府补助定义为企业从政府无偿取得的货币性资产或非货币性资产，但不包括政府的资本性投入。同时明确了政府补助具有无偿性和条件性两大特点。无偿性指政府并不因此而享有企业的所有权，企业未来也不需要以提供服务、转让资产等方式偿还。条件性体现为企业申请的政策条件（只有符合政府补助政策的规定，才有资格申请政府补助；符合政策规定不一定都能够取得政府补助）和使用的限定条件（企业已获批取得政府补助的，应当按照政府规定的用途使用）两方面。本书研究的政府补助以财政部规定为主要依据。

（二）政府补助分类

关于政府补助的类型，从梳理的现有国内外文献资料看，主要有三种分类逻辑：一是我国财政部《〈企业会计准则第 16 号——政府补助〉应用指南》（以下简称《应用指南》）中对于政府补助的分类；二是基于《应用指南》并结合上市公司披露的政府补助明细科目组合分类，进一步划分形成的政府补助类型；三是基于不同的研究目的，依据相应的标准形成的分类。

首先，财政部于 2017 年修订的《应用指南》规定了政府补助的四种主要形式及内容范围（表 1-1）。但现实情况主要是前三类补助，除有特定功能的国有企业可以获得政府的无偿划拨非货币性资产补助外，大部分企业未获得该类补助。

表 1-1　财政部明确的政府补助类型

补助类型	主要内容
财政拨款	政府无偿拨付给企业的资金，通常在拨款时明确规定了资金用途。如财政部门拨付给企业用于技术改造的专项资金，鼓励企业安置职工就业而给予的奖励款项，拨付企业开展研发活动的研发经费等
财政贴息	政府为支持特定领域或区域发展，根据国家宏观经济形势和政策目标，对承贷企业的银行贷款利息给予的补助，包括直接拨付给受益企业和拨付给贷款银行两种
税收返还	政府按照国家有关规定采取先征后返（退）、即征即退等办法向企业返还的税款，属于以税收优惠形式给予的一种政府补助，但不包括增值税出口退税
无偿划拨非货币性资产	如行政划拨土地使用权、天然起源的天然林等

注：作者依据《应用指南》内容整理形成。

其次，是基于《应用指南》和上市公司披露的政府补助明细科目进行的分类。国内外学者研究中国政府补助的类型，虽然参照相同的准则和梳理了类似的科目，但因研究对象和目的的差异，从而在具体分类上也存在异同。由表1－2可知，因研究对象和目的不同，有的学者只考虑地方政府补助，有的学者只考察战略新兴产业或物联网企业的政府补助。虽然在政府补助具体类型和形式上有所区别，但无论何种分类，都涉及财政资金、税收和奖励等方面。

表1－2　基于《应用指南》和上市公司披露补助明细科目的分类研究

学者	补助类型
唐清泉，罗党论（2007）	依据年报中披露的政府补贴明细，将补贴分为新产品返回、税收奖励、创新鼓励、增值税返回、财政补助、财政综合与其他，后四种类型补助金额占了补助收入的绝大部分
余明桂等（2010）	包括新产品和创新奖励、所得税返还、增值税返还、财政补贴和财政综合等。他们认为如果研究地方政府的补助，需要剔除增值税返还，因为增值税返还政策大部分由中央实施，与地方政府关联不大
郭晓丹等（2011）	以战略新兴产业高新技术企业为对象，补助类型聚焦于政府对企业研发活动的补助、奖励以及税收返还
宋凌云，王贤彬（2013）	现金补助、实物补助、税收返还、财政贴息四种
胡荣才等（2014）	财政补贴、补贴收入、增值税返还、财政贴息等
臧志彭（2014）	财政拨款、财政贴息、税收返还和无偿划拨非货币性资产。和《应用指南》分类保持一致，但作者认为无偿划拨非货币性资产补助较少，所以在实际研究中只考虑前三种补助类型
Lee E，Walker M，Zeng C（2014）；Lim C Y，Wang J，Zeng C（2018）	基于税收和非税收的补助（tax and non－tax based subsidies）。基于税收的补贴主要包括消费税、出口税等返还；基于非税收补贴以直接现金支付、贷款担保和债务减免的方式提供
柳光强等（2015，2016）	包括财政补贴和税收优惠两类。前者包括财政无偿性资金、财政贴息、财政奖励性资金等。后者包括税收减免、税率优惠、即征即退、先征后退、固定资产加速折旧、费用加计扣除等优惠性税收政策等
李晓钟等（2016）	认为政府补助总体上包括专项补贴、生产补贴、研发补贴、税收补贴、人才补贴、专利补贴、奖励资金、贴息及其他补贴等。具体到物联网企业，补助形式主要集中在专项补助和研发补助
夏后学，谭清美（2017）	常见形式包括资金支持、担保、财政贴息、贷款以及税收激励等
陈奇志（2017）	通过不完全信息整理，将政府补助归纳为十大类：税收返还或优惠；财政补助或贴息；科研创新、关键技术或示范应用；产品开发和推广以及公平贸易促进补贴；环保治理和节能减排；产业发展资金（信息化、转型升级专项引导、规模企业突出贡献等）；搬迁补助或淘汰落后产能补助；维稳、技能培训、就业补贴；上市费用、企业改制补贴；经营扶持资金等

注：本表系作者依据文献内容整理形成。

最后，是国内外学者基于不同的研究目的，依据相应标准形成的分类。这种分类研究差异较大，代表性成果有：巫建国（1987）依据财政补贴目的性质，将补贴分为战略性、经济平衡性和公益性财政补贴三大类。Colombo M. G. ET al.（2011）将补助分为"自动性"的补助（Automatic Subsidies）和"选择性"的补助（Selective Subsidies），前者指符合有关规定即可获得的补助，后者指选定的申请人去竞争性的申请补助，由相关委员会或部门评判。Gretz ET al.（2012）则将补助分为成本分摊（Cost Sharing）和绩效奖励（Reward for Performance）两种。王宇、刘志彪（2013）将补贴分为产品补贴（即对最终产品进行价格补贴）和研发补贴两种方式。田翠香、臧冲冲（2017）将政府补助分为直接补助和间接补助，前者指政府直接向被资助企业拨款，后者指通过研发费用税前加计扣除等税收优惠方式给予企业的政策红利。刘相锋（2018）从需求和供给出发，将补助分为需求端补助和供给端补助两类，需求端补助又被称为购买补助（Beresteanu & Li，2011；Gallagher & Muehlegger，2011），该类补助可以转变消费者的消费行为，刺激消费扩大产品需求，从而促使新兴产业的发展（Bastin et al.，2010）。供给端补助则是从产业的供给角度出发，主要包括生产过程中，诸如生产技术、研发等环节的补助和产品配套设施建设方面的补助等。

补助类型中较为受关注的是关于创新补助的研究，该类研究成果也较为丰富。彭红星、毛新述（2017）认为政府补助较为混杂，应该区分为创新性补助（包括科研专项、产业转型升级引导资金、人才引进培训、技术改造和企业研发等补助）和一般性补助（包括环境治理、财政贡献奖励、招商引资、企业融资、经营不善救助等补助）。郭玥（2018）则在上述基础上，认为一般性补助应该归为非创新类补助，所以政府对企业的补助可分为创新类和非创新类补助两类。其他学者对创新类补助的具体内容进行了细化研究，Czarnitzki et al.（2007）和Lach（2010）认为政府通常通过研发补助金、低息贷款或税收优惠支持企业的创新活动。陆国庆等（2014）参照OECD创新调研手册分类标准，将创新补助定义为政府补助中用于促进产业创新活动的部分，具体包括R&D补助、新产品生产补助、人才引进类的补助和其他创新补助。盛光华、张志远（2015）将创新补助分为创新投入补助和创新产品补助，创新投入补助针对企业创新行为进行补助，可以直接、有效地提高企业技术创新积极性；创新产品补助针对企业创新结果进行补助，是产品创新成功后给予的补助。王德祥、李昕（2017）则指出财政支持科技创新补贴的范围包括：无偿资助、风险投资、贷款贴息、偿还性资助、购买性服务等。Chena ET al.（2018）则提出政府对创新的补助可分为 R&D 研发补助和非 R&D 研发补助两类。

二、政府补助的动机研究——政府宏观角度

总的来说，补助是政府用来弥补市场失灵、追求社会政策目标的经济干预工具（Schwartz & Clements，1999）。政府提供补助的动机有很多，主要包括支持投资，扶持特定行业的发展，促进企业发展以保护就业，稳定地方经济等（Lee E，et al.，2014；陆琦林，2017），最终目的是实现经济的增长（黄翔、黄鹏翔，2017）。

（一）外部性、市场失灵和政府补助

福利经济学理论认为，市场失灵是由外部性导致的，对于能够产生正外部性的企业，应该给予一定程度的补助（陈冬华，2003）。Tassey（2004）提出考虑到知识和技术具有公共产品的溢出性，研发活动势必会面临市场失灵和投资不足的问题，因此政府有必要给予研发补助及税收优惠等补助政策以纠正溢出带来的负外部性。林毅夫（2011）在其新结构经济学理论中指出由于市场失灵、知识溢出、协调成本、信息外部性等原因的存在，政府在尊重市场是调节资源配置主体地位的前提下，仍应积极主动发挥因势利导作用，利用政府补助等产业政策，为产业发展和升级提供助推力量。

（二）地方保护主义和政府补助

地方政府面临着发展本地经济，配合中央政府实现经济结构调整和产业升级等国家发展战略的压力，不可避免地会制定有利于本地经济发展的产业政策，而提供补助是一种有效的手段。余明桂等（2010）认为地方政府向本地企业提供财政补助一般是基于提高企业效率（如鼓励企业的科技创新、技术进步和企业绩效等）或社会效益（创造就业和税收等）两方面的考虑。陈冬华（2003）指出地方政府利用补助和税收等手段扶持当地企业的发展，一则能提升企业的竞争力，二则能增加当地投资从而促进地方经济发展。现有研究表明政府补助是引导企业区位选择的重要因素之一（Ellison & Glaeser，1999；Guimares et al.，2003，2004），地方政府补助总额具有明显的选址导向作用（欧阳煌等，2016）。地方政府通过补助就可以抑制本地企业迁出，同时吸引

其他区域企业来本地落户，进而进一步促进区域内生产力和就业机会的提升，增强本地竞争力。特别是地方政府通过减免税赋、税收返还、财政补贴等方式对区域内上市公司进行补助，一方面可以扶优扶强，帮助上市公司提升业绩，为本地企业赢得上市资格和配股增发权（Aharony et al.，2000）；另一方面帮助业绩不佳的上市公司扭亏、保壳，满足监管部门的指标要求，以维护本地经济形象（赵璨等，2015）。

（三）社会效益和政府补助

国内外学者在考察政府补助的社会效益时，往往将补助与企业创造的就业、人员培训以及增加政府税收联系在一起（Koski，2013；孔东民、李天赏，2014）。Wren & Waterson（1991）和 Harris（1991）研究发现政府通常会对创造大量就业机会的项目给予重点补助。Wren（2010）在考察英国补助政策的效果时，发现补助的确推动企业增加了雇员数量。同样 Cerqua & Pellegrini（2014）在研究意大利对私营企业实施补助的效果时，也发现财政补贴可以显著提高企业的雇员数量、投资水平以及营业额。Görg & Strobl（2006）以爱尔兰工业企业为研究对象考察财政援助对企业的影响时，发现获得补助的企业会将更多的资金用于员工培训。杨其静和杨继东（2010）研究发现获得补助的企业人均工资水平显著高于未获补助的企业。但有学者进一步研究发现政府补助对就业的积极影响并不是适用于所有企业，如 Criscuolo et al.（2012）在研究英国的区域选择性补助政策时，发现虽然财政补贴只针对雇员人数小于150人的小企业，才能显著地提升其雇员规模。也有部分学者，如 Wallsten（2000）和 Ankarhem et al.（2010）的研究成果表明政府补助并不能影响企业雇员的数量。但总体上看，政府补助能够带来积极的社会效应。

（四）经济效益和政府补助

政府实施补助的经济效益有宏观和微观之分。宏观经济效应指整个国民经济因政府提供补助而产生的经济效果；微观经济效益指微观经济（某一企业、产业或事项）接受政府补助后所产生的经济效果（巫建国，1987）。具体而言，政府补助经济效益体现在支持生产发展、调节供求关系、稳定商品价格、维护生产者或消费者的利益，提高出口竞争力和获得规模经济效应等（Schwartz & Clements，1999）。对于政府而言，政府补助一项重要的功能体现在能够支持和促进新兴产业的快速发展（王宇、刘志彪，2013）以及调整优化产业结构。宋凌云、王贤彬（2013）认为政府补助可以显著加快产业结构变动，但政府补助的结构变动效应具有短期性，并进一步指出政府可以通过补助在三方面促进产业结构调整：一是向特定新兴产业进行补助倾斜，扶持符合本国现阶段具有比较优势的新兴产业，从而优化产业结构；二是在软硬件基础设施投资方面，政府为私人投资提供补偿性补助，以弥补私人投资可能面临的外部性风险，最终让本国软硬件基础设施与产业发展水平相符，以促进结构升级；三是以补助的形式对先驱企业提供正外部性补偿，通过先驱企业带动新兴产业发展，进而加快产业转型升级的速度。同样也有部分研究成果发现政府补助的经济效应不明显，如 Hiroshi Ohashi（2005）研究认为财政补贴对于工业增长只有极其微小的影响，对整体经济增长并无多大作用。张同斌、高铁梅（2012）以高新技术产业为对象，通过构建一般均衡（CGE）模型研究，发现作为政府补助工具的税收优惠对产业结构调整的激励效果并不十分显著。一些研究甚至表明政府补助会导致产能过剩或效率损失（Larsen & Shah，1992；Lopez & Galinato，2007，耿强等，2011），并引发国际争端（Neary，1994）。

三、政府补助的影响研究——企业微观角度

关于政府补助对企业影响的研究文献十分丰富，主要集中在影响政府获取的因素，政府补助对企业价值、经营财务绩效、企业创新（R&D 投入和产出）的影响、对企业投资的影响等方面。尤其是政府补助与企业创新、R&D 投入和产出的研究出现了较多高质量的研究。

（一）影响企业获得政府补助的因素

企业获取政府补助的机会和金额受诸多因素的影响。一是受政治关联的影响。Faccio ET al.（2006）研究发现具有政治背景的高管的企业可以优先获得政府补助。余明桂等（2010）和郭剑花、杜兴强（2011）研究认为与地方政府建立政治联系的民营企业确实能够获得更多的财政补贴。进一步研究得出有地方政府政治联系的民营企业获得的财政补贴越多，相较于无政治联系的企业，其经营效益和社会贡献越低；二是产权所有制，步丹璐、郁智（2012）和孔东民、刘莎莎（2013）研究发现国有企业获得的政府补助整体上高于民营企业。也有研究发现不同产权性质的企业在获得补贴方面并无差异（陈晓、李静，2001）；三是行业因素，政府补助对不同行业的影响存在差异（胡荣才等，2014），我国政府补助的行业导向更偏向于所支持的行业，研究发现公共

服务行业和高新技术行业上市公司获得的政府补助明显高于其他行业（步丹璐、郁智，2012）；四是地区因素，现有研究普遍发现我国东部地区在获得政府补助方面比中部和西部地区企业更具有优势（步丹璐、郁智，2012）。具体到省份，胡荣才等（2014）认为在经济、资源、地理位置等方面相对具有优势的省份，政府补贴能更好发挥作用。而在欠发达地区，政府补贴政策倾向于吸引低效率企业进入（梁琦、吕大国，2012）；五是公司盈利情况，朱松和陈运森（2009）研究发现前一年亏损且当年补贴后能实现盈利的企业以及避免连续亏损的企业可以获得更多政府补助。步丹璐、郁智（2012）通过对比ST公司和非ST公司，发现非ST公司比ST公司获得更多的政府补助；最后，苑德宇等（2018）研究发现企业所在地的产业集聚水平对企业获得的政府补助具有显著正向影响。企业年龄对企业获得补助的影响呈现先升后降的倒"U"型结构，表明初创企业相较于成熟企业更难获得政府补助。

（二）政府补助对企业价值的影响

研究政府补助对企业价值和成长性的影响涉及企业发展的综合层面。一种观点认为政府补助可以缓解市场中的信息不对称问题（Narayanan et al.，2000），为企业的质量传递积极信号，从而可以更好地获取外部长期融资（Meuleman & Maeseneire，2012），并降低企业的资本成本（Claro，2006），促进企业产出和资产的增长（Bernini & Pellegrini，2011），对企业成长性有积极影响（Tzelepis & Skuras，2004）。黄芝茗（2017）以创业板公司为研究对象，考察了政府补助、成长性对企业价值的影响。结果表明政府补助与企业价值正相关，进一步区分成长性高低发现，在低成长性公司中政府补助与企业价值的相关性尤为显著。也有学者研究持相反的观点，认为补助会不恰当地改变企业的投资决策（Van，1998），导致企业低增长和规模报酬递减（Beason & Weinstein，1996）。魏志华等（2015）研究发现财政补贴对于提高民营和国有上市公司的成长性都未发挥积极作用，原因在于寻租行为及财政补贴资金使用效率低。武咸云等（2017）以2010—2014年278家战略性新兴产业上市公司为研究对象研究发现，滞后一期的政府补助与企业的市场价值显著负相关。还有学者研究得出政府补助对企业价值和成长性的影响要视情况而定，Bergstrom（2000）基于瑞典1987—1993年企业投资补贴效应的分析，发现在获得补助的第一年，补助会对企业产生正面影响，但第二年后会带来负面效应。许家云和毛其淋（2016）研究发现只有适度地政府补助能显著延长企业的持续经营时间，高额度补助反而会增加企业退出市场的风险。Lee E. ET al. （2014）和 Lim ET al. （2018）将政府补助分为基于税收和非税收的补助，考察了不同政府补助类型对企业价值的影响，研究发现基于税收的补助与企业价值正相关，但对通过非税收渠道获得补助的企业，则价值相关性较小。

（三）政府补助对企业财务绩效的影响

关于政府补助对企业财务绩效的研究也有多种不同的结论。一种是认为政府补助对企业财务业绩具有正向影响，如刘靖宇等（2016）利用2007—2012年沪深上市企业财务数据，实证研究政府补助对企业财务绩效的影响，结果显示，在控制有关变量后政府补助对企业财务绩效具有显著正影响。也有学者持相反观点，如 Ankarhem et al. （2010）对瑞士区域投资补助效果进行实证检验，研究发现，获得政府补助的企业相比未获得补助的企业并没有获得更高的净资产收益率。同样，魏志华等（2015）研究发现财政补贴对中国的上市公司的财务业绩并不存在显著的正向影响，也无助于投资者获得更高的市场回报率。对于 IPO 企业，也存在获得政府补助越多，会计业绩和市场业绩越差的现象（王克敏等，2015）。但是更多学者的研究发现政府补助与公司经营财务绩效之间的关系是复杂的（Hall & Maffioli，2008），如 Zhang et al. （2014）对风能制造企业的研究和刘萍、胡欣荷（2015）对新能源上市公司的研究都发现，在短期内政府补助对企业财务绩效有显著的正向影响；但长期来看，政府补助对于企业业绩的提升却产生了负面影响。原因在于部分影响企业获取补助的内外部因素会影响政府补助与企业财务绩效之间的关系，比如获得政府补助的方式是否公平合理（Colombo et al，2011），企业本身的盈利水平和是否存在寻租行为等（赵璨等，2015）。

（四）政府补助对企业创新的影响

政府补助对企业创新的影响，一方面体现在对企业技术创新活动上，另一方面体现在对企业的创新投入上，即对企业 R&D 投入的影响。

1. 政府补助对企业技术创新的影响研究

市场对于创新资源的配置作用往往因创新的溢出效应而失灵（Arrow，1972），因为创新过程中的知识和技术的溢出会降低企业投资回报率（Clarysse et al. ，2009），进而降低企业创新的动力，因而政府有必要采取补助政策和手段来克服市场失灵（Stiglitz，1989），激励企业进行创新（Chaminade &

Edquist，2006；Neary，2010；Kang & Park，2012）。虽然大多政府补助的政策因无法拥有产业的全部信息，只能采取普遍性而非选择性的政策（Rodrik，2004）。政府补助对企业技术创新活动影响的研究呈现多种观点，主要归纳如下：

一是认为政府补助有利于企业的技术创新。众多学者研究发现政府补助可以帮助企业缓解资源不足的问题（Chen et al.，2012；谷丽静，2017），向社会传递积极认证信息（Feldman & Kelley，2006；Li L et al.，2018），进而以较低融资成本获得外部融资（Stenbacka，1998；Gonzalez et al.，2005；李健等，2016），提高企业投资回报率，降低企业创新边际成本和不确定性，分散创新风险（Dominique，2000；González & Pazó，2008），最终促进企业创新（安同良等，2009；Harris & Trainor，2010；郭晓丹等，2011；Aleck et al.，2012；Arqué – Castells，2013；Guo，D. et al.，2016），显著提高企业创新效率和产出（刘继兵、王定超，2014），尤其是对战略新兴产业创新的正面影响尤为显著（陆国庆等，2014）。此外还有学者研究了不同补助类型对企业创新的影响，如 Spencer & Brander（1983）研究发现创新补助与税收优惠激励效果相同。戴晨、刘怡（2008）则认为税收优惠比财政补贴对企业具有更强的激励作用。而郑春美、李佩（2015）发现补助对创新有正向影响，税收优惠不能提升创新绩效。陈林、朱卫平（2008）发现发展中国家的出口退税和创新补贴政策能有效激励创新产出。生延超（2008），盛光华和张志远（2015）则比较了创新投入补贴和创新产品补贴对企业创新的影响差异。

二是部分学者研究认为政府补助对企业创新没有影响或者有反向作用。如 Marcus & Howard（2003）以日本和韩国为例，Fornahl et al.（2011）以德国生物科技企业为例，Catozzella & Vivarelli（2011）以意大利为例，均未发现政府补助能提高产业生产率和专利等创新产出。这可能是补助扭曲了企业的投资行为（肖兴志、王伊攀，2014），让企业形成路径依赖，诱发企业的创新惰性（Garcia & Mohnen，2010）。

三是认为政府补助对企业创新的影响是不确定的（Robinson & Harris，2004），受多种因素影响。李晓钟等（2016）研究发现政府补助和物联网上市企业全要素生产率之间在当期具有显著促进作用，但滞后一两年后则呈现出明显的抑制作用。Child & Tse（2001）研究了企业的所有制类型对政府创新补助效应的差异。杨洋等（2015）则认为要素市场扭曲程度低的地区，补助对企业创新绩效的促进作用更大。邵敏、包群（2012）和毛其淋、许家云（2015）研究发现政府补助对企业创新的影响存在临界点，只有适度地补助才能够显著激励企业创新，而超过临界点的补助额度会抑制了企业创新。这也被一些学者认为创新补助与企业创新之间呈现倒"U"型关系（Dai & Cheng，2015；张帆、孙薇，2018）。童锦治等（2018）研究了企业生命周期对财政补助与企业研发创新之间关系的调节作用，发现财政补助显著激励了成熟期企业的研发创新，对成长期和衰退期企业的影响较小。

2. 政府补助对企业 R&D 投入效应的影响

现有研究主要表现为激励效应或挤出效应。认同激励效应的学者研究成果均支持政府补助有助于企业增加 R&D 投入和投资（解维敏等，2009；王德祥、李昕，2017；王昀、孙晓华，2017），特别是对中小企业有显著促进作用（翟江林、刘素荣，2016；林菁璐，2018）。主要原因在于政府补助可以降低研发活动的风险，帮助企业取得来自政府的信用认证，获得外部融资（王刚刚等，2017），从而刺激企业投入更多的 R&D 资金（Radas & Anicc，2013）。也有相当部分学者研究支持政府补助对企业 R&D 支出存在挤出效应，他们认为在政府创新补助的刺激下，R&D 活动的要素价格因需求增加而提高（Wallsten，2000），企业则会减少自身 R&D 投入（Lee C Y，2011），从而挤出企业自有研发支出（Yu F. et al.，2016；Catozzella & Vivarelli，2016；Marino ET al.，2016；Boeing，2016），进而一定程度阻碍企业的创新（Busom，2000；Kaiser，2006）。也有学者研究认为政府创新补助对企业 R&D 投入既无挤出效应，也无激励效应（Dimos & Pugh，2016；李万福等，2017）。

事实上很多学者的研究表明政府补助对企业 R&D 投入因受不同因素的影响，兼具激励效应和挤出效应。一是补助的强度。Dominique & Bruno（2000）认为存在一个最佳补贴范围，在范围内具有激励效应。随着补贴强度提升，超出范围，则补贴对 R&D 投入的正效应将会减弱，即出现挤出效应（宋丽颖、杨潭，2016）；二是补助的类型和方式。张杰等（2015）研究发现贷款贴息类政府创新补助对企业私人研发有显著互补效应，而无偿资助类政府创新补助则无此效应。郭玥（2018）认为政府创新补助能显著促进企业研发投入，非创新补助则对企业研发投入无显著影响。此外，周亚虹等（2015）认为在产业发展的不同阶段，政府补助对企业研发投入的影响不同，一般到了产业扩张阶段，补助将难以有效鼓励企业进行更多的研发投入。

（五）政府补助对企业资产投资的影响

有学者对政府补助与企业投资之间的关联性进行了研究。研究发现比较多元，如许罡等（2014）以中国2007—2012年上市公司为研究样本，实证检验政府补助对企业投资的影响。研究结果表明政府补助对企业固定资产投资具有促进作用，但对无形资产投资则具有反向作用。王克敏等（2017）研究发现受产业政策鼓励或重点支持阶段的公司政府补助越多，则投资水平越高，但是投资效率却越低。赵志耘等（2017）在以LED行业为研究对象，对无形资产和政府补助相关性进行统计分析，结果也发现存在领取高额补助却拥有极低无形资产的问题上市企业。

第二节　网络文化产业研究综述

目前关于网络文化产业的研究，主要集中在对网络文化产业内涵、外延和特征的讨论，网络文化产业政策，产业发展影响因素及评价体系，以及对国际经验的总结和借鉴等方面。

一、网络文化产业的界定和分类

无论是政府部门、研究机构，还是学者学术探讨，当前对网络文化产业并无统一的界定，各种称谓同时并存，但彼此之间存在交叉演进的关系。

首先，从各国和地区政府部门和组织机构角度，相关概念及界定见表1-3。

表1-3　各国和地区不同部门和组织对相关概念的界定

称谓	不同部门和组织的界定
内容产业、文化内容产业	1995年西方七国信息会议首次提出"内容产业"这一称谓，1996年欧盟在《Info2000计划》中认为内容产业是制造、开发、包装和销售信息产品及其服务的产业，范围涵盖电子出版物（联机数据库、音像、光盘和游戏软件等），各种媒介印刷品（书报杂志等）及音像传播（广播和影视录像等）。1998年OECD在《作为新的增长产业的内容》报告中将内容产业界定为主要生产内容的信息和娱乐业，具体包括出版和印刷、音乐和电影、广播和影视传播等。韩国文化产业振兴院于2001年提出文化内容产业为包含文化传统、生活方式、思想及价值观和民间文化等因素产生的一切文化产品的集合

称谓	不同部门和组织的界定
创意产业、文化创意产业	1998 年，英国创意产业特别工作组（CITF）率先提出创意产业概念，指出创意产业是源自个人创意、技能和才华的活动，通过知识产权的确权和运用，这些活动可以创造财富和就业。包括广告、表演艺术、音乐、电影录像、电视广播和设计、建筑艺术、时尚设计、手工艺品、艺术和古董市场、交互式互动软件、出版业、软件及计算机服务等。2001 年澳大利亚传播、信息科技及艺术部与信息经济国家办公室和 2003 年中国香港大学文化政策研究中心《香港创意产业基础研究报告》都认可创意产业的称谓，前者认为创意产业专指生产过程能够表现出信息和通信特征的数字内容及其应用的产业，后者认为所有利用创造力、技能和知识产权保护来生产发行的具有社会和文化意义的产品或服务的经济活动都属于创意产业
版权产业	国际知识产权联盟（IIPA）于 1990 年将版权产业划分为核心版权产业、交叉产业、部分版权产业和边缘版权产业。具体包括出版文学，音乐，电影电视，广告，软件，绘画艺术，播放工具的制造与批发零售，电讯与互联网服务等
数字内容产业	2003 年，上海市政府在年度工作报告中将数字内容产业界定为依托先进的信息基础设施与各类信息产品行销渠道，为用户提供数字化的图像、字符、影像、语音等信息产品和服务的新兴产业。《中国数字内容产业白皮书（2009）》沿用了这一定义，但是拓宽了外延，建议将该产业细分为网络游戏、数字动漫、数字出版、数字学习、移动内容、数字视听、其他网络服务和内容软件等类型。在我国台湾习惯被称为数位内容产业，在 2003 年的《数位内容白皮书》中定义为将图像、字符、影像、语音等资料加以数字化并整合运用的技术、产品或服务。涵盖数字游戏、电脑动画、数字学习、数字影音应用、行动应用服务、网路服务、内容软体及数字出版典藏八个领域。日本经产省 2007 年及 2016 年出版的《数字内容产业白皮书》认定数字内容产业包含影像、音乐（声音）、游戏、出版、互联网广告和手机移动广告、图书报刊（图书、报纸、图片、杂志等）等类型
数字创意产业、数字文化产业	2016 年中国《"十三五"国家战略性新兴产业发展规划》首次将数字创意产业纳入国家战略性新兴产业发展规划。2017 年，中国文化部发布《关于推动数字文化产业创新发展的指导意见》首次明确了数字文化产业是以文化创意内容为核心，依托数字技术进行创作、生产、传播和服务的产业

注：作者依据文献内容整理形成。

由表 1－3 可知，一是目前网络文化产业并无权威统一的界定，甚至都未出现这一专业名词，只能从各种定义的外延中见到诸如网络服务、互联网广告、电脑动画等零星相关术语，更多的是与数字技术相关的内容；二是从时间维度看，早期都是对内容产业、文化产业、创意产业的界定以及概念的组合，随着文化产业发展和技术进步，文化与科技的融合，依托数字技术的数字文化产业、数字内容产业和数字创意产业概念出现，并且在外延中不断出现于网络技术相关的细分类型。在笔者看来这种概念的变化并非简单的包含关系，而是产业随着技术进步演进产生的新趋势，从而丰富了原有产业概念的内涵，拓宽了原有产业的外延。

其次，国内众多学者对网络文化产业概念进行了学术上的研究探讨：

（1）数字创意产业。王红梅等（2010）认为数字创意产业是以信息网络为平台，以数字化技术为工具，以知识文化为资源，以创意为动力而进行的文化价值创造、传播和运营等新经济活动。臧志彭（2018）认为数字创意产业，和数字内容产业、数字媒体产业等同，是以创意内容为核心，依托数字技术进行创作、生产、传播和服务，引领新供给、新消费，高速成长的新型业态。

（2）数字文化产业。陈少峰、陈晓燕（2013）认为数字文化产业，亦可称为数字出版产业，是指利用数字技术进行内容编辑加工，并通过网络传播数字内容产品的一种新型出版方式。其中涉及的内容包括电子图书、数字报纸/期刊、网络文学、网络教育出版物、数字音乐、网络动漫、网络游戏、手机出版物（彩信、彩铃、手机报、手机游戏）等。张宪超、李孟刚（2014）则认为数字文化产业是指将文本、图片、视频、音频等内容，运用现代化高科技手段整合成新的产品或者为用户提供服务，其内容涉及动漫、游戏、影音和数字化教育等领域以及移动内容、互联网信息服务等方面。刘吉发、熊英霞（2018）和林环（2018）对数字内容产业的定义基本上与臧志彭（2018）的数字创意产业一样。

（3）数字内容产业。罗海蛟等（2010）比对了上海数字内容产业和文化创意产业的细分条目，发现90%以上的内容是重叠的，表明在我国数字内容产业和文化创意产业基本是同一概念。王斌（2010）总结了数字内容产业发展的两大条件：一是要有高效的传输渠道和信息技术支持，所有的内容产品和服务均需要建立在数字技术、信息技术和网络技术的基础上；二是要有能为数字内容产业提供内容对象的有原创内容特征的相关产业作为支持，如教育、娱乐、咨询、艺术和文化产业等。闫世刚（2011）、常征（2012）和黄德俊（2013a，2013b）也都给出了数字内容产业的内涵，但均是建立在王红梅、李代民（2010）定义的基础上，并无本质差异。常征（2012）指出中国数字内容产业目前已初步形成了以数字内容服务、网络动漫和数字影音为主，在线教育、网络出版等为辅的产业发展布局。

（4）网络文化产业。国际上网络文化产业一般被称为数字娱乐产业（陆地、陈学会，2010）、数字内容产业（李文明、吕福玉，2014）。也有研究将网络文化产业称之为数字文化产业、互联网文化产业（陈少峰，2015），虽然对于网络文化产业的界定有很多研究，侧重不同要点，如侧重信息技术❶（田贵平，2008）、侧重服务❷（赵普光、李凌汉，2008）和侧重内容❸（解学芳，2007；朱长春，2008）等。但目前普遍认同网络文化产业是一种融合性产业，既包括传统文化产品和服务与数字网络技术的结合，如数字电视及在线点播音像制品；又包括基于互联网产生的新的独特的业态，如网络游戏、网络大电影等。"网络""文化"和"产业"三者融合，缺一不可，特别指出的是这里的网络不仅指互联网，还应包括广电网、通信网、移动互联网等以 IP 协议为基础能够实现互动的智能化网络的互联（陆地、陈学会，2010）。因此詹一虹、侯顺（2016）认为网络文化产业是借助现代网络技术，以产业化的方式为社会公众提供数字化文化产品和服务以及相关产品和服务活动的集合。陈少峰等（2015，2016）认为网络文化产业可以称为互联网文化产业、新媒体产业、数字文化产业或者数字娱乐产业，是利用数字技术，通过互联网、移动互联网、卫星等渠道，向消费者提供文化娱乐服务的产业形态。具体包含两部分：一是与互联网和移动互联网有关的文化产业；二是数字影视和一些与数字化体验相关的文化产业。但也有少数学者认为网络文化产业是仅指基于互联网的文化产业的狭义概念（毕绪龙，2018）。

最后，关于网络文化产业的分类研究。由上述定义研究可知网络文化产业的分类属于其定义的外延部分。对于网络文化产业类型的研究，从具体的网络文化产业业态上看，主要包括数字新媒体、网络视听、网络游戏、数字出版、互联网广告、在线教育、网络动漫、网络文学、网络搜索、游戏直播等，随着技术的进步和文化内容的挖掘，新的网络文化产业形态将会不断涌现。也有一些基于不同角度的分类值得关注，如詹一虹和侯顺（2016）提出从经营模式的角度，网络文化产业可以分为原创型、代理型、服务型、综合型等。从产业

---

❶　认为网络文化产业是以网络技术为依托，以产业化的方式提供文化产品和服务的信息经济。

❷　认为网络文化产业就是利用计算机网络技术为社会提供游戏、动画、数字出版、影音、数字化教育等各种服务并获取一定费用的服务型行业。

❸　认为网络文化产业的核心是"内容产业"，专业从事文化内容生产、流通和提供网络文化内容服务活动的产业集合，称之为网络文化产业。

角度可以分为两大类：一是传统文化产业的数字化和网络化，如数字电视、数字图书馆等；二是区别于传统文化产业的新型产业，如网络游戏、网络大电影等。从网络文化产品内容的角度，网络文化产业可以分为：信息型（含网络新闻、网络社交等）；教育型（含网络课堂、在线学习等）；娱乐型（含网络游戏，网络音乐等）；经济型（含网络营销、网络广告等）。

综上，虽然不同学者使用网络文化产业、互联网文化产业、数字创意产业、数字文化产业、数字内容产业等不同的名称，但纵观学者给出定义的内涵和外延，大体上相似，这也是部分学者在研究中说明很多种概念属于同义替代的原因。产业通常被定义为功能相同或要素相同的企业的集合，而网络文化产业的核心是文化和技术融合，由此重构和拓展了该产业的边界，使该产业有别于其他产业。笔者认为要清晰界定网络文化产业需考察以下几个要素：一是要有文化资源或内容作为基础，应该包含两块：既包括现有的传统文化资源的数字化和网络化迁移（如图书数字化，形成数字图书馆），又包括网络原生资源的创造和开发（如网络文学、网络游戏）。二是文化资源的迁移和开发需要发挥主体（企业、组织或个人）的主观能动性，即需要创意作为动力，原生性资源在未有效开发前价值较低，其传播成本较高、利用率不高，通过有创意的开发，降低传播成本、提高利用率，从而最大限度地释放文化资源和内容的价值。三是要有技术手段作为支撑，这里的技术包括信息技术、数字技术和网络技术等，随着技术进步，任何能促进文化产业演进的技术都应该被充分利用，推进网络文化产业的进一步发展。四是传播渠道，网络文化产业提供的产品和服务送达到消费者，需要通过网络渠道，这里的网络渠道是指广义的网络，包括电信网、广播电视网、互联网（含移动互联网）。五是网络文化产业属于第三产业中的现代服务业，不同于制造业等其他产业，它与消费者深度互动，以满足消费者的个性化、差异化需求为目标，尤其是在大数据技术日益成熟的现代社会，网络文化企业能较为容易地获知消费者的需求。六是必须明确网络文化产业不是一个静止、封闭的概念，而是不断变化、演进、开放的动态定义。从政府部门、组织机构以及学者繁杂众多的概念可以清楚地知道，这些概念的出现，是文化产业和不同时段的技术融合发展产生的必然结果，因此随着科技的进步，文化与科技的深度融合，网络文化产业的定义必定会不断演进。

鉴于上述分析，笔者认为网络文化产业是以文化资源（传统文化资源和原生网络资源）为基础，以创意为动力，以技术（数字技术、信息技术、网络技术等）为支撑，以网络（电信网、广播电视网、互联网）为传播渠道，基于消费者的需求（一般和个性化），与消费者互动并提供能满足其需求的文化产品和服务以及相关产品和服务活动的动态集合（图1-1）。其外延既包括向数字化和网络化转型的传统文化业态，也包括新兴网络原生文化业态。

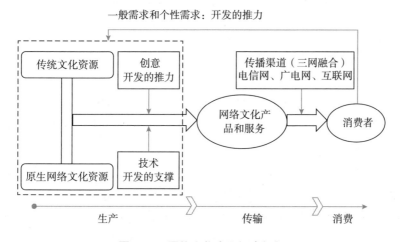

图1-1 网络文化产业概念解析

二、网络文化产业发展影响因素及评价

国内外学者从不同角度分析了网络文化产业的影响因素。Banks et al (2000) 和Scott（2000）强调了消费对文化创意产业发展的重要性。Leadbeater (2004) 进一步提出文化创意产业的发展不仅受消费需求的影响，还取决于供求双方的互动。Yusuf & Nabeshima（2005）则提出开放和创新的经济环境是文化创意产业发展的关键。Cooke & Propris（2011）认为积极的创新文化政策有助于推动产业发展。Gandia（2013）和Paris et al（2013）认为数字技术的发展能够促进电子游戏产业和视频行业的技术更新，从而推动产业的发展。

国内学者有从产业链和价值链层面分析其影响因素。臧志彭（2014）采用决策树的方法，研究发现内容创新、营销体系和社会文化环境是影响网络文化产业的重要因素。其后从全球范围内的价值链出发，发现生产要素、需求条件、产业集群、企业战略与竞争、政府管理等因素制约着我国网络文化产业的发展（臧志彭，2018）。金业阳（2013）研究发现文化资源、人才、技术、信息基础设施、产业政策及运营模式等是影响数字内容产业价值链关键环节的主要因素。张文宇、高晶（2014）认为内容、人才、资金、运行平台是促进价值链提升的保障要素。此外，王红梅等（2010）、黄德俊（2013a，2013b）基于迈克尔·波特的"钻石模型"研究了影响数字内容产业发展的因素。解学芳、臧志彭（2016）进一步比较研究了不同因素的影响程度，研究发现消费者（网民）和技术因素在我国网络文化产业发展过程中影响力相对最低，而政府则是起主导作用。

关于网络文化产业发展评价主要反映在构建评价指标体系，构造指数方面。Richard Florida（2002）构建了数字内容产业评价的"3Ts 模型"，即人才（Talent）科技（Technology）和包容（Tolerance）。臧志彭、解学芳（2012，2013）构建了包含基础创新、要素创新、应用创新、知识产权创新"四位一体"的网络文化产业技术创新指标体系，用于评价中国网络文化产业的技术创新水平。为了考察制度创新情况，构建了包含制度创新层级、创新范域和创新强度三位一体的网络文化产业制度创新评价模型。杨选辉、杜一为（2014）构建了一个包含网络信息基础设施、网络文化生产力、网络传播影响力和网络外围扩展四个指标的网络文化产业价值评估指标体系。臧志彭（2015）以产业基础、产业规模及产业吸引力为基础构建网络文化产业发展指标体系，使用综合评价法构建网络文化产业发展指数。

三、网络文化产业政策研究

网络文化产业政府规制是政府对网络文化产业制定的发展规划和管理制度（陆地、陈学会，2010）。网络文化产业政策是指政府根据一定时期内网络文化产业发展目标，遵循网络文化产业发展的特殊规律，依据网络文化产业发展现状，制定的代表国家利益、产业利益的，以促进网络文化产业发展、调整网络文化产业结构、优化网络文化产业布局为目的的一系列政策措施的集合（龙莉等，2016）。刘爽（2011）将我国网络文化政策的发展划分为网络政策管理前期（1987—1993 年），网络政策管理初期（1994—1998 年）和网络政策管理发展期（1999 年至今）三个时期。龙莉等（2016）则将我国网络文化产业政策的演变划分为五个阶段，分别是萌芽期政策（1994—1999 年）、初步发展期政策（2000—2004 年）、蓬勃发展期政策（2005—2008 年）、纵深发展期政策（2009—2012 年）和移动互联网时期政策（2013—2015 年）。关萍萍（2012）按照 3P 型文化产业（创意力、影响力和文化资本转换力，即 Creative

Power, Influencing Power, Cultural capital transform Power) 的体系标准提取了 46 个要素，对我国现有文化产业政策的体系现状和政策目标设定中的 3P 呈现形态进行了系统地分析，为网络文化产业政策的评价研究提供了可借鉴的经验。

四、网络文化产业发展模式及国际经验

国内学者对网络文化产业研究的很大一部分内容是介绍先进国家的发展模式，总结经验。闫世刚（2011）对美国、欧盟、英国、日本和韩国等发达国家数字内容产业发展模型进行了分析，总结提出美国的市场导向模式、欧盟的融合模式、英国的产业集群模式、日本"走出去"模式和韩国政府主导模式。具体而言，美国是注重技术研发，加强保护版权、商业模式，通过培育良好市场竞争环境来扶持数字内容产业的发展（林环，2018）。欧盟的融合模式体现在欧盟成员国在市场、技术和内容方面的多元整合。英国是最早采用政策扶持文化创意产业发展的国家，通过成立专门机构、建设综合服务平台和发挥行业协会作用，支持文化创意产业集群的发展。日本积极推动以动漫为代表的文化创意产业"走出去"，日本政府从构建海外市场拓展机制、建立海外市场拓展平台给予支持。韩国的政府主导模式，体现为政府出台专项规划，加强法规环境建设，设立专门管理机构，完善投融资机制。

尹达、杨海平（2010）分析了欧美国家数字内容产业的政策法规，发现发达国家均具有完整的法律法规体系和强有力的产业扶持政策。许多国家都会针对数字内容产业的某些特色领域，采取以政府为主的引导政策促使该领域快速发展（来尧静、徐梁，2010）。林环（2018）对欧美数字内容产业发展经验总结，提出内容产品创新和产业发展是市场和政府政策共同作用的结果。肖宇、夏杰长（2018）对美国、法国和韩国的数字文化产业的研究，总结了各自发展的共同点，即重视"文化数字化"的顶层设计、大力推进文化资源数字化进程和强化政策扶持、技术研发、市场监管及知识产权保护。尤其是十分重视无形资产，具有很强的创新意识和创新能力（解学芳、葛祥艳，2018）。鉴于此，学者们建议从完善市场环境，构建良好市场秩序，推进文化资源数字化进程（肖宇、夏杰长，2018）；加大政策扶持力度，鼓励数字文化企业发展壮大（林环，2018）；构建文化创意产业发展的体制机制、动力引擎和资金保障体系（Dawley & Tomaney，2010）；开发数字版权保护技术，强化知识产权

保护，防止数字内容产品侵权（Mickey，2011），加速互联网贸易立法（Chaudhry，2017）等方面入手，最终提升中国网络文化产业在全球价值链中的地位（臧志彭，2018）。

第三节　网络文化产业政府补助研究综述

以网络文化产业切入研究政府补助的学者和成果不多。笔者将从网络文化产业发展中政府的作用和角色、网络文化产业的财政金融补助政策以及政府补助对网络文化企业的影响三方面梳理现有研究情况。

一、网络文化产业发展中政府的作用和角色

胡惠林（2014）认为政府和市场是两种不同的力量，都能对文化市场产生深刻影响，市场发展无法替代政府的力量。所以政府和文化市场的关系不在于要不要干预和管制，而是在于如何干预和管制。叶文辉（2016）提出了政府进行文化管理的直接和间接管理两种模式。Kim（2011）认为数字内容产业发展离不开政府规制，但是政府规制的方式不当可能会阻碍产业发展。如我国网络文化产业条块分割、交叉管理的模式（周庆山、罗戎，2014；王芬，2015）阻碍了网络文化产业的发展。因此构建自我规制体系，可缓解政府的负担（Ogus，2012），但是产业自我规制如果离开政府的监督则无法实施（李鹏，2017）。因此网络文化产业的发展需要政府的介入，只是需考虑介入的方式。

解学芳（2007）认为政府在网络文化产业发展中需扮演好四种角色：一是网络经济的宏观调控者，二是公共网络文化产品的提供者，三是网络文化产业外部性的消除者，四是网络文化市场秩序的维护者。贾康、马衍伟（2012）提出政府在文化产业发展中，应当成为文化产业政策的制定者和文化市场发展的管理者。政府应综合运用战略规划、政策法规制度、行政手段、经济手段（财政补贴、税收优惠政策等）、平台建设和人才培养等手段（周晓英，2015），在尊重市场配置资源基础性地位前提下，营造宽松的文化创新环境，创建良好的文化市场秩序（欧阳友权、吴钊，2016）。

二、网络文化产业的财税金融补助政策

事实上并不存在政府补助政策一说，有关政府补助的相关政策都集中体现在政府对产业及企业在财政、税收、金融等方面的优惠支持举措，最后落实到企业，企业将符合政府补助确认条件的政府资源确认为政府补助，进行会计入账并披露。所以对网络文化产业政府补助政策的梳理和研究，即是对支持网络文化产业的财税、金融等方面政策的研究。鉴于网络文化产业属于新型产业形态，国家并未有专门的财税金融扶持政策，有关的政策散见于文化产业、信息技术产业等相关产业政策中，所以现有研究较少，毛牧然等（2014）介绍了网络文化产业在增值税、所得税、营业税和关税方面享受的优惠政策，并总结了网络文化产业科技创新税收惠政策存在的不足。虽然有关网络文化产业政府补助相关政策的研究不多，但文化产业领域的研究较多，网络文化产业作为网络信息技术和文化产业融合的新型产业形态，虽有自身特有属性，但也具备文化产业的基本属性，所以本书通过对文化产业相关财政税收政策的研究也能一定程度上了解网络文化产业政府补助相关政策研究状况。

首先，学者们总结了当前国内外文化产业的财政税收手段和措施。贾康、马衍伟（2012）和郭玉军、李华成（2012）总结了欧美国家普遍使用的三种税收优惠方法，分别是文化从业人员（艺术家）的税收优惠，文化活动区域优惠及文化细分行业优惠。刘鹏、杜啸尘（2014）提出我国文化产业财政政策已经形成了包含专项资金补助、投资基金、政府购买、税收优惠、财政投融资、资格审查等较为完整的体系。戚骥（2018）指出我国文化产业财政政策主要包括中央文化企业国有资本经营预算、文化产业发展专项资金、中国文化产业投资基金方面。

其次，政府通过多种形式在多个方面对文化产业给予了政策支持。一是生产要素方面，政府部门不断增加财政投入，用于文化资源的开发（贾康、马衍伟，2012）；不同省份的各级政府设立了相应的产业投资基金，提供贷款贴息，帮助企业拓宽融资渠道，缓解融资难问题（杨向阳、童馨乐，2015）；同时，设立创新基金和建立创新奖励机制，允许企业进行所得税和增值税抵扣，为文化企业创新提供支持（马洪范，2010）；二是在政府行为方面，给予文化事业单位财税补贴优惠，培育多元文化市场主体（李秀金，2009）；三是在产品需求端，通过政府购买与补助，积极开拓文化产品国际国内两个市场（郑

春荣，2010）。

最后，有学者研究当前文化产业财税政策的问题并提出对策。魏鹏举、王玺（2013）研究发现中国对文化产业的扶持以财政补贴为主，存在一定的不公平、不恰当问题，税收扶持政策也存在过渡性、临时性的不足。胡若痴、武靖州（2014）指出现有文化产业财政扶持政策存在重点不突出，支出结构不合理等问题。刘鹏、杜啸尘（2014）和戚骥（2018）除发现文化资金投资结构分散，使用效率偏低外，均指出我国当前对财政补助支出缺乏绩效评价。戴祁临、安秀梅（2018）指出我国现有财税政策未能增强企业创新能力。因此，财税政策应突出重点防止扶持范围过宽从而导致区域产业趋同，重点扶持发展初期的中小微文化科技企业（胡若痴、武靖州，2014）；引导社会资本进入文化产业（杨向阳、童馨乐，2015），完善政策绩效评价和管理（戚骥，2018）。另需增强企业创新能力，确保不同所有制主体拥有平等市场地位进行公平竞争，为文化产业发展提供保障（Crane，2014；Rodgers，2015）。

三、政府补助对网络文化企业的影响

政府财税优惠政策落实到企业上，体现为企业获取的政府补助。对网络文化产业政府补助政策绩效的评价，可通过考察政府补助是否有利于网络文化企业发展来验证。Lee & Yoon（2013）认为文化产业政府扶持政策效果评估是十分重要的工作，有助于政府调整扶持政策，确保政策发挥作用。因此有必要通过研究政府补助对网络文化企业的作用来评估政府补助政策是否有效。然而目前鲜有学者以网络文化产业为研究对象考察政府补助的实际影响。杨毅等（2017）以中国影视类上市公司为样本，实证研究了政府补助对数字内容产业绩效的影响，研究发现政府补助对影视类上市公司的部分财务指标在当期产生定向性作用，但在某种程度上虚增了影视类上市公司的盈利能力，导致发生"寻租"行为。其他相关学者的研究都是以文化产业上市公司为研究对象，如臧志彭（2014，2015）基于中国文化产业 A 股上市公司数据，先后考察了政府补助对文化产业的经营绩效、研发投入以及无形资产的影响。吴静（2017）以 2010—2014 年中国文化相关产业 A 股上市公司为样本，分析了政府补助与企业投资支出、投资效率之间的关系，结果发现政府补助能够促使企业加大投资规模，但对提升企业投资效率的效果并不显著。上述为数不多的研究为验证政府补助对网络文化企业的绩效提供有益借鉴。但在上述研究中，都只考虑了政府补助总额对文化企业各方面的影响，并未考察不同类型的政府补助可能带来的影响差异。

文献述评

通过系统梳理已有研究文献可知，国内外学者在政府补助、网络文化产业、网络文化产业政府补助等方面做了大量有价值的研究工作，取得了一系列富有理论意义与实践意义的成果。这些研究呈现如下特征。

一是对于政府补助的研究较多，涉及政府补助的各个方面，且研究十分深入。不仅有对政府补助内涵和分类的讨论，重点聚焦研究政府补助的动机问题，以及政府补助对企业的价值、经营财务绩效、创新和 R&D 投入的影响等方面。但尚有可挖掘的空间：①政府补助的分类有进一步细化的空间。现有研究考察政府补助的现状和作用时，主要是分为财政补助和税收优惠两类，前者是事前激励，后者是事后激励（柳光强等，2015），然后财政补助里有一类属于政府奖励，奖励一般都是事后给予。因而可考虑对财政补贴进一步细分，将政府奖励从财政补贴划出，细分为财政拨款和政府奖励。②研究政府补助问题聚焦的产业研究对象有可拓展的空间。现有研究涉及产业方面，大都聚焦战略新兴产业（郭晓丹等，2011；王宇、刘志彪，2013；肖兴志、王伊攀，2014；陆国庆、王舟，2014）、高新技术产业（张同斌、高铁梅，2012；彭红星、毛新述，2017）、信息技术产业（柳光强等，2015；Chena et al.，2018）、新能源行业（魏志华等，2015；周亚虹等，2015；Yu F. et al.，2016）、物联网板块（李晓钟等，2016）、工业制造业（Lach，2010；邵敏，包群，2012）等，也有极少数学者考察了政府补助对文化产业上市公司的影响（臧志彭，2014，2015；吴静，2017）。但鲜有学者以网络文化产业作为研究对象考察政府补助行为。2016 年网络文化产业首次被纳入国家战略性新兴产业发展规划，已成为与新一代信息技术、生物、高端制造、绿色低碳产业并列的五大新支柱。作为文化与科技结合的新型产业，有必要研究政府补助在该产业发展中的系列问题，以便政府能制定针对性的财政、税收、金融等方面的扶持优惠政策。

二是关于网络文化产业的研究，目前主要以国内学者为主，研究较为宽泛。主要集中在网络文化产业概念内涵和外延的界定，对国际发展政策和经验的总结介绍以及对我国网络文化产业的财税政策、发展现状和对策研究等方面。现有研究还不够深入，可在以下几方面继续拓展研究：①在研究网络文化产业特征时，未结合中国发展情境考虑。中国文化产业的发展历经了从文化事业到文化产业再到网络文化产业的历程，有过要不要放开文化市场、要不要发展文化产业和怎么发展文化产业的转变（欧阳友权、江晓军，2018），其间有文化事业单位改制，互联网快速发展的历史机遇，因此对我国网络文化产业特征的研究必须结合我国文化产业和网络文化产业的发展历程。②当前无论是对我国文化产业还是网络文化产业财政税收政策的研究，都较少涉及对补助绩效的评价，只关注有没有补助政策，有哪些政策；对于政策是否有效，哪些政策有效，当前还未出现系统的研究。③关于网络文化产业的研究，目前以定性研究为主，实证研究较少。尤其是在验证政府补助的效应，即研究政府补助对网络文化企业影响方面，不仅实证研究的文献较少，在仅有的少数研究当中，也只考察了总体政府补助对企业的影响，未区分验证不同类型政府补助对网络文化企业的影响。

综上，笔者将依据"要不要—怎么样—行不行"的逻辑，聚焦中国网络文化产业，研究其政府补助问题，以期丰富和深化网络文化产业政府补助的研究。"要不要"是解决政府是否有必要对网络文化产业进行补助，这就需要对网络文化产业的特性及在中国国情下的现实必要性开展研究；"怎么样"是解决中国网络文化产业政府补助的现状如何，这就需要梳理中国现有的关于网络文化产业的相关政策和研究当前中国网络文化企业获取政府补助所呈现的总体特征和内容特征；"行不行"则要解决政府补助是否有效，即绩效评价问题。这就需要使用计量模型，验证政府补助对网络文化企业的经营绩效、创新和社会责任方面是否起到积极作用。

第二章 中国网络文化产业政府补助必要性分析

网络文化产业是文化产业发展的方向和趋势，也是国民经济新的增长点。其既具有文化产业的一般属性，也具有属于自身的特殊属性。鉴于网络文化产业具有文化价值、经济价值以及社会意识形态价值等多重价值，目前，美、日、韩和欧洲等国家和地区普遍对该产业采取扶持政策。本章试图在明确网络文化产业的多重特性的基础上，从政府扶持网络文化产业发展的理论依据和现实需要两方面阐述政府对网络文化产业进行补助的必要性，并进一步分析政府在网络文化产业发展中的定位和角色。

第一节 网络文化产业的特性

由第一章对网络文化产业的界定可知，其基础是文化资源和文化内容，载体为数字、信息和网络技术，业态为新兴产业，因而网络文化产业是文化和技术融合的新兴产业。技术的进步不仅改变了传统文化的生产、传播方式，还促使形成了新的网络文化形态；反过来网络文化产业的发展客观上要求技术不断进步。网络文化产业则是网络文化经济化的直接产物（詹一虹，侯顺，2016），网络文化能产生经济收益，而网络文化产业的发展，网络文化是基础，产业和文化之间相互依存。根据罗默等人的研究表明，技术是经济增长的内生变量，数字、信息和网络技术不断渗透到网络文化产业等网络经济中，极大地改变了其生产方式和资源配置方式等。文化、技术和产业相互渗透融合形成的网络文化产业因而具备了较为复杂的多重属性和功能❶。

---

❶ 本章节对网络文化产业特性的分析均聚焦网络文化产业核心领域。

一、网络文化产业的"三重属性"

网络文化产业是文化产业和科技融合发展的产物，具有文化产业的一般特征，表现为具有文化属性、经济属性和社会意识形态属性。

（1）网络文化产业具有文化属性❶。主要体现在：第一，网络文化产业的基础是文化资源和文化内容，其天然具有文化属性。无论是对现有的传统文化资源的开发和利用，还是对原生网络文化资源的使用，都是以中华民族在历史长河中形成的丰富的、优秀的文化资源为基础。离开文化谈产业化、谈数字化和网络化是无源之水、无本之木。第二，人们对网络文化企业提供的产品和服务的消费，更多的是对产品和服务内涵的文化价值的消费。网络文化产业提供的产品和服务大都是精神层面的，具有虚拟性和非实务性，如网络游戏、网络文学或网络大电影等，消费者是享受网络游戏带来的乐趣，是对文学内容和电影内容的欣赏，并不是对承载网络文化的物质载体的消耗。此外，人们对网络文化产品和服务的消费不仅不会对产品和服务带来消耗性的损失，反而会实现网络文化产品和服务的价值增值。

（2）网络文化产业具有经济属性。无论是文化产业，还是网络文化产业，本质是一种经济活动，是运用产业化的方式来运营文化。与其他产业一样，文化产品和服务也需经过生产（创意）、流通、传播和消费等环节，必须遵循市场经济一般规律和市场规则。网络文化产品和服务在市场条件下也必须具备使用价值和交换价值，前者体现在能够满足消费者的精神文化需求，后者通过生产者的生产和销售、消费者的消费在市场中实现。此外，诸如等价交换原则、竞争规律、供求理论等市场经济的规律也都适用网络文化产业。网络文化产业的经济属性要求我们必须按照产业发展的内在规律来促进网络文化的产业化发展。

（3）网络文化产业具有鲜明的意识形态属性。以内容生产为主要特征的文化产业具有鲜明的意识形态属性。文化产品和服务作为文化内容的载体，不仅具有使用价值和交换价值，其作为一种精神文化的凝结，必然受到生产地社会文化环境、国家制度、公众价值观、审美情趣等一系列因素的影响，从而成

---

❶ 文化属性是指个人或集体长期生活习性的共识，是人或集体本身及同外部环境相互影响、相互作用形成的精神认同和共生模式。

为体现当地意识形态、具有价值导向的特殊产品。网络文化产业则因其强大的社会渗透性，影响更为广泛和深刻：一方面对传统文化产业产生剧烈冲击，促使其开始向数字化和网络化转型，提高了传统文化传播的广度和效率；另一方面又形成了众多新兴的网络文化产业形态，为人们提供了更多高效有趣的网络文化产品及消费方式，从而全方位深刻地影响了现代社会生活的方方面面。网络文化产业的快速发展正在深刻地影响人们的价值观、审美观、信息观、思维方式和认知模式等。

二、网络文化产业的经济特征

网络文化产业具有经济属性，与其他产业一样需遵循一般经济规律，但在某些方面也呈现出不同于其他传统产业的特殊性。

（一）基于供需理论的分析

从经济学角度考察任何一个产业，都必然需要考虑供给与需求。当下我国的主要矛盾已转化为人民日益增长的美好生活需要和不平衡不充分的发展之间的矛盾。表现在网络文化产业领域，就是人们对网络文化产品和服务的需求日益增多，而当前我国网络文化产品和服务的供给能力较为欠缺，既有总量不足，也有供给结构不合理的问题。以网络文化产业为代表的整个文化产业，并不同于工业制造业遵循的需求创造供给的规律，而是符合萨伊法则（Say's Law），即供给能够创造其本身的需求（Supply creates its own demand）。网络文化产品和服务的需求可能事先并不存在，是产品和服务出现后，才激发了消费者的需求热情。比如电影《战狼2》《红海行动》在拍摄放映之后，消费者才有观影需求，在拍摄放映前，很难说有谁的需求就是这两部电影。大部分消费者都不太清楚自己的需求，都局限在既有的需求里，优秀的生产者可以通过创作供给来培育和创造消费需求。

网络文化产业以创意为核心和动力，运用数字、信息和网络等技术对文化资源进行开发，形成具有创意的产品和服务。其供给和需求落脚在创意产品上。如图2-1所示，创意产品的供需均衡较为复杂。由于创意产品的生产和创作更多依赖于个人或团队的才华、智慧和灵感，偶然性和不确定因素较多，因而其供给量在需求水平较低时往往较小，且供给缺乏弹性，体现在图2-1供给曲线 S_1 对应的 $0Q_2$ 的部分，斜率较大，供给曲线陡峭。而随着网络技术发展、知识产权保护等外部环境优化，整个网络文化市场得以发展，市场消费需求不断提升达到一定临界点（$Q > Q_2$）时，创意活动就会被激发，其供给价格弹性也会随之变大，供给曲线相对变得平缓（供给曲线 S_1 对应的 Q_2Q 的部分）。

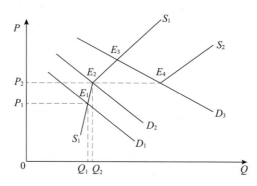

图 2-1　网络文化产品（创意产品）的供给与需求❶

当需求水平较低时（$Q < Q_2$），创意产品的供给增长缓慢，供给小于需求，此时消费者愿意支付更高的价格获取产品，导致需求曲线右移（D_1 至 D_2），价格的不断上升导致该产品最终成为只有一部分消费者能够消费的高端产品，该产品的需求弹性较小，消费者人数增加缓慢（体现为均衡点 E_1 和 E_2 对应的需求 Q_1 和 Q_2 差值较小），最终供给者和消费者都局限在一个狭窄的人群范围内。这表明在网络文化产业还未独立成为一个快速发展的产业之前，其产品和服务难以准确定价，在供需关系的影响下，网络文化产品和服务的消费增加，即网络文化产业的发展与具有消费能力的中产阶级消费群体的壮大紧密关联。

随着社会消费群体发生变化，随之带来消费水平、消费结构和消费偏好也发生变化，消费需求突破临界点（Q_2），此时网络文化产品的需求曲线和供给曲线都会发生变化。当消费者的消费能力不断提升，以及个性化的消费需求逐渐释放。创意产品的生产者，即网络文化企业则大力引进和培养创意人才，不断使用新的网络技术增加创意产品的供给（S_1 至 S_2）。在网络文化企业和消费者的共同参与下，创意产品的供给和需求的价格弹性发生变化，从而导致网络文化产业福利的增加，图 2-1 中 $\Delta E_3E_2E_4$ 代表的面积就是网络文化产业所创造的价值增量。

❶　图参照胡彬. 创意产业价值创造的内在机理与政策导向［J］. 中国工业经济, 2007（5）: 26; 李文明, 吕福玉. 基于供求关系的网络文化产业运作［J］. 现代出版, 2012（2）: 14; 徐海龙. 文化产业基础理论［M］. 高等教育出版社, 2015: 60 综合绘制而成。

由以上分析可知，在网络文化产业获得快速发展的临界点之前的阶段，供给的引导作用十分重要。各种促进网络文化产业发展的制度保障以及技术支持条件的形成和发展都会促使网络文化企业增加创意产品的供给。萨伊法则的"供给创造自己的需求"规律在网络文化产业中得到较好的演绎。

（二）基于边际理论的分析

网络文化产业是文化产业与网络技术深度融合的产物，从有线网络到无线网络，尤其是互联网在中国的普及和快速应用，极大地促进了网络文化产业的发展，改变了产业发展的基础和模式。网络文化产业更符合网络经济的特征，因此，对网络经济边际成本、边际收益和边际效用的分析，有助于更好地理解网络文化产业的特性。一般认为，工业经济的经济学基础是边际成本递增和边际收益递减；相对应的网络经济的经济学基础则是边际成本递减和边际收益递增法则；而对于边际效用，工业经济表现为边际效用递减，在网络经济中则边际效用递减和递增并存（李文明、吕福玉，2011）。

1. 边际成本分析

边际成本是指每增加一单位产量所引起的成本增加量。对于网络经济而言，其成本包括网络建设成本、信息传递成本和信息收集处理制作成本三部分。在网络基础设施既定情况下，只要在网的单位个数控制在不会影响网络传递速度的范围内，那么在这个范围内的任何一点的边际成本都会随着接入单位个数的增加而呈现下降趋势。但超过这个范围则需要增加网络基础设施的建设，所以在临界点上边际成本会突增（图2－2）。而对于信息收集处理制作成本与接入单位和使用人数正相关，即边际成本会递增，但受摩尔定律的影响，处理信息的费用长期看会不断下降。所以对于网络经济而言，相对于一个不变的固定投入或初始投入，其边际成本呈现递减规律。

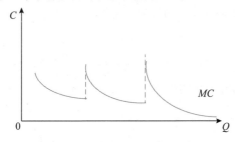

图2－2　网络经济的边际成本

具体到网络文化产业，其符合网络经济的运行规律，所以网络文化产品的边际成本会随着生产规模化而持续递减或是保持在一个较低的稳定水平上。但必须满足一些限定条件：一是要以产业整体宏观角度来看边际成本递减，从网络文化产业整体来讲，创意不断投入可以使边际成本递减，但具体到某一个网络文化产品生产或企业的核算，创意的成本并不像传统可变成本那样保持固定不变，所以必须从产业宏观角度考虑。二是要把创意成本作为固定成本，事实上网络文化产品的开发成本是高额的，但是开发成功后的复制和推广则是低成本的，如一款网络游戏软件的开发、一部网络电影的制作，都需要耗费较高成本，但是一旦开发成功，其复制共享的成本可以随着数量增加而递减或是保持在较低的水平。

2. 边际收益分析

边际收益是指每增加一单位产品销售所获得的收益增量。网络经济下的边际收益递增是其与工业经济相区别的最主要特征。主要区别在于边际效益递减依据的是有形要素的投入，有形要素往往具有排他性使用、一次性使用、知识含量较少等特征；而边际效益递增依据的是创意、知识、技术等无形要素的投入，无形要素往往可以共享、可重复使用、可低成本复制，这些投入的无形要素能够和其他要素进行合理配比使用，从而提升投入要素的边际收益，进而导致边际收益递增。当然边际递减规律在网络经济下仍然发挥作用，只是作用力度正被边际收益递增规律逐步抵消。

具体到网络文化产业，其生产要素主要依据的是文化资源、创意、知识、技术等无形要素，这些要素基本无损耗，可低成本重复投入生产，不断生产新的产品和服务，从而实现边际收益递增。依据罗默内生增长模型，笔者假定：一是网络文化产业增长的核心是文化资源和技术的融合创新；二是网络文化产业的这种融合创新是增长模型的内生变量；三是，网络文化产品如被消费者接受，需要支付对价才能使用，且支付必须是一次性的，因为网络文化产品具有低成本可复制性特征。最后假定生产中使用四种要素投入，K 代表资本，L 代表同质集合劳动，H 为异质创造性人力资本，A 则代表融合创新和创意，k_i 是资本投入量，n 代表资本品的种类，其随着新资本品的发明而增加，则有生产函数：

$$(Hy, x, L)^n = \sum_{k=i}^{n} (n_k) x^k A^{n-k}$$

上述函数表明，当创意、创新和异质人力资本的不断投入，其经济效益则随之增加。随着资本总量的投入，其边际报酬也在不断地增加，这就表明创意、知识、创新等要素的投入导致网络文化产品呈现边际收益递增的现象。

3. 边际效用分析

边际效用是消费者每增加一单位商品的消费所得到的效用增加量。在网络经济中，边际效用递减规律依然起作用，只是出现分化和阶段性特征。一则网络文化产品和服务大都是无形的，具有虚拟性，产品和服务中包含的知识含量和文化资源丰富程度将深刻影响消费者的满足程度。二则因网络文化产品和服务核心是文化和知识，所以在消费后短时间内不会消耗掉，在消费者的大脑中保留和持续的时间会较长，所以消费的时间间隔也会影响消费者获得的满足感。三则相较于工业产品，网络文化产品和服务的边际效用受消费者偏好的影响更大（娄策群、王颖，2009）。基于此，对于不同偏好程度的消费者而言，消费网络文化产品和服务获得的边际效用因产品内涵、时间长短不同而呈现出递增或递减的变化。具体而言，针对那些差别较小、仅满足消费者物质需要或是知识含量较少的产品和服务，边际效用随着商品消费量的增加而减少。对于独特有差别、知识产量高的产品和服务，消费者在消费时的边际效用呈现阶段性递增趋势，比如偏好推理小说的消费者在某个时间段内阅读不同的推理类型小说，其获得的边际效用是递增的，但从长期来看网络文化产品的边际效用还是递减的。即因网络经济的特性，网络文化产品存在边际效用阶段性递增的可能性，但最终还是会递减。

三、网络文化产业的产业特征

（一）具有强大的产业融合性

网络文化产业是文化资源和内容与网络科技技术的融合，是网络经济的典型代表产业。相较于传统产业，其表现出强大的产业融合性和联动性，其边界随着文化与科技融合而日益模糊并不断扩展，表现为网络文化产业新业态不断涌现。网络文化产业的融合性和联动性主要体现在三方面：一是网络文化产业与传统文化产业的互动融合，主要是通过数字、信息和网络技术对传统文化企业及产品的改造升级，如对现有出版物进行数字化和网络化改造，实现传统出版的数字化和网络化展现，从而形成网络出版新业态；又如传统媒体与新媒体的融合，我国各地原有传媒事业单位纷纷成立传媒集团，借用新技术对传播手段进行升级改造，整合有线电视台、广播电台、新闻媒介等资源，形成了具有节目制作播出、网络传输等多功能的媒体集团。二是网络文化产业各细分产业间的互动融合，这突出表现在依赖 IP 开发和运用的网络文学、网络游戏、网络动漫及网络视听（网综、网剧和网络电影）之间的融合互动，如 2017 年的《三生三世十里桃花》，从电视剧、电影到手游、网剧和 IP 授权线下合作进行了全面跨界的交叉运营，并都获得较好表现（图 2 - 3）。三是不同类型的网络文化产品之间也存在内容上和形态上的融合互动，这主要集中体现在各种综合性网络平台的出现，它可以将不同的网络文化产品融合在一个平台上。此外，必须指出的是网络文化产业边界的消融和扩展，新业态不断出现的重要支撑和基础是文化内容和数字、信息和网络技术的融合创新。

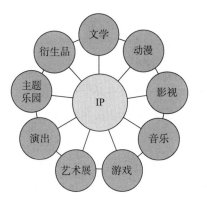

图 2 - 3　基于 IP 开发的网络文化产业细分领域的互动融合❶

（二）准入门槛低但集中度高

互联网的发展大幅度降低了交易成本，加快了信息传播的速度，模糊了产业边界，呈现出极大的包容性，从而在一定程度上降低了行业准入门槛，大量中小微网络文化企业先后进入市场，这也是网络文化产业是以"轻资产"运营的民营科技型中小企业为主的原因。然而网络文化产业存在明显的网络效应❷（Network Effects），因而"赢家通吃"（Winner - Takes - All）的市场特征

---

❶　图片摘自：优忆. 2017—2018 年度新文娱产业研究报告［R］. 2018.

❷　网络效应，是指产品价值随购买这种产品及其兼容产品的消费者的数量增加而增加。由以色列经济学家奥兹·夏伊（Oz Shy）在《网络产业经济学》（The Economics of Network Industries）中提出。

十分显著，即行业集中度较高。每个细分行业市场份额和收入大部分都集中在头部企业，如网络文学领域的阅文集团、阿里文学、中文在线；网络视频领域的优酷、爱奇艺和腾讯视频。行业低门槛，高集中度的特点在网络游戏行业尤为明显，网络游戏的开发需要大量的研发投入和较高技术，先行研发并掌握技术的企业就拥有先发优势，因网络效应的存在，即使竞争加剧，也会保持延续原有优势。所以网络游戏行业由最初的先发性垄断向竞争性垄断过渡，形成寡头垄断局面（陆地、陈学会，2010）。截至 2018 年年末，我国移动游戏行业收入为 1339.6 亿元，占整个游戏市场收入的 62.5%，移动游戏用户规模 6.05 亿人（游戏总用户 6.26 亿人）❶。但腾讯游戏（33%）和网易游戏（30%）两家公司 2017 年共计占有 63% 的市场份额❷，2018 年移动游戏收入前 50 位的新产品中，腾讯、网易研发的游戏产品合计收入达到 44.4%，排在第一的游戏是腾讯的《王者荣耀》；在收入前 50 位的新游戏产品中，两家公司发行的产品收入合计占比 80.6%，就产品数量而言，腾讯为 24 款，网易为 10 款，其他游戏公司占 16 款。

（三）网络文化产业的技术关联性

技术和文化相互渗透和相互依存，是网络文化产业研究的逻辑起点（詹一虹、侯顺，2016）。技术的重大发展和突破，通常会引起文化和经济社会的重大变化，从文字的出现、印刷术的发明到电话、电视等的应用，再到 20 世纪计算机和现代通信网络技术的发明和应用，都深刻地改变着文化的基础和内容。网络文化产业可以追溯到信息技术革命的突破，其依托持续创新的数字技术、信息技术和网络技术，将文化科技融合创新能力持续转化为文化生产力，拓展文化资源的范围，提升文化资源的利用效率，不断革新文化产业旧的业态、催生新的业态。网络文化产业与新兴技术的互动共生也在不断地消除其产业边界，促使其与其他产业不断融合，在推动其他产业发展的同时，不断扩大自己的边界和领地，最终依靠文化与技术的融合创新逐渐成为国民经济新的增长点。并且随着 4G 通信技术的广泛覆盖，5G 技术于 2020 年在全球范围内实现商用化，再加上人工智能、大数据和云计算等新兴技术的创新发展，势必将

---

❶　中国音数协游戏工委（GPC），伽马数据（CNG），国际数据公司（IDC）.2018 年中国游戏产业报告［M］.中国书籍出版社，2018.

❷　数据来源：wind 和国联证券研究所。

推动网络文化产业继续向前发展和持续革新。

新技术的不断发明和应用也会加速网络文化产品的更新和迭代,这将缩短网络文化产品的生命周期,加剧网络文化产业的投资风险。以网络游戏为例,一款游戏的生命周期大概是 3~5 年,其中能够盈利的时间也就 1~2 年,而且游戏产品的存活率较低,市场淘汰率较高,每年上市的几百款游戏,通常只有几十款经典的游戏能够存活下来,而收益的大部分都集中在少数爆款游戏产品上。因此,网络文化产业的高科技性也使其成为了高回报、高风险的产业。

(四) 网络文化产品和消费的特点

1. 生产者与消费者身份的转换性

由于网络的包容性、开放性以及便捷互动技术的支撑,使得网络文化企业的消费者贡献自己的创意和知识,参与到网络文化产品和服务的设计中成为可能;生产设计人员也可以主动通过网络和消费者互动,收集人们对产品和服务的需求以及反馈意见,从而完善网络文化产品和服务。这在主打 UGC(用户生产内容,User – Generated Content)的网络文化企业较为明显,如在线旅游的携程旅游、去哪儿网、马蜂窝、飞猪等以及知识付费的知乎问答、天涯在线等网络文化企业,这些企业的消费者也是其内容产品的主要提供者和生产者。

2. 网络文化产品的虚拟性和共享性

虚拟性指的是网络文化产业提供的产品和服务都是无形的,是以数字化的方式存在,由符号和编码组成的信息,即使其载体可能是有形的物体,但消费者消耗和享受的是产品和服务带来的精神享受。共享性是相对于传统产品的排他性使用而言的,网络的开放性和共享性使得网络文化产品可以在同一时间供不同消费者使用,且产品的使用价值不会因消费者的数量和时间交叉而受到影响。网络及网络文化产品的共享性也让网络文化产业的生产和消费基本上可以不受时空的限制,呈现出"全天候生产"和"无边界消费"的特征(王强东,2009)。

3. 消费的个性化和在线化趋势明显

网络文化产业消费的一个趋势是:不同于工业经济时代标准化的生产和消费,在网络文化产业中,生产者会依据消费者的个性化需求生产和设计定制化的产品和服务。人们在消费时也会主动选择可以彰显自身独特性的网络文化产品和服务,使得消费也具有个性化特征。另一个趋势是:因为网络文化产品和服务的虚拟性、无形性,消费者更加注重在消费产品和享受服务时获得体验感，可以说网络文化产业的内在价值就是"体验"（李文明、吕福玉，2011）。而体验经济重要的一个消费模式就是以时间占有为目的的在线消费，人们不再需要去下载音乐、电影和书籍电子档，需要享受时只需登录相应的网站或是移动端 APP 就可以在线听音乐（QQ 音乐等）、在线看电影（优酷视频等）和在线阅读（豆瓣阅读），这也得益于我国智能终端的普及、无线通信网（尤其是4G 网络）的应用以及知识产权保护的不断加强。

第二节　政府补助网络文化产业的理论依据

有关政府介入和扶持网络文化产业发展的理论研究主要集中于市场失灵理论（外部性、公共产品、信号传递）、产业竞争力理论和幼稚产业保护理论。

一、市场失灵理论

古典自由经济学认为市场能够实现资源的有效配置，使得经济获得最佳效率。但这种理想状态只有在完全竞争市场中才能实现，现实世界中并不存在完全竞争市场。由于外部性、公共产品和信息不对称等现象的存在，往往会导致市场这只"无形的手"出现失灵的情况。市场失灵则会带来竞争无序和垄断、资源配置效率低下、区域经济不平衡、产业结构不合理等问题。这就需要政府这只"有形的手"通过采取各种经济性的、社会性的政策和措施去克服市场失灵带来的各种问题，以促进经济和产业的健康持续发展。网络文化产业是我国市场经济体系的重要组成部分，市场在其资源配置中发挥主要作用，但因其自身的特殊属性导致市场在一些方面无法有效发挥作用，因而需要政府介入、引导和规范产业的发展。

（一）外部性理论

外部性是某个经济主体对旁观者产生一种外部影响，而对这种外部影响既不获得报酬也不承担代价。如果这种外部影响是有利的，则为正外部性（外部经济），相反如果影响是不利的，则称为负外部性（外部不经济）。网络文化产品和服务具有明显的外部性，对消费者和整个社会都会产生深远影响。网络文化产品和服务既存在正外部性，比如传播正确价值观和正能量的网络电影、网络文学产品，还能使消费者在娱乐休闲时获取知识，提高了整个社会的效益。同样网络文化产品和服务也存在负外部性，产生消极影响。比如现在流行的网络直播行业，随着短视频的兴起，其进入门槛大大降低，任何人都可以成为主播，这样就造成主播的素质良莠不齐，部分主播为了获取流量和粉丝，在直播中往往会出现暴力、色情、赌博等低级趣味的内容。

对于具有外部性特征的网络文化产品，仅依靠市场调节难以解决问题。科斯定理表明只有当市场上的主体可以极低或无成本的对资源配置进行协商时，才能实现资源的有效配置。然而由于网络文化市场主体人数众多，协商的交易成本往往较高，且各方关于成本和收益的信息了解程度不同，最终结果也未必最优。因此相较于依靠市场解决外部性，政府介入可能会更有效。政府能够对产生外部性的网络文化产品进行鼓励或规制来实现供需平衡和资源的有效配置。具体而言，政府部门可以通过设立专门的网络文化产业基金或是设立专门的奖项对具有正外部性的产品和服务进行补助，也可以给予一定的税收优惠。相反对于产生负外部性的网络文化产品提高税收，甚至通过立法和管制等手段予以惩戒，引导网络文化产业健康持续的发展。

（二）公共产品理论

公共产品（或公共物品）是指具有消费或使用上的非竞争性和受益上的非排他性的产品，即每个人对这种产品的享用，都不会影响其他人对该物品的享用❶，与私人产品相对应。如图2-4所示，依据公共产品的特点，可划分为纯公共产品（具有非排他性和非竞争性❷）和准公共产品，后者可进一步划分为俱乐部物品（排他性和非竞争性）和公共池塘资源（非排他性和竞争性）。

由前文可知，因网络的虚拟性和开放性，网络文化产品具有明显的非排他性（即共享性），如网络文学，消费者在网上购买电子版文学作品阅读时，并不会影响其他购买该文学作品的消费者的阅读；一部网络电影，也可以供多个付费者在线同时观看。网络文化产品在一定范围内具有非竞争性，由于网络文化产品具有边际成本递减效应，在一定范围内，随着消费者的增加并不会影响其他消费者的消费，但是超过一定范围，则会影响消费者体验。比如网络游戏，在当前服务器能力范围内，随着玩家的增多并不会影响其他玩家，且玩家

---

❶ SAMUELSON P. A., the Pure Theory of Public Expenditure [J]. Review of Economics and Statistics, 1954, 36 (12): 123-138.

❷ 排他性是当消费者使用一种产品时，就可以排斥其他消费者使用；非排他性即不能排斥其他任何人享用该产品。竞争性指增加一个消费者会减少其他消费者对该产品的消费量和机会，同时会引起该产品生产或维护成本的增加；非竞争性指某人对产品的消费量并不影响其他人对该产品的消费量。

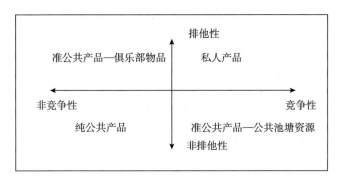

图 2－4　公共产品分类

越多，边际收益越大。然而当玩家的数量超出了服务器的最大容量，则需要对服务器进行扩容。

　　网络文化产品具有公共产品或准公共产品的特征，一般而言对于公益性的网络文化产品往往由政府提供，如数字图书馆、传统文化资源的数字化产品等；对于经营性网络文化产品通常由企业提供，如网络演艺、网络游戏等。但政府通常不具备专门的创意产品开发机构和技术人员，通常需要借助企业的力量。企业在公益性公共文化产品的供给方面提供产品和服务的意愿较低，因而生产者供给的产品数量远低于消费者的需求，这就需要政府对市场的资源配置不足进行干预，通过财税补贴、采购等补助方式引导和推动网络文化企业进行产品和服务的创新，增加有效供给。而且政府补助网络文化产业也是基于保护自身文化独立性、多样性和公民文化权益等的考虑。

（三）信号传递理论

　　信号传递理论最早由 Rose 于 1979 年应用于财务领域，系统地将不对称信息理论引入资本结构和股利政策分析中。他发现企业中拥有大量投资机会信息的管理人员，可以通过股利政策或资本结构的选择向外界投资者传递信息，从而影响投资者的决策及市场价格。其他学者的研究也丰富了信号传递理论，如 Pettit 提出股利信息市场反应学说❶，Miller 提出了股利分配的信息含量假说❷；

---

❶　Pettit 提出由于受到公共信息披露规范与责任的限制（如财务报表只提供历史价值量信息，假如管理层进行盈利预期，则会面临预期能否实现的未来责任问题），管理层可将股利政策作为向市场传递其对公司未来收益预期的一种隐性手段。

❷　Miller 认为公司宣布股利分配能够向市场传递有关公司前景的信息，如果这些信息是投资者以前所未能预期到的，那么股票价格就会对股利的变化做出反应，这种反应就是股利的信息含量效应。

Alex Kane（1984），Said·Elfakhani（1995），Scott & Keith（1996）通过实证研究验证了上述的假说，证明了股利信号的价值。在信号传递理论中，由于存在信息不对称不完备，企业的实际价值容易被误判，即信息不对称对市场配置资源的效率产生负面影响。随着信号传递理论的逐步完善，企业及利益相关群体发现可以利用信息获取"好处"，对于企业而言，如果向外界传递有利的经营信息则会得到投资者和市场的积极反馈，反之传递不利的信息则会影响企业的价值，因而企业往往会有选择性地传递有利的信息。对于外部利益相关群体而言，获取企业的信息需要大量时间和人员，付出较高的成本，是信息的劣势方，从而面临着逆向选择和道德风险问题，因此应尽量利用企业的信息披露制度来减少信息不对称问题，做出最优决策。

政府补助是企业财务信息的重要组成部分，对于上市公司而言，必须向社会公众披露这一信息。短期来讲，企业获取的政府补助会根据用途计入营业外收入和其他收益，能够修饰企业的财务报告，从而向外界传递利好消息；此外政府对该企业给予专项补贴、税收优惠和奖励等补助，相当于给企业一种隐形信用认证，表明该企业是政府关注和扶持的对象，进而提高投资者对获助企业的投资信心和信任度。对于网络文化企业而言，其与技术有着紧密联系，如果获得政府在创新方面的补助，则会向外界传递其技术优势的积极信号，从而获得更高的市场估值。但长期来讲，因为信息不对称产生的逆向选择和道德风险，企业会利用自身和政府之间的信息不对称，骗取政府补助，从而导致补助资金错误配置，没有拨付给应该补助的企业，进而影响政府补助的效果，这就需要政府部门建立科学严密的补助审批程序。

二、产业竞争力理论

产业的竞争力来源于产业的竞争优势，而竞争优势的形成则是多方因素共同作用形成的。大卫·李嘉图基于劳动生产率的相对差异提出了比较优势理论，认为一个国家应当进口在生产率方面具有比较劣势的商品，出口在生产率方面具有比较优势的商品，这样在资本和劳动力不变的情况下，增加生产总量提高社会福利水平。20世纪初，Heckscher - Ohlin 理论形成，该理论认为各区域生产要素禀赋的不同和不同商品生产所使用的生产要素形式及密集程度的差别是比较优势的来源。20世纪60年代中期，雷蒙·弗农提出的"产品成长阶段理论"，他认为产业比较优势会伴随着产品生命周期的变化而改变，不同区域应根据资源禀赋和产品成长阶段来选择重点产业，从而获得比较优势。

上述比较优势都存在一定的局限性。1990 年，迈克尔·波特创建了国家竞争优势理论（亦称钻石理论或菱形理论），将传统比较优势理论发展成为竞争优势理论。他认为决定一个国家某种产业竞争力的因素包括：四大因素（即生产要素，需求条件，相关产业和支持产业，企业的战略、结构和同业竞争）和两大外在影响因素（外部机会，政府政策和服务措施），这些因素相互作用、相互影响，形成一个有机整体，最终决定了一个国家产业竞争力的强弱（图 2 - 5）。在两大外部影响因素中，机会是不可控的，诸如技术的重大突破、国际市场需求的变化、国际资本市场和外汇市场的重大变化等。同时机会是双向的，它在新竞争者获得优势的同时，使原有竞争者优势丧失。

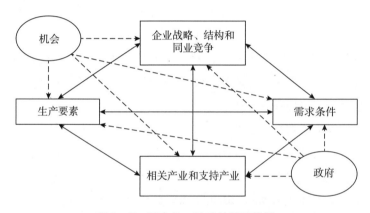

图 2 - 5 迈克尔·波特的钻石模型

政府作为重要的外部因素，应当介入网络文化产业促进其健康快速发展。网络文化产业具有强大的产业融合特点，极大地改变了文化产业格局。而且由于其具有经济、文化和意识形态多重属性，对社会经济文化各方面都产生了深刻的影响。再者网络文化产业具有技术关联性，属于典型的知识密集型产业和绿色环保产业，有助于推动我国技术创新和应用，优化产业结构。另外，网络文化产业以创意为核心，属于轻资产运营，虽然头部效应明显但准入门槛相对较低，所以以中小民营企业为主，对解决就业问题也发挥着重要作用。此外，网络传播的低成本和时间、空间极大扩展性，也有助于中国的网络文化及其企业走出去，提升国际影响力。总之网络文化产业的快速发展有助于传统文化产业的转型升级、有利于技术创新和应用、有助于促进民族优秀文化的国际化进程，政府应当介入网络文化产业的发展，并明确自身在该产业发展中的角色和定位。

三、幼稚产业保护理论

幼稚产业保护理论最早由美国财政部长汉密尔顿（Alexander Hamilton）在18世纪后半叶提出。19世纪上半叶由德国经济学家李斯特（Freidrich Liszt）加以系统论述。所谓幼稚产业是指处于发展初期，基础和竞争力较为薄弱，但经过适度保护能够发展成为具有潜在优势的产业。该产业通常具有三大特征：一是该产业为发展还不够成熟且具有极大发展潜力的新兴产业；二是该产业具有很强的产业关联性，能够对其他产业的发展产生正面的积极影响；三是该产业现阶段的发展还需要外部资源或是资金的支持。这些特征为政府采取各种政策和手段保护和扶持幼稚产业的发展提供了必要性。李斯特认为一个国家的某个新兴产业处于初步阶段时，在激烈的国际竞争中处于劣势，最终可能消亡或无法发展壮大。此时政府采取一定的保护和扶持政策，提高其核心竞争力，以便将来能成为国民经济新的增长点。传统的幼稚产业保护理论强调的重点是以规避竞争为主的保护方式，但随着全球化的发展，国际市场的形成，对幼稚产业的保护面临着规范保护程序、加强受保护产业的监管、鼓励国内竞争等新问题。总的来讲，该理论的核心在于提倡政府部门采取财政税收等保护性措施来增强对本国幼稚产业的扶持，为其营造良好的国际国内环境，保证其顺利的发展壮大。

我国网络文化产业于20世纪90年代孕育，2000年之后开始初步发展，真正意义上的全面快速发展始于2010年以后。众多学者研究及迹象表明，就产业生命周期四个阶段而言（萌芽期、成长期、成熟期、衰退期/蜕变期），我国网络文化产业处于成长阶段，属于幼稚产业（常征，2012；魏鹏举、王玺，2013；刘鹏、杜啸尘，2014等），不像汽车、服装等行业已经十分成熟。2018年我国文化及相关产业增加值占GDP比重为4.3%，距离文化产业成为国民经济支柱产业的理论占比（5%）还有0.7%的差距❶。虽然网络文化产业发展势头强劲，是文化产业新的增长点和发展趋势，但可知当前网络文化产业在整个国民经济中占比依然不高，比重较小。常征（2012）采取定量分析方法，使用龚伯兹曲线模型和修正S曲线模型两种方法，使用2001—2012年的数据实证研究也得出中国网络文化产业处于产业周期的成长阶段。处于成长阶段的网络文化产业，其增长速度较快，市场需求较大，但也面临着内容质量不高、核

---

❶ 数据来源：国家统计局。

心技术缺乏、原创品牌不足、民族文化资源开发欠缺等问题，此时政府应以扶持和加强监管并举。同时由前文可知，网络文化产业具有强大的产业融合性，其产业边界随着科技与文化的融合而不断扩展，衍生除了大量的新兴业态，同时也改造了很多传统文化产业形态，传统文化产业因与网络数字技术融合而面临着新市场、新用户，从而呈现出在新环境下的幼稚性特征。而且我国的网络文化产业中大部分为科技型中小文化企业，主要以知识、创意、技术等无形资产为主的"轻资产"运营模型为主，除部分优势企业能够得到投资机构（PC/VE）的资本支持外，大部分企业都难以获取金融机构等外部资金，需要政府部门通过财政税收、专项资金等方式予以支持。

综上可知，市场失灵理论、产业竞争力理论和幼稚产业保护理论为我国政府介入和扶持网络文化产业发展提供了理论依据。首先，需要明确的是政府介入不一定或不仅仅是扶持，政府介入包含规制和扶持两个方面，而补助是扶持的重要方式。由波特的产业竞争力模型可知政府是提升产业竞争力的重要外部因素，当前我国网络文化产业尚处于幼稚阶段，市场失灵导致的竞争无序和资源配置失效问题已然存在，该产业的进一步发展和竞争力的形成还需要政府监管和扶持并举。一方面需要政府通过规制来规范网络文化产业发展的市场环境，克服市场失灵带来的诸多问题；另一方面需要政府通过各种补助手段和方式提供网络文化企业发展所需的外部资源和资金，以促进网络文化产业的快速发展，尽早成为具有竞争力的成熟产业。因此政府介入并通过补助扶持网络文化产业发展具有理论必要性。

其次，必须明确政府对网络文化产业的补助扶持最终必然体现在对网络文化企业或网络文化产品和服务的补助上。在明确这一点的基础上则需进一步考虑什么样的企业或产品和服务需要政府的补助。产品和服务方面，政府应当对具有正外部性、能够传播正确价值观和正能量的产品和服务以及融合了我国优秀民族文化和资源的网络文化产品和服务提供各种形式的补助，以促进我国优秀民族文化的传播和提升我国文化软实力。企业层面，政府应重点关注具有发展潜力而又缺乏资金、融资困难的中小微型网络文化企业以及为政府在提供公共网络文化产品和服务方面提供助力的网络文化企业，可通过专项资金、奖励和税收优惠等补助方式引导和扶持这些企业的发展。对于大型网络文化企业也可以通过开发融合优秀民族文化的网络文化产品和服务获得政府的补助，政府对此可采取奖励的方式进行补助，目的是树立典型从而鼓励更多的企业去积极开发优秀民族文化资源，为社会提供更多积极的网络文化产品和服务。政府对网络文化企业的补助，相当于给企业一种隐形信用认证，可帮助获取企业获得投资者的认可。此外，政府还可结合网络文化产品和服务的各个环节对企业进行补助，比如产品和服务的开发和设计环节、传播环节或是消费环节，针对产业某一环节提供补助，可提升整个网络文化产业的竞争力。

第三节　政府补助网络文化产业的现实依据

虽然各国对网络文化产业的界定和认识不同，但普遍都采取扶持的政策。然而不同国家因发展历史、经济体制、资源禀赋、社会环境等方面存在差异，网络文化产业的发展呈现不同的特征。我国政府是否扶持、如何扶持网络文化产业的发展也必须结合中国的国情来考察。

一、中国网络文化产业发展情况简析

中国网络文化产业孕育于20世纪90年代，伴随着我国文化体制的渐进改革、数字技术和互联网的普及，经过二十多年发展，我国网络文化产业现已初具规模，发展势头强劲，主要表现为：一方面传统文化产业的网络化和数字化转型升级日新月异，如新闻出版业数字化转型升级。另一方面网络文化产业与相关产业融合发展不断出现新的业态，如网络游戏、网络文学（数字阅读）、网络视听（网剧、网络电影、网络直播、在线音乐）、网络动漫、互联网广告及网络出版、在线旅游、在线知识付费、在线教育等。网络文化产业日益成为文化产业的新动力和国民经济新的增长点。以下简析几个典型业态的最新发展情况。

（一）网络游戏行业发展简况

1. 网络游戏发展阶段

网络游戏简称"网游"，也称"在线游戏"，是指依托互联网、无线通信网等信息网络供玩家交互娱乐的新型游戏，包含移动游戏、客户端游戏和网页游戏等❶。我国二十多年的网络游戏发展历史可划分为三个阶段（见表2-1）。

---

❶ 移动游戏指以手机等移动智能终端为运行载体，通过信息网络供公众下载或在线交互使用的游戏作品；客户端游戏简称"端游"，指以电脑为载体，通过运行客户端软件进行使用的游戏产品；网页游戏简称"页游"，是用户可以直接通过网络浏览器使用的网络游戏。

表 2 - 1　中国网络游戏发展历程

阶段	萌芽阶段 （1998—2000 年）	初步发展阶段 （2001—2003 年）	快速发展阶段 （2004 年—至今）
阶段特征	网络普及率低，玩家规模有限，市场规模较小	网络游戏产业链初步形成，国家关于网络游戏的政策出现	形成了完整的产业链，市场规模不断扩大，游戏类型和种类丰富，网络游戏企业头部效应显著
代表事件	1998 年，我国最早自主研发的网络游戏《联众游戏世界》上线； 2000 年，首个中文 MUD 游戏《万王之王》上线	2001 年，盛大代理运营《传奇》开启中国网游收费时代； 2003 年，《互联网文化管理暂行规定》将网游纳入管理范围	2018 年，中国游戏从业人员达 145 万人； 2018 年，中国自主研发网络游戏实际销售收入达到 1643.9 亿元

注：依据公开资料整理。

2. 中国网络游戏发展详情

经过 20 多年的发展，我国网络游戏市场规模不断扩大，市场销售收入逐年提升。数据显示，我国网络游戏市场实际销售收入由 2008 年的 173.1 亿元增至 2018 年的 2085.7 亿元，占我国 2018 年整体游戏市场实际销售收入的 97.26%，其中我国自主研发的网络游戏市场实际销售收入由 2008 年的 110.1 亿元增至 1643.9 亿元，占我国网络游戏市场 2018 年市场实际销售收入的 78.82%（图 2 - 6）。

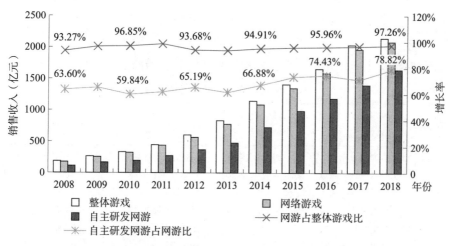

图 2 - 6　中国游戏市场及网络游戏市场实际销售收入及比例[1]

---

[1]　中国音数协游戏工委（GPC），伽马数据（CNG），国际数据公司（IDC）. 2018 年中国游戏产业报告 [M]. 中国书籍出版社，2018.

此外，我国网络游戏市场头部经济显著，腾讯和网易两家独占大部分市场份额，第二梯队企业竞争激烈。以我国游戏上市企业为例，2017年，腾讯游戏占有43.65%的市场份额，网易游戏占比18.12%（图2-7）。中国网络游戏的跨界融合效应也很明显，并不断产生新的业态，比如电子竞技、游戏直播以及基于IP的泛娱乐改编游戏等。

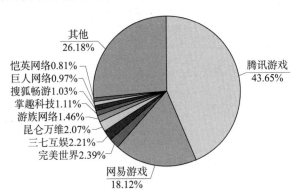

图2-7 中国移动游戏2017年市场份额❶

（二）网络文学行业发展简况

1. 中国网络文学发展阶段

网络文学主要是创作者以网络为展示平台和传播媒介，以文字为表现手段，创作发表的供网民付费或免费阅读的文学作品。我国网络文学发展起步较早，与网络文化产业几乎同步，其发展主要可划分为四个阶段，见表2-2。

表2-2 中国网络文学发展历程

阶段	萌芽阶段 （2000年以前）	摸索阶段 （2000—2007年）	转型阶段 （2008—2013年）	升级阶段 （2014年—至今）
阶段特征	**实体内容数字化** 个人站点涌现，内容以转载、直接扫描上传实体内容为主。后期衍生出一些采用互联网元素包装的传统小说作品	**商业模式清晰化** 原创专业书站依托论坛，经过摸索成功实现商业化运营	**阅读设备移动化** 移动互联网的便捷性，导致网络文学由PC端向移动端迁移，并伴生众多移动阅读平台	**内容价值深耕化** 互联网巨头发力，市场竞争格局趋于稳定。以IP联动为核心的泛娱乐概念大热，网络文学内容价值迎来变现良机

---

❶ 图片来源：艾瑞咨询. 2018年中国移动游戏行业研究报告 ［R］. 2018.

续表

阶段	萌芽阶段 （2000 年以前）	摸索阶段 （2000—2007 年）	转型阶段 （2008—2013 年）	升级阶段 （2014 年—至今）
代表 事件	1997 年，黄金书屋、榕树下等站点成立；1998 年，BBS 作品出现，如《悟空传》等	2002 年，起点中文网成立并上线 VIP 收费制度	2008 年，盛大文学创建，并开展在线出版和发行业务	2014—2015 年，腾讯、百度和阿里先后成立专门网络文学组织；不久腾讯文学与盛大文学并为阅文集团。2017 年，掌阅科技、阅文集团上市

注：依据艾瑞咨询的《中国数字阅读行业案例研究报告（2018）》整理。

2. 中国网络文学发展详情

截至 2017 年年底，我国各类网络文学作品累计达到 1647 万部（种），同比增长 16.5%，其中签约作品为 132.7 万部（种），伴随着作品规模的扩大，网络文学精品也日益增多。网络文学创作者群体日益庞大，国内 45 家重点网络文学网站的驻站创作者已达 1400 万人，其中签约作者 68 万人❶。如图 2 - 8 所示，读者规模不断跃升，为网络文学市场规模的扩大奠定基础，我国网络文学读者由 2011 年的 2.03 亿增至 2018 年 6 月的 4.06 亿，市场规模由 2011 年的 20 亿元增至 2017 年的 129.2 亿元，预计 2019 年会达到的 182 亿元❷。

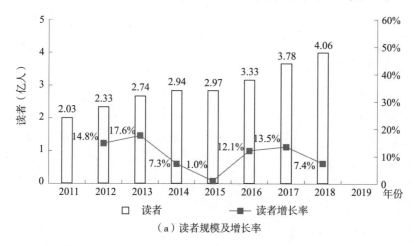

（a）读者规模及增长率

---

❶ 数据来源：中国音像与数字出版协会. 中国网络文学发展报告（2017）［R］. 2018.
❷ 数据来源：艾瑞咨询. 2018 年中国数字阅读行业研究报告［R］. 2018.

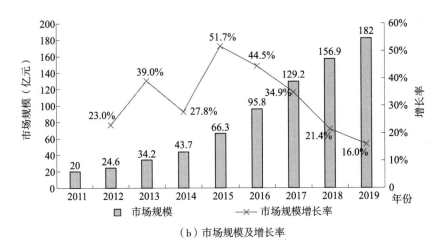

（b）市场规模及增长率

图2-8　中国网络文学读者和市场规模及增长率

注：读者数据2018年为截至6月数据；市场规模2018年和2019年数据为预测数据。

我国网络文学市场也面临着诸如优质内容供给不足，侵权盗版现象严重，行业人才缺口较大，网络文学作品评价体系尚不健全等问题，这些问题制约了网络文学行业的持续健康发展。为此国家需加强行业监管，探索实施网络文学数字标识管理制度，提高版权保护水平，引导和鼓励市场提供优质网络文化作品，加大网络文学数字技术发展的扶持力度，鼓励和支持网络文学走向海外，提升国家软实力。

（三）网络动漫行业发展简况

动漫是动画（Animation）和漫画（Cartoon）的合称。按照载体不同可将动漫分为在线动漫、电视动画、漫画杂志和动画电影四大类。本书所指的网络动漫，即在线动漫，主要指在互联网平台上播放的动画或者连载的漫画。我国动漫行业从1926年第一部黑白无声的10分钟动画《大闹画室》上映开始起步；但直到1988年，我国才有了第一部借助计算机辅助制作的动画短片《十龙贺春》。20世纪末，专业的漫画网站爆发式出现。进入21世纪，随着政府出台了系列扶持动漫产业发展的政策以及技术进步带来动画制作效率提升和漫画传播成本下降，2012年我国动漫产业，尤其是网络动漫行业进入快速发展阶段。

截至2017年年底，我国在线动漫用户数达到1.63亿，预计2018年达到2.19亿，庞大的用户规模为我国在线动漫行业带来巨大的市场需求。在线动漫市场规模 2017 年达到 92.5 亿元，预计 2018 年将达到 141.6 亿元（图2-9）❶，在线动漫具有巨大的产值能力。广告、用户付费和 IP 授权是我国动漫企业盈利的三大来源，但动画受众门槛较低且广泛，内容播映能带来大量广告和用户付费收入；漫画受众门槛较高且小众，IP 授权带来的收入占比更高。

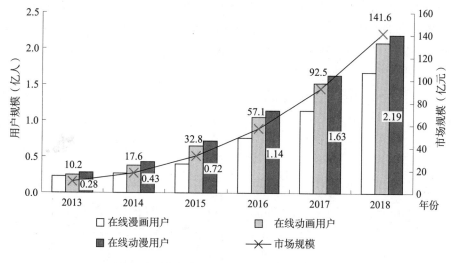

图 2-9　中国在线动漫市场规模及用户规模

（四）网络视听行业发展简况

2007 年制定并于 2015 年修订的《互联网视听节目服务管理规定》将网络视听节目服务界定为制作、编辑、集成并通过互联网向公众提供视音频节目，以及为他人提供上载传播视听节目服务的活动。本书聚焦网络视频和网络音乐两部分。

（1）网络视频。我国的网络视频起步于 2004 年基于流媒体技术的 P2P 直播服务，比较小众。2005 年在市场需求和早期 VC/PE 的介入下，以优酷、土豆为代表的视频网站相继出现，此时市场较为混乱。2007—2011 年是网络视频快速发展，也是激烈竞争的阶段，一方面资本大量进入，网络视频行业通过合并进行资源整合，优酷土豆合并、盛大收购酷 6 网、人人网收购 56 等；另一方面版权保护日益趋严，各大视频网站抢购视频版权，而且微电影、网剧等新的形式不断出现，市场竞争力日益激烈。与此同时国有企事业单位开始进入视频行业，2009 年以央视和地方电视台节目集合的网络视频网站"中国网络电视台"正式开播。

---

❶　艾瑞咨询. 2018 年中国动漫行业研究报告［R］. 2018.

2012 年之后网络视频行业迎来了全面发展期，市场更为成熟。一是内容版权市场秩序趋于完善，消费者付费意识形成；二是各大视频网站对自身的定位日益清晰，并且形成了稳定的盈利模式；三是 2014 年前后我国网络视频行业遇到了宽带中国、4G 无线网商用等重大利好，互联网电视成为热点，乐视、小米等互联网电视盒子在终端市场凯歌高奏，艾瑞数据显示截至 2017 年 9 月，互联网电视累计覆盖终端达到 2.55 亿台，激活终端 1.56 亿台，激活率61.2%；四是各种新型业态不断出现，如网络大电影、网络自制综艺、短视频、网络直播等先后出现并快速发展，整个市场空间容量更大，更具有活力。

截至 2017 年年底，我国网络视频行业市场规模达到 952.3 亿元，用户规模为 5.8 亿人（图 2 - 10）。综合视频网站、短视频、音频、直播多种市场形态融合发展，移动端趋势十分明显，且网络视频企业趋于两极分化（见表 2 - 3）。

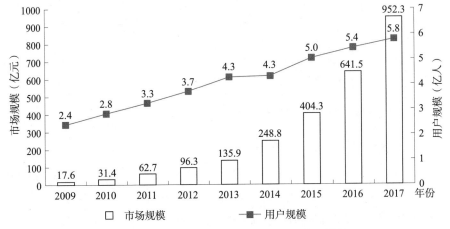

图 2 - 10　中国网络视频市场规模及用户规模❶

表 2 - 3　中国网络视频企业移动端市场格局

视频类型	第一梯队	第二梯队	第三梯队	2016.7—2017.7 用户使用情况
综合商业视频	腾讯视频、爱奇艺、优酷	芒果 TV、乐视视频、搜狐视频、哔哩哔哩等	聚力视频、风行视频、咪咕视频等	日活 2.9 亿人次，每日使用 25 亿次，日均累计使用 186 亿分钟

❶　图 2 - 10 和表 2 - 3 资料数据来源：艾瑞咨询. 2018 年中国网络视频行业经营状况研究报告 [R]. 2018.

续表

视频类型	第一梯队	第二梯队	第三梯队	2016.7—2017.7 用户使用情况
短视频	快手	土豆、美拍、西瓜视频、秒拍	抖音、火山、小咖秀等	日活 6300 万人次，每日使用 7 亿次，日均累计使用 27 亿分钟
音频	喜马拉雅	蜻蜓、荔枝、企鹅	考拉、凤凰、豆瓣 FM 等	日活 1400 万人次，每日使用 1.2 亿次，日均累计使用 4.3 亿分钟
网络直播	—	—	—	日活 2500 万人次，每日使用 1.8 亿次，日均累计使用 10 亿分钟

（2）网络音乐。2006 年原文化部颁布实施的《关于网络音乐发展和管理的若干意见》认为网络音乐是音乐产品通过互联网、移动通信网等各种有线或者无线方式的传播，形成了数字化的音乐产品制作、传播和消费模式的新型文化产业。我国的网络音乐经历了最初单纯的音乐搜索、下载，到正版音乐版权代理，再到音乐社区化社交化的发展阶段。截至 2018 年，我国网络音乐市场规模达到 226 亿元，截至 2018 年，网络音乐用户规模为 5.5 亿人，但会员付费率仅 4% 左右，未来仍有较大提升空间（图 2 – 11）。

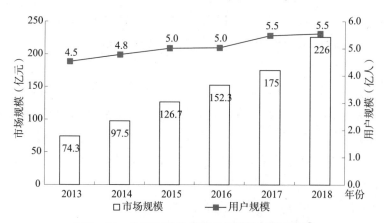

图 2 – 11　中国网络音乐市场规模及用户规模❶

---

❶　用户规模数据来自：中国音像与数字出版协会. 2018 中国音乐产业发展报告［R］. 2018；市场规模数据来自：国家版权局网络版权产业研究基地. 中国网络版权产业发展报告（2018）［R］. 2019.

随着我国相关扶持政策的出台，网络音乐盈利模式逐渐清晰，我国网络音乐市场进入稳定良性发展时期。从行业自身发展来看，版权仍是音乐企业长期竞争的重点。从网络音乐与其他新生业态融合发展来看，音乐与社交、短视频的融合有望成为新的增长点。鉴于传统网络音乐行业的版权壁垒已经建立，使得新进入者很难在该领域与大型网络音乐集团展开竞争，因此 UGC 音乐内容和新的传播展现形式成为行业创新的焦点。

（五）传统新闻媒体与新媒体融合发展

传统的报纸、电视新闻资讯等媒体作为文化内容的重要来源，不断与新媒体进行融合，从网络媒体时代过渡到多媒体时代，再发展到当前的全媒体时代。网络媒体时代的到来，不仅极大地拓展了人们获取信息的渠道，而且相较于传统纸媒新闻，其时效性更强。传统新闻媒体也在结合网络技术不断创新新闻资讯的传播方式和手段，提高新闻的互动性和趣味性，以便更好地符合当下人们的阅读喜好。伴随着传统新闻媒体和网络新媒体融合创新的推进，新闻媒体业步入了基于大数据基础上的跨产业、多链接的全媒体时代。典型代表有人民日报社的"中央厨房模式"和中央电视台的"台网融合模式"，这两种模式实现了线上和线下、国内和国外、母媒和子媒的联动，推动和引领了信息供给侧改革。

传统新闻媒体与新媒体融合发展要注重强化平台化发展，推动资源共享，实现优势互补和融合发展。具体来看：一是以平台化发展驱动媒体融合，通过搭建新媒体开放平台拓宽内容分化渠道，实现流程再造，不断开创融合发展的新业态，如央视新闻媒体坚持"移动优先"战略，构建了"两微一端"加央视新闻移动网的新媒体矩阵传播渠道，关注客户日益增多，数据显示，2017年"央视新闻"新媒体用户已达到 3.45 亿。此外央视新闻移动网还向全国广电单位开放矩阵号，借此将自身建设成移动端的融合媒体内容聚合平台；二是不断应用新技术，增加用户好奇心，提升用户对于新闻的感受及认知。最初的新闻从纸媒、广播传播到现在的网络传播，都是在为用户提供更快捷便利的优势，假如在传统的文字和视频之外，融入 VR/AR 等技术增强新闻的代入感，必将迎来新的发展机遇；三是利用自身新闻采编权及权威性优势，打造属于自身的特色 IP，这样传统新闻媒体将在新闻行业仍然保持一席之地。

二、中国网络文化产业发展的重要动因

我国网络文化产业发展势头强劲，原因是多方面的，但最主要得益于两方

面：一方面得益于网络基础设施的完善及消费群体的不断扩大。依据中国互联网信息中心发布的《第42次中国互联网发展状况统计报告》显示，截至2018年年底，我国IPv4地址数33892万个，IPv6地址数41079块/32，年增长75.3%；全国网站数量523万个，移动应用程序（App）在架数量449万款；固定宽带和4G网络用户下载速率均超过22Mbit/s。网络基础环境的完善和网速的提升为网络文化产业的发展奠定了基础。截至2018年年底，我国网民已达8.29亿人，其中手机网民8.17亿人，占比98.6%，人均每周上网时长达27.6小时，互联网普及率由2008年的22.6%提升至2018年的59.6%（图2-12）。互联网的普及和庞大的网民数量为网络文化产业的发展提供了极大的空间。同时，如图2-13所示，我国网民中以10~39岁的年龄为主，合计占比67.8%；网民收入占比最大的为3001~5000元群体（21%），其次为2001~3000元（15.7%），再次为5001~8000元（13.4%）。我国网民的年龄结构和收入结构都显示出我国的网络市场存在强劲的消费潜力。此外，我国网络支付技术和环境不断完善，消费者付费意识逐渐养成，2017年数字内容用户付费营业收入规模达到2591亿元❶，网络文化产业市场前景广阔。

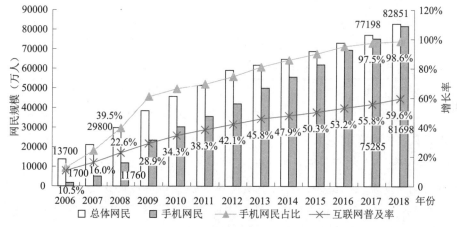

图2-12　中国网民规模及互联网普及率年度变化❷

❶　数据来自蓝莲花研究报告：《数字内容付费钱景涌现》，2016.

❷　数据来源：依据历次《中国互联网发展状况统计报告》整理。

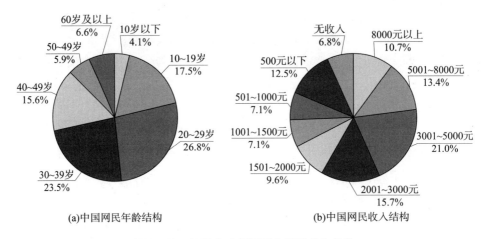

(a)中国网民年龄结构　　　　　　　　(b)中国网民收入结构

图 2-13　2018 年中国网民年龄及收入结构

另一方面，得益于政府对文化产业和网络文化产业的重视和扶持。多年来政府一边出台政策推动传统文化产业向数字化和网络化转型升级，推动文化企事业单位改制，进行文化体制改革。如《关于推动新闻出版业数字化转型升级的指导意见》（新广出发〔2014〕52 号），《关于推动传统出版和新兴出版融合发展的指导意见》（新广发〔2015〕32 号）和《国务院办公厅关于印发文化体制改革中经营性文化事业单位转制为企业和进一步支持文化企业发展两个规定的通知》（国办发〔2018〕124 号）。一边出台政策促进网络文化产业新业态发展，如《关于推动网络文学健康发展的指导意见》（新广出发〔2014〕133 号）。尤其是 2016 年《"十三五"国家战略性新兴产业发展规划》首次将数字创意产业纳入国家战略性新兴产业发展规划，2017 年文化部发布《关于推动数字文化产业创新发展的指导意见》（文产发〔2017〕8 号）推动网络文化产业发展。此外，政府不断注重加强知识产权的保护，2005 年发布《互联网著作权行政保护办法》，为打击网络版权侵权行为提供了政策依据，而且定期开展打击网络版权侵权的"剑网"行动，为网络文化产业的发展创造良好的市场环境。伴随着这些不断出台的各种扶持政策，政府投入了大量的不同形式的补助资金，助力网络文化产业快速发展。

三、中国政府补助网络文化产业的现实考虑

从我国经济发展的宏观角度以及文化发展的历史沿革等实际出发，政府有

必要通过补助扶持和促进网络文化产业的发展。

（一）中国经济转型发展的需要

自 1978 年改革开放以后，中国经济经历了以要素驱动和投资增长的高速增长阶段，GDP 增长率保持在 10% 左右。但经历 2008 年金融危机，尤其是 2012 年以后我国经济发展步入下行道，进入由高速增长转为中高速增长（7% 左右），由追求发展速度转为追求发展质量的经济新常态。2018 年中国陷入和美国的贸易战旋涡，国际环境趋于恶劣，国内经济面临着转型发展的压力，必须尽快调整产业结构、转变经济增长方式，找到新的经济增长点，网络文化产业无疑是一个重要的选择。

首先，网络文化产业具有逆周期特性，可以促进消费，带动就业。经济学中存在"口红效应"，即当经济不景气时，口红的销量就会大幅度提升，在经济不好的时候，人们会倾向于购买一些低价而能满足消费需求的非必要品。网络文化产业依托数字和网络技术，具有边际成本递减和边际收益递增的特点，网络文化产品和服务的价格能为大多数消费者承受；而且网络文化产业作为文化新业态，其产品和服务能够满足消费者休闲娱乐和精神抚慰的需求，从而促进整个社会的消费。网络文化产业这种逆经济周期的特性能让其在经济下行阶段依然保持快速发展。此外，该产业还具有投资少、见效快、吸纳劳动力范围广的特点，既能够吸纳高层次的创意人员和技术人员，也能吸纳传统手工艺等劳动者群体，有助于稳定社会就业水平。

其次，网络文化产业能够优化产业结构。网络文化产业不同于工业制造业，是典型的知识技术密集型产业和绿色环保产业，其投入要素主要是文化资源和新技术，具有高附加值、低能耗、少污染的特征，符合我国产业结构调整的方向。其对产业结构的影响，一方面表现在推动文化产业结构升级转型上，网络文化产业的发展，致使传统的图书出版、报纸期刊和广电等传统文化业态加速转型，同时网络游戏、数字出版等新业态逐渐占据主体地位；另一方面由于网络文化产业强大的产业融合联动性，打破了与第一、第二、第三产业之间的界限，依托新兴技术和文化张力，可以跨产业、跨区域整合重构形成新的产业形态，从而起到优化我国产业结构的作用。

最后，网络文化产业可推动技术进步，该产业是文化与技术深度融合的产业，其形成之初就与技术关联，技术的进步推动了其快速发展。反之，该产业的发展对技术提出了新的更高的要求，从而间接推动技术进步。如网络文化产业的发展需要更加便捷、功能更加强大的消费智能终端，从而推动智能手机、平板电脑相关技术的发展。人们对观影体验的要求，推动 3D 技术向裸眼 3D 方向发展等。

2018 年中国文化产业及相关产业增加值占 GDP 的比重为 4.3%，距离 2020 年占 GDP 的 5%，成为国民经济支柱产业还有一段距离。以数字技术和网络技术为依托的网络文化产业无疑是文化产业新的增长点，政府有必要通过各种补助形式大力扶持其发展，使其成长为我国的支柱性产业和国民经济新的增长点。

（二）国有文化企事业单位改制发展的需要

由于文化天然与政治意识形态密切关联，在很长一段时间内中国只有文化事业，从事文化相关活动的组织机构被称为文化事业单位，这是由我国国情和文化体制决定的。1978 年改革开放启动，文化经济开始出现，20 世纪 80 年代我国逐步形成了"事业属性，企业管理"的过渡性经营管理体制，2000 年文化产业正式出现在政府文件中而被认可。但长期以来公益性文化事业和经营性文化产业相混淆，严重制约着我国文化发展。为摆脱由政府主导的公益性文化事业长期投入不足、由市场主导的经营性文化产业较为依赖政府等束缚，2002 年党的十六大报告提出"继续深化文化体制改革"的战略任务，而改革的重点之一就是推动文化事业单位改制和国有文化企业改革。

中国政府在推动文化事业单位改制和国有文化企业改革方面出台了系列政策，包括财政税收等补助政策。在改制方面：2018 年 12 月 25 日，国务院办公厅印发《文化体制改革中经营性文化事业单位转制为企业的规定》和《进一步支持文化企业发展的规定》（国办发〔2018〕124 号），明确指出 2018 年年底之前已完成转制的企业，改制后仍符合条件的可以继续享受在国有文化资产管理、资产和土地处置、收入分配和社会保障、人员分流安置、财政和税收、投资和融资、法人登记和工商管理等方面的优惠❶。这是继 2003 年、2008 年、2014 年三次发布"两个规定"后的第四次发布，目的在于通过文化事业单位转制改企，打造合格的市场主体。在"两个规定"的引导下，国有文化事业

---

❶ 如让转制规范到位的文化企业继续享受免征企业所得税；投融资方面鼓励文化企业进入中小企业板、创业板、"新三板"融资；工商管理方面允许投资人以知识产权等无形资产评估作价出资组建文化企业，取消非货币财产作价入股有关比例限制等。

单位纷纷主动"转制改企"，截至 2012 年年底，全国 580 家出版社、3000 家新华书店、850 家电影制作发行放映单位、57 家广电系统所属电视剧制作机构、38 家党报党刊发行单位等全部完成改制，2092 家国有文艺院团完成和基本完成"转企改制"、撤销或划转任务，占总数的 99.5%。大批经营性文化单位成为合格的独立市场主体，截至 2018 年 7 月，全国规模以上文化及相关产业达到 5.9 万家，实现营业收入 4227 亿元，同比增长 9.9%。在国企改革方面：2018 年 3 月，中宣部、财政部联合印发《中央文化企业公司制改制工作实施方案》，明确 2018 年年底前，中央文化企业全部完成公司制改制。以中国联通❶为代表的国有网络文化企业进行了混合所有制改革试水，中国联通引入了百度、阿里、腾讯和京东等战略投资者，并给予核心员工股权，通过混合所有制改革完善公司治理，提升效益。

国有文化企事业单位因体制机制的制约及受社会效益和经济效益双重考核等原因，确实存在一些运营效率较低、创新意愿薄弱、资源利用率不高等问题。但经过多年发展，国有文化企事业单位沉淀形成了大量无形资产，如频道、刊号、牌照资质、品牌及大量内容版权等。在文化产业向数字化和网络化转型的趋势下，政府通过补助政策推动国有文化企事业单位进行转制改革，并对转制和改革后的文化企业给予持续支持，将有助于通过市场释放和放大这些无形资产的价值，增强企业竞争力，推动我国文化体制改革深化，提升我国文化软实力。

（三）促进科技型中小网络文化企业发展的需要

虽然网络文化产业中存在头部经济现象，每个细分行业都会有几家巨无霸企业占据主要市场份额。但互联网快速发展和普及降低了社会交易成本，模糊了产业边界，加快信息传播速度，极大程度降低了行业准入门槛，从而大量中小微网络文化企业纷纷进入市场。再者网络文化产业是文化与科技深度融合的产业，其天然和高新技术相关联，文化企业的生产要素以文化资源、技术、知识等无形资产为主，所以网络文化企业中以科技型中小企业为主。中小企业对我国经济发展贡献巨大，其在我国全部企业中数量占比超过 99%，对 GDP 的

---

❶ 中国联通核心业务为通信和无线宽带业务，但文化电信增值业务、数字阅读（沃阅读）、网络视频（沃视频）等网络文化产业领域也占有相当比例，因此也归入网络文化及相关产业。

贡献超过60%，对税收的贡献超过50%，提供了80%的城镇就业岗位❶。科技型中小网络文化企业作为中小企业的组成部分，除了贡献税收和稳定就业外，其还代表着文化和科技融合发展的方向，不断推动技术创新。

然而科技型中小网络文化企业的发展面临着资金不足的困境。网络文化企业提供的是有创意的产品和服务，为了保持竞争力，就必须投入大量的资源进行创意和技术的研发。此外创意文化产品和服务的形成到盈利还有一段过程，这就需要企业有一定的资金实力支撑。中小网络文化企业投入大量资源和资金形成的往往是著作权、专利、专有技术、品牌等无形资产，目前我国的无形资产评估和交易服务中介体系还不够完善，导致网络文化企业的无形资产价值难以确认，很难以无形资产作为抵押从银行等金融机构获得发展所需资金。再者众多网络文化企业是由拥有技术或拥有创意的个体或小团队创业成立的，成立之初就面临着内源资金不足的局面，不得不争取投资机构（PC/VE）的资本支持，但网络文化企业往往以技术、创意或商业模式立足，市场不确定性强、风险较大，所以只有少数企业能够获得资本投资。

在这种情况下，政府应以适当的方式介入，扶持科技型中小网络文化企业的发展。一是要加大网络文化产业的财政投入，提高财政资金使用效率。要发挥财政资金的示范和引领作用，以财政资金为撬杠，引导社会资本、信贷资本加大对网络文化产业的投资，提高网络文化企业的持续融资能力；同时还要加强对财政资金支持网络文化项目的后续管理和绩效评估。二是要完善网络文化企业的税收优惠政策，除了继续实施税收减免和降低税率等（如"双软企业"和动漫企业的优惠税率政策）直接优惠政策外；还需要设计和完善诸如新技术/工艺/产品的研发费用可以加计扣除，固定资产加速折旧，通过担保等手段允许科技型中小网络文化企业延期缴税❷等间接税收优惠措施。直接税收优惠政策能够扶持那些已通过技术和创意开发获得收益的网络文化企业，而间接税收优惠政策对于尚在创意和技术研发阶段的网络文化企业给予有力的支持。

综上可知，中国的网络文化产业是在我国文化体制改革不断深化的过程中走出来的，由最初的公益性文化事业到经营性文化产业，进入21世纪前十年以出版社、电视台为代表的事业单位"改制转企"的市场化，改变了文化企

---

❶ 赖小民. 关于着力解决中小企业融资难题的建议［N］. 光明网，2013-3-13.

❷ 延期缴税相当于纳税人得到了一笔无息贷款。

业的经营机制和盈利机制；当前随着文化与科技融合的发展，数字技术和互联网等技术（尤其是移动互联网）深刻地改变了传统的文化产业及文化企业。

中国文化体制改革的推进和技术的进步，促使文化企业向数字化和网络化转型。文化企业逐渐由事业单位改制为企业，独立经营自负盈亏；国有文化企业和网络文化企业试水混合所有制改革，谋求新的经营管理机制。在中国宽带通信网络、4G 移动通信网络、数字电视网络等基础设施日益完善的基础上，国家大力推动"三网融合"❶，激励新媒体、数字电视、网络动漫、数字出版、在线教育等网络文化产业的发展，不断丰富网络文化内容和产品。网络文化产业将引领文化产业发展新潮流，进入爆发式成长阶段；网络文化内容创作、创意设计、网络信息服务和网络文化传播等网络文化核心领域的发展势头将超过网络文化制造业，改变传统文化产业中文化制造业比重过大的不合理产业内部结构，实现以制造为主到内容为主的重要转变，这一转变也导致资产结构的变化，传统文化企业以文化产品和装备制造业为主，有形资产在总资产中比重较大；网络文化产业的爆发式发展推动了网络文化内容创作等核心领域的快速发展，无形资产的比重会逐步提高。网络文化产业依托网络展现出强大的产业融合性，改变了过去文化企业经营单一业务的模式，越来越多的网络文化企业以集团化发展，进行全产业链的混合经营。此外，网络传播的低成本和时间、空间无限制性，也有助于中国的网络文化及其企业走出去，提升国际影响力，比如 2017 年的热播网络剧《白夜追凶》被美国 Netflix 公司买下版权，在全世界190 多个国家播出。

第四节　网络文化产业发展中的政府定位

网络文化产业的健康有序发展要求必须处理好政府和市场的关系。大多数学者的研究表明现在不是政府要不要介入市场的问题，而是介入程度和如何介入的问题，即政府在网络文化产业发展中的角色定位问题。

---

❶　"三网融合"是指电信网、广播电视网、互联网在向宽带通信网、数字电视网、下一代互联网演进过程中，其技术功能趋于一致，业务范围趋于相同，网络互联互通、资源共享，能为用户提供话音、数据和广播电视等多种服务。

一、网络文化产业中政府和市场的关系

政府应综合考虑网络文化产业的多重属性，在政府调控和市场机制的动态平衡中找准自身定位（如图 2 – 14 所示）。

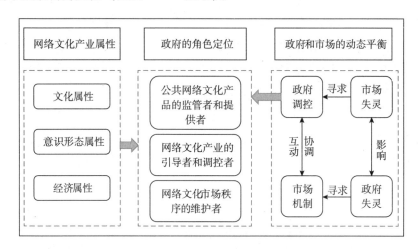

图 2 – 14　网络文化产业发展中政府角色定位的逻辑阐述

首先，网络文化产业的多种属性要求政府处理好与市场的关系，找好自己的定位。一方面网络文化产业具有文化属性和社会意识形态属性，具有为社会提供网络文化产品、宣传社会主义核心价值观及民族优秀文化传统、提高公民文化素养以及国家"软实力"的功能，这就需要政府从政治、文化层面去定位自身角色；另一方面网络文化产业具有经济属性，要满足人们的精神文化消费需要，这就需要政府尊重经济规律，发挥市场机制作用，引导和促进网络文化产业发展。

其次，政府和市场作为"有形的手"和"无形的手"，都能够影响网络文化产业的发展，然而也都有"失灵"的时候。市场失灵则需要政府介入，我国现有网络文化市场还不完善，一些问题单靠市场机制无法解决，如网络文化市场中的违规经营和知识产权侵权问题，这就需要政府发挥宏观调控作用。此外网络文化产业的负外部性存在也需要政府介入，如网络上的暴力、反动、色情文化的肆虐就需要政府有关部门进行打击和整顿。政府失灵时就需要发挥市场机制的调节作用，政府过度，甚至错误地干预和介入则会制约网络文化市场主体（企业和个人）的创造性，对网络文化产业的培育和发展造成阻碍。另

外政府部门的"寻租"行为，以及多头管理、条块分割的管理体制等也会一定程度上影响网络文化产业的健康有序发展，这就需要政府遵循市场规律，放活市场，将干预限定在市场失灵的领域，建立和完善网络文化产业市场秩序。

综上，笔者认为政府应该成公共网络文化产品和服务的提供者，网络文化产业的引导者以及网络文化市场秩序的建设者和维护者。

二、网络文化产业发展中的政府角色

（一）公共网络文化产品的监管者和提供者

政府应确保具有公共性质的网络文化产品和服务的健康和安全性，即确保产品和服务所体现的文化内容应该是积极健康的、具有正确价值取向的。政府作为健康和安全的公共网络文化产品和服务的监管者及提供者：一是要建立和完善审查监督机制，制定和实施网络文化内容管理政策，当好把关人。对于含有不符合社会主义核心价值观、有害个人精神健康甚至危害民族精神的文化内容的网络文化产品和服务，政府应依据相关规定进行严厉查处和惩戒，以此为社会公众提供安全的网络文化产品和塑造健康的网络文化环境；二是要积极参与、推动优秀的民族文化资源数字化和网络化，同时要引导和鼓励网络文化企事业单位也参与其中。中华民族有着悠久的历史和丰富的文化资源，政府应该通过建立各种专项基金或是公共工程促进优秀文化资源数字化和网络化。如各地图书馆和博物馆的数字化工程，打造数字图书馆和网上博物馆，又如将具有民族特色的工艺、技法等录制为视频、音频，避免因传承人的离世而失传。政府也需要通过政府补助引导和鼓励网络文化经营者开发健康和安全的公共网络文化产品。如给予开发具有民族特色的网络游戏的企业奖励和税收优惠，对改造农村有线网络和数字电视的企业给予项目专项补助等。

（二）网络文化产业发展的引导者和调控者

政府应站在宏观角度去引导网络文化产业的发展，在市场失灵的领域采取必要的手段予以调控。首先，要转变管理理念，从微观管理转为宏观管理，通过制订系统的网络文化产业发展规划来引导产业的发展，而非事无巨细，对网络文化产业的各个方面进行干预；其次，由直接管理转变为直接和间接管理并行，一方面政府要成立专门的网络文化产业行政管理部门，搭建起对网络文化产业进行引导和调控的整体框架；另一方面建立和扶持行业协会作为政府与市场主体之间的沟通桥梁，进行间接管理。此外政府还可以通过引导和组织成立网络文化产业联盟，作为行业内部交流以及国际交流的渠道，以此促进网络文化产业的快速发展。

（三）网络文化市场秩序的建设者和维护者

政府应该应遵循经济规律，发挥市场在网络文化资源配置中的决定作用，减少直接的行政干预，政府应定位于为市场机制决定作用的有效发挥创造良好的制度环境。应大力支持技术创新，建立和完善知识产权保护制度，改善网络文化市场的营商环境。培育骨干网络文化企业，引导社会资本创新投资方式积极投资网络文化企业，强调和坚持"竞争中性"和"所有制中立"原则❶，形成多种所有制网络文化企业公平竞争、共同发展的市场竞争格局。同时大力培育为网络文化产业发展服务的中介服务机构，重视网络文化产业人才的培养。最终目的就是为网络文化产业的发展创建一个稳定有序、公平公正的市场环境和市场秩序。

本章小结

本章内容在于阐述政府补助网络文化产业的必要性，主要从网络文化产业的特性、政府扶持产业发展的理论以及中国网络文化产业发展的需要三个方面论述。首先，网络文化产业拥有文化、经济和社会意识形态三种属性，与高新技术关联密切，遵循供给创造需求的"萨伊定律"，具有边际成本递减和边际效益递增的经济特性，产业边界不确定并具有极强的产业融合和联动性，准入门槛低但集中度高，产品和服务具有虚拟性和共享性，消费趋向于个性化和在线化，生产和消费边界模糊统一的特性。这些特性将网络文化产业与其他产业明显区分，也为政府介入扶持网络文化产业发展提供了一定依据；其次，基于网络文化产业的特征，从市场失灵（外部性、公共产品、信号传递理论）、产业竞争力及幼稚产业保护三大理论出发阐述了政府补助网络文化产业的理论必要性；再次，对我国网络文化产业典型新业态发展现状、发展动因进行了深入

---

❶ 2018 年 10 月央行行长易纲提出"竞争中性"原则，时任国资委副秘书长彭华岗提出了"所有制中立"原则。前者强调国有企业和民营企业间的平等市场竞争地位，通过公平的市场竞争机制消除国企在资源配置上的扭曲状态，实现市场配置资源，增强所有市场参与者的竞争力；后者强调不对国有企业进行歧视。

研究，并从中国政府现实需要的角度考察了政府补助扶持网络文化产业发展的
必要性，为政府补助网络文化产业提供了现实依据；最后，通过对网络文化产
业发展中政府和市场关系的研究，明确了政府的角色应为公共网络文化产品的
监管者和提供者，网络文化产业发展的引导者和调控者，网络文化市场秩序的
建设者和维护者。

第三章　中国网络文化产业
演进历程及政策梳理

文化与科技融合已成为文化产业发展的趋势，网络文化产业就是数字技术、信息网络技术与文化产业融合的新型产业，从政府部门已出台的各种支持文化产业发展政策中的内容可以佐证这一融合趋势。但目前网络文化产业尚未发展为界定清晰、专有称谓的产业，因而当前有关网络文化产业的政府补助政策大都分散于文化产业、信息产业等政策之中，只有部分政策直接涉及网络文化产业的细分行业，如网络（移动）游戏、网络文学、网络视听、数字出版、互联网信息服务等。总的来说我国网络文化产业政策经历了从无到有，并不断丰富完善的过程，其中有关政府补助的措施正是这一产业政策的重要组成部分。因此本章将结合中国网络文化产业发展演进的不同阶段，对政府制定的有关政策，尤其是有关政府补助的政策❶进行梳理和分析，以期全面了解中国网络文化产业发展阶段及政府补助政策的演进和现状。

第一节　网络文化产业孕育期（2000 年以前）

一、发展演进情况

2000 年是我国文化产业发展的一个重要时间节点，2000 年以前是中国文

---

❶ 政府补助相关政策指的是政府主要管理部门和相关管理机构指定出台的各种政策，不包含行业自律协会组织设定的没有行政约束力的约定。其中主要管理部门包括国务院的组成部门、直属机构或者办事机构，文化和旅游部、科技部、工业和信息化部、宣传部、广播电视总局、新闻出版署、知识产权局、公安部、商务部、国家市场监督管理总局、法制办、新闻办等。相关管理部门包括国家发展和改革委员会、国资委、财政部、中国人民银行、银保监会、证监会、应急管理部、建设部、教育部、最高人民法院、最高人民检察院、全国人大常务委员会、中央编办、中国互联网络信息中心、国务院信息化工作办公室、商务部服务贸易和商贸服务业司等。政策截至 2018 年 10 月。

化产业发展的形成期，也是网络文化产业的孕育期。

在1978年以前的中国，文化是服务于意识形态领域的工具，此时基本不存在文化产业，也没有所谓的文化产业政策（胡惠林，2014）。1978年改革开放后的一段时间里，中国开启了要不要放开文化市场、要不要发展文化产业的讨论和历史进程（欧阳友权、江晓军，2018）。十一届三中全会后，少数事业单位开始了市场化尝试。1979年，天津出现了第一条报纸商业广告，上海广播电视台播出了第一条电视广告，广州东方宾馆开设了我国第一家营业性音乐茶座。1986年我国移动通信（1G音频传输）开始商用。之后私人承包剧团、歌舞厅、电子游戏厅、卡拉OK等文化娱乐活动场所不断涌现，我国文化市场逐渐形成。且在政府相关政策的推动下，我国文化领域的主体不断探索"以文补文""文化搭台，经济唱戏"等经营方式，形成了"事业属性，企业管理"的过渡性经营管理体制。文化市场的复苏促使"文化"与"经济""产业"之间的关联越来越密切。1988年，文化部印发《关于加强文化市场管理工作的通知》，这是我国官方文件中首次提出"文化市场"概念。1991年6月，国务院批转文化部《关于文化事业若干经济政策意见的报告》，在肯定"以文补文"活动作用的同时，正式提出了"文化经济"这一经营概念。1992年6月，中共中央、国务院发布《中共中央国务院关于加快发展第三产业的决定》，明确把文化卫生事业作为加快发展第三产业的重点，这是我国官方第一次明确认可文化的"产业"性质，这也推动了文化部在1998年成立了文化产业司。2000年中共中央制定的《关于制定国民经济和社会发展第十个五年计划的建议》中使用了"文化产业"的概念，这是"文化产业"一词首次出现在中央正式文件中，这标志着我国文化产业的地位正式获得了认可。从文化市场到文化经济再到文化的"产业"性质确认，最终我国文化产业得以形成，并获得持续性发展。

伴随着文化产业的形成，我国网络文化产业也孕育其中。20世纪90年代初，伴随着数字技术、卫星电视和有线电视的出现和发展，广播电视节目及广告行业日益繁荣。1991年，2G通信技术（音频＋文字传输）开始商用。1994年4月，中国科技网（CNNET）的前身"中关村教育与科研示范网络"开通了接入Internet的国际专线，中国正式成为国际互联网中的成员，这也为我国网络文化产业的发展奠定了坚实基础。1995年，北京科技有限责任公司（后更名为瀛海威）成立，这是我国首家通过互联网为大众提供网络信息服务的公司，它被认为是中国第一家真正意义上的网络文化企业（詹一虹、侯顺，

2016）。随后，互联网信息服务企业（ICP）开始涌现，1997 年网易成立，1998 年搜狐、比特网、新浪先后成立，2000 年中国三大门户网站（新浪、网易和搜狐）先后在美国纳斯达克上市。1997 年，大型网络游戏概念出现，随后联众（1998 年）、盛大（1999 年）等一批中国网络游戏公司相继成立，在2000 年我国推出了第一款中文网络图形游戏《万王之王》。同时传统新闻媒体行业开始进行数字化尝试。1998 年，网吧在中国大地上兴起，网吧的出现为大众提供了接触互联网的机会和场所。整个 20 世纪 90 年代，可以发现以广播电视和传统出版传媒行业的数字化发展、网络信息服务、网络游戏等以文化为核心，以数字技术、信息技术和网络技术为依托的新型文化产业形态初现端倪，网络文化产业开始进入文化消费市场。这一阶段网络文化产业主要是以信息服务为主，网络文化企业大都是利用新兴科技进行基本的传播功能，将传统文化资源进行数字化改造，为大众提供信息服务。

二、政策梳理和分析

（一）政策梳理

这一阶段，网络文化产业属于萌芽孕育阶段，是伴随着我国由计划经济向市场经济转变，文化产业从文化事业分离过程中起步的。所以这一时期政府的政策主要聚焦在促进文化市场化、产业化发展，确保网络文化产业有一个良好发展环境方面，涉及补助的政策较少。相关产业政策详见表 3 – 1。

表 3 – 1　中国 2000 年之前文化产业/网络文化产业有关政策

序号	时间	政策文件	部　门
1	1982.02	广告管理暂行条例	国务院
2	1987.02	文化事业单位开展有偿服务和经营活动的暂行办法	文化部、财政部、国家工商行政管理局
3	1988.02	关于加强文化市场管理工作的通知	文化部、国家工商行政管理局
4	1991.06	关于文化事业若干经济政策意见的报告	国务院批转文化部
5	1992.06	关于加快发展第三产业的决定	中共中央、国务院
6	1994.02	中华人民共和国计算机信息系统安全保护条例	国务院
7	1996.02	中华人民共和国计算机信息网络国际互联网管理暂行规定以及实施办法	国务院
8	1996.02	关于对与国际联网的计算机信息系统进行备案工作的通知	公安部

续表

序号	时间	政策文件	部门
9	1996.10	中共中央关于加强社会主义精神文明建设若干重要问题的决议	中共中央
10	1997.05	中国互联网域名注册暂行管理办法	国务院信息办
11	1997.06	中国互联网域名注册实施细则	国务院信息办
12	1997.08	广播电视管理条例	国务院
13	1997.12	计算机信息网络国际联网安全保护管理办法	公安部
14	1997.12	电子出版物管理规定	新闻出版署
15	1998.09	关于计算机信息网络国际联网业务实行经营许可证制度有关问题的通知	信息产业部
16	2000.04	信息网络传播广播电影电视类节目监督管理暂行办法	广电总局
17	2000.09	中华人民共和国电信条例	国务院
18	2000.09	互联网信息服务管理办法	国务院
19	2000.10	关于制定国民经济和社会发展第十个五年计划的建议	中共中央
20	2000.10	互联网电子公告服务管理规定	信息产业部
21	2000.11	关于互联网中文域名管理的通告	信息产业部
22	2000.11	互联网站从事登载新闻业务管理暂行规定	国务院新闻办公室、信息产业部
23	2000.12	国务院关于支持文化事业发展若干经济政策的通知	国务院
24	2000.12	全国人民代表大会常务委员会关于维护互联网安全的决定	全国人大常委会

（二）政策特征分析

从 1978 年改革开放到 2000 年，是我国文化产业的形成阶段，其中也孕育了网络文化产业。这一时期的文化产业政策可分为以下两部分内容：

一是促进文化市场化、产业化发展。如《关于加强文化市场管理工作的通知》（1988 年）首次提出"文化市场"概念，《文化事业若干经济政策意见的报告》（1991 年）第一次提出"文化经济"概念，《关于加快第三产业的决定》（1992 年）首次明确文化的"产业"性质，《关于制定国民经济和社会发展第十个五年计划的建议》（2000 年）首次在中央文件中使用"文化产业"概念。这些观念的形成和确定，对我国文化的市场化、产业化发展和文化产业的兴起奠定了政策基础。

二是建设网络文化产业发展的环境和基础。这一时期有关网络文化产业的政策主要集中在网络管理与安全、网络产业管理政策方面。在网络管理方面，《中华人民共和国计算机信息网络国际互联网管理暂行规定》及后续的《实施办法》为我国接入国际互联网的标准和规范问题提供了政策依据。而《中国互联网域名注册暂行管理办法》《中国互联网域名注册实施细则》和《关于互联网中文域名管理的通告》则为我国建立了一套较为完整的互联网域名注册和管理体系，有利于保障域名注册信息的真实，从而加强我国网络域名系统的管理，促进我国互联网的健康发展。在网络安全方面，《中华人民共和国计算机信息系统安全保护条例》和《计算机信息网络国际联网安全保护管理办法》的实施，则有利于规范网络信息行为，保护国家及通信用户的信息安全，提高网络安全系数，同时也为惩戒和打击网络不法行为提供了依据，进而为网络文化产业的初步发展创建安全的网络环境。《全国人民代表大会常务委员会关于维护互联网安全的决定》则将网络安全提升至法律规范的高度。在网络文化产业管理方面，《关于计算机信息网络国际联网业务实行经营许可证制度有关问题的通知》将我国的网络行为分为经营性和非经营性活动两类，同时建立了网络业务的许可证制度。另外《广告管理条例》《广播电视管理条例》和《电信条例》等传统文化产业形态，《电子出版物管理规定》《互联网信息服务管理办法》《互联网电子公告服务管理规定》和《互联网站从事登载新闻业务管理暂行规定》等新兴网络文化产业形态有关管理规定的出台，为后续网络文化产业的发展壮大创造了良好条件。

该阶段有关文化企业补助的政策较少。只有《国务院关于支持文化事业发展若干经济政策的通知》（2000 年）中提到对电影事业免征增值税和营业税，要求建立"国家电影事业发展专项资金"和"电影精品专项资金"，对重点影片给予财政补贴等。建立健全有关专项资金制度，增加对宣传文化事业的财政投入。虽然涉及电影产业，但此时重点还是文化事业。

第二节 网络文化产业初步发展期（2001—2004 年）

一、发展演进情况

2000 年之后，数字化技术、互联网信息化推动我国文化产业进入发展新阶段，网络文化产业也随之步入初步发展期。事实上在 2003 年中国成功举办第一届国际网络文化博览会以后，"网络文化产业"这一新名词已被社会各界广泛认可（李文明、吕福玉，2014）。这一阶段网络文化产业的发展体现在三个方面：一是国家推动文化产业与信息技术结合，向数字化、网络化方向发展。2001 年《国民经济和社会发展第十个五年计划纲要》首次将文化产业纳入国民经济发展规划，同时明确提出"推动信息产业和有关文化产业结合"和"促进电信、电视、计算机三网融合"。后续出台了很多政策鼓励出版、广播影视和电影产业利用数字技术、网络技术。二是随着我国网民规模不断扩大，互联网企业积极拓展文化领域，推动文化产业网络化。1997 年 10 月，中国互联网络信息中心（CNNIC）第一次调查我国有 62 万网民，而到 2004 年调查显示我国已有网民 9400 万，翻了 151.6 倍。2001 年网易成立互动娱乐事业群，并在 2002 年研发推出《大话西游 Online Ⅱ》。2001 年新浪投资阳光卫视，打造宽带时代的网络门户；2003 年与全球最大的网络公司 Ncsoft 组建合资公司并运营游戏《天堂》；2004 年与韩国 Plenus 公司战略合作，同年收购 UC 即时通信技术平台；2003 年腾讯游戏创立。三是随着网络文化企业的快速发展，各种网络文化产业新业态相继出现，并发展迅速。2001 年，网络游戏发展呈现燎原之势，2002 年我国网络游戏收入超过了电影票房❶，2004 年我国网络游戏产值达到 36.5 亿元；我国网络广告发展也十分迅速，2003 年市场规模达到 10.8 亿元；2004 年我国在线音乐和数字出版行业产值分别达到 1.31 亿元和 50 亿元；网吧市场规模更是突破了百亿❷。这一阶段网络文化产业仍然以提供信息服务为主，消费者大都只能作为服务的享受者参与其中。

---

❶ 胡一峰. 我国网络游戏研究的轨迹、范式与趋向（1998—2018）[OL/EB]. 腾讯研究院，2018 - 10 - 24.

❷ 龙莉，蔡尚伟，严昭柱. 中国互联网文化产业政策研究 [M]. 成都：四川大学出版社，2016：41.

二、政策梳理和分析

（一）政策梳理

1. 该阶段相关政策

这一阶段，文化产业与科技融合更加紧密，网络文化产业新形态不断涌现，网络文化企业逐渐增多，消费者需求日益多元，市场活跃程度不断提高。从该阶段的产业政策看（见表3-2），主要集中在三方面：一是宏观层面继续推动文化体制改革，促进文化产业发展。二是在产业层面，一方面鼓励电影产业、影视动画产业等向数字化、网络化方向发展；另一方面加强对新型网络文化产业形态（如网络游戏、网络视听节目、互联网出版）的管理。三是在网络文化产业发展环境方面，如对上网服务场所的管理、对计算机软件的保护等。

表3-2　中国2001—2004年网络文化产业相关政策

序号	时间	政策文件	部门
1	2001.01	关于印发《文化部关于"十五"期间文化建设的若干意见》和《文化部关于深化文化事业单位改革的若干意见》的通知	文化部
2	2001.03	关于进一步做好互联网信息服务电子公告服务审批管理工作的通知	信息产业部
3	2001.04	国务院办公厅关于进一步加强互联网上网服务营业场所管理的通知	国务院办公厅
4	2001.12	计算机软件保护条例	国务院
5	2001.12	电信业务经营许可证管理办法	信息产业部
6	2002.01	电信建设管理办法	信息产业部
7	2002.05	文化部关于加强网络文化市场管理的通知	文化部
8	2002.06	互联网出版管理暂行规定	新闻出版总署、信息产业部
9	2002.09	互联网上网服务营业场所管理条例	国务院
10	2003.05	互联网文化管理暂行规定	文化部
11	2003.07	中华人民共和国信息产业部关于加强我国互联网络域名管理工作的公告	信息产业部
12	2003.09	文化部关于支持和促进文化产业发展的若干意见	文化部

序号	时间	政策文件	部门
13	2003.12	国务院办公厅关于印发文化体制改革试点中支持文化产业发展和经营性文化事业单位转制为企业的两个规定的通知	国务院办公厅
14	2004.01	国家广电总局关于加快电影产业发展的若干意见	广电总局
15	2004.03	电影数字化发展纲要	广电总局
16	2004.04	关于发展我国影视动画产业的若干意见	广电总局
17	2004.05	文化部关于加强网络游戏产品内容审查工作的通知	文化部
18	2004.07	互联网等信息网络传播视听节目管理办法	广电总局
19	2004.07	文化部关于修订《文化部涉外文化艺术表演及展览管理规定》《音像制品批发、零售、出租管理办法》《互联网文化管理暂行规定》等规章的决定	文化部
20	2004.07	互联网等信息网络传播视听节目管理办法	广电总局
21	2004.07	关于落实国务院归口审批电子和互联网游戏出版物决定的通知	新闻出版总署、国家版权局
22	2004.08	关于实施"中国民族网络游戏出版工程"的通知	新闻出版总署
23	2004.11	国家广播电影电视总局印发《关于进一步加强广播影视人才培训工作的意见》的通知	广电总局
24	2004.11	中国互联网络域名管理办法	信息产业部

2. 补助政策要点剖析

有关政府通过各种基金、资金和税收优惠等补助措施分散于各个政策当中，主要政策及要点详见表3-3。

表3-3　中国2001—2004年网络文化产业政府补助相关政策

政策序号 （对应表3-2）	内容要点
1	加大政府对文化产业投入，增幅不得低于财政收入增幅。通过专项资金、转移支付等手段，增强各级财政对文化建设的宏观调控能力
12	运用高新技术和适用技术改造传统文化产业，培育开发新兴文化产业。大力发展音像业和网络文化业等与高新技术密切结合的新兴文化产业。 争取一定数量的政府投资，作为文化产业引导资金，对内容产业文化产品的生产给予资金补助和信贷贴息等。拓宽文化产业融资渠道，形成多渠道投入机制
13	从事数字广播影视、数据库、电子出版等研发、生产、传播的文化单位，符合关于高新技术企业税收优惠政策规定的，可享受相应税收优惠

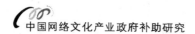

续表

政策序号 （对应表3-2）	内容要点
14	运用数字化、网络化、信息化技术对电影原创品、复制品、衍生品和形象产品进行多媒体传播，多层次开发，实现电影产业链的多元盈利模式。 设立专项资金和以政府采购方式扶持资助重点影片；对新成立的电影企业，免征1—3年企业所得税；通过减免和合并所得税等方式扶持电影集团改制及有困难的电影企业；采取贷款贴息或补助政策扶持城镇电影院改建
15	推进电影制作数字化，建立健全电影数字节目发行网络，加快数字电影相关设备与软件国产化进程和加快培养数字化人才。每年对部分优秀国产影片的数字化放映予以适当补贴。在电影"华表奖"中增设优秀数字电影奖
16	对从事国产动画片制作发行机构取得的制作、发行和出口收入、特许权使用费收入免征营业税。对从事国产动画片研发、生产机构，符合高新技术企业税收优惠政策规定的，可申请税收优惠政策。建立促进影视动画产业发展资金。从电视台上缴的文化事业建设经费中安排一定资金专项用于重点影视动画片的创作、制作、发行的资助和贴息；从电影专项资金中安排一定资金，专项用于重点动画电影的创作、制作、发行的资助和贴息
22	凡列入"中国民族网络游戏出版工程"的选题，新闻出版总署将会同国家有关部门提供多方面的政策扶持
23	有条件的单位可以设置高层次人才培训专项经费。在建设重大工程和项目时，要同时考虑人员培训的配套经费

（二）政策特征分析

在网络文化产业孕育萌芽阶段，政府政策更多的是监管。在本阶段则是市场管理政策和产业扶持政策兼而有之。

在网络文化市场管理方面：一是通过《互联网上网服务营业场所管理条例》等加强对网吧行业的管理；二是出台《文化部关于加强网络文化市场管理的通知》和《文化部关于加强网络游戏产品内容审查工作的通知》和《互联网文化管理暂行规定》等政策，对网络文化产品的内容进行规范管理，保证文化内容健康性，提升网络文化产品的质量；三是随着网络文学、在线音乐等细分行业的快速发展，网络盗版问题开始显现，此时颁布的《计算机软件保护条例》《互联网出版管理暂行规定》等政策，体现出政府已意识到著作权保护对网络文化产业发展的重要性，也有利于规范网络文化市场的行为。

在扶持网络文化产业发展方面（见表3-3），首先集中体现在政府部门采用各种财政资金、专项基金、税收减免、政府采购、贷款贴息和政府奖励等补助手段促进传统文化企业数字化、网络化转型发展和鼓励原生态网络文化产业快速发展上；其次，从另一个维度看，政府补助政策一方面是针对宏观层面推动文化产业发展和文化体制改革，如《文化部关于支持和促进文化产业发展的若干意见》和《国务院办公厅关于印发文化体制改革试点中支持文化产业发展的规定》规定政府要通过产业引导基金、贷款贴息和税收优惠引导文化产业和技术结合，开发新兴文化产业；鼓励文化单位从事数字广播影视、数据库、电子出版等的研发、生产和传播工作。另一方面是针对具体的细分产业进行补助。如电影产业方面有《国家广电总局关于加快电影产业发展的若干意见》《电影数字化发展纲要》，动画产业的《关于发展我国影视动画产业的若干意见》，网络游戏产业的《关于实施"中国民族网络游戏出版工程"的通知》以及广播电视产业的人才培养政策《关于进一步加强广播影视人才培训工作的意见》。对网络文化产业发展的重点行业的扶持，有针对性地提升电影产业、新媒体产业和网络游戏产业的创新动力和竞争力，推动网络文化产业整体发展。

第三节　网络文化产业快速发展期（2005—2008 年）

一、发展演进情况

随着通信技术与互联网的飞速发展，虽然网络文化产业在不同国家有不同的称谓，但已成为众多发达国家的重点和支柱产业（相丽玲、刘红丽，2012）。中国政府也十分重要网络文化产业的发展，制定多项规划推动文化与科技融合，促进文化产业数字化和网络化。2006 年 3 月公布的《国民经济和社会发展第十一个五年规划纲要》中多处提及网络文化产业相关内容：①积极推进"三网融合"，建设数字电视网络。构建下一代互联网，加快商业化应用。②鼓励教育、文化、出版、广播影视等领域的数字内容产业发展，丰富中文数字内容资源。③发展数字广播影视和现代出版发行业，积极发展数字出版，重视网络媒体建设。同年 9 月，文化部颁布的《文化建设"十一五"规划》提出要发展新兴文化产业，要积极发展以数字化生产、网络化传播为主要特征的数字内容产业。积极发展网络文化产业，鼓励扶持民族原创的、健康向上的网络文化产品的创作和研发。这些上层规划文件为此阶段网络文化产业的发展提供了政策支持。

2005—2008 年，我国网民规模从 1.11 亿人增至 2.98 亿人，网民增速远超全球水平（图 3-1），2008 年超过美国成为世界上网民规模最大的国家。2005 年视频网站土豆网、56 网正式上线，2006 年优酷视频上线，2007 年，奇虎 360 公司投资快播科技，顺势进入视频领域，网络视频迎来大发展，2008 年中国网络视频市场规模达到 13.2 亿元。2006 年阿里巴巴初次入股华谊兄弟，这家电子商务平台企业正式进入文娱领域。2007 年，网易博客上线，新浪游戏成立（主营游戏媒体和游戏分发）。2007 年亚马逊在美国推出了电子书阅读器 Kindle，2008 年汉王便推出中国最早的电子书阅读器——汉王电纸书，数字阅读进入大众消费视野。2008 年 7 月，中国第一个国家级数字出版基地——上海张江国家数字出版基地成立。在出版基地的数字出版相关企业可享受税收减免等政策扶持，还可通过项目申报获取国家出版基金的项目补助。数字出版业迎来发展机遇期，到 2008 年年底我国数字出版业收入规模达到 530.64 亿元。新媒体动漫市场规模也不断扩大，据艾瑞咨询调查数据显示，2006 年中国共有 1.5 万个动漫网站。我国网络文化产业进入快速发展时期，大量投资者进入网络文化产业领域，各种网络文化企业成立。此时的消费者逐渐不再满足于信息服务，开始产生更多的需求，尤其是想要参与其中，从单纯消费逐渐转变为生产和消费一体，网络文化产业也由此从以提供网络信息服务为主，慢慢向内容生产转变。

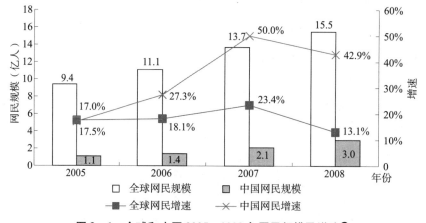

图 3-1　全球和中国 2005—2008 年网民规模及增速❶

---

❶　数据来源：中国互联网络信息中心（CNNIC），World Bank.

二、政策梳理和分析

（一）政策梳理

1. 该阶段相关政策

这一阶段我国网络文化产业进入快速发展通道，市场日益活跃，竞争也愈发激烈。该阶段产业政策重点是如何在维护一个良好市场环境的基础上，进一步促进网络文化产业健康快速发展，提升网络文化企业的竞争力。从该阶段出台的政策看，网络游戏、网络音乐、互联网视听和新媒体动漫受到重点关注（见表3-4）。

表3-4　中国2005—2008年网络文化产业相关政策

序号	时间	政策文件	部　门
1	2005.02	电子认证服务管理办法	信息产业部
2	2005.04	互联网著作权行政保护办法	国家版权局、信息产业部
3	2005.04	国务院关于非公有资本进入文化产业的若干决定	国务院
4	2005.07	文化部　信息产业部关于网络游戏发展和管理的若干意见	文化部、信息产业部
5	2005.09	互联网新闻信息服务管理规定	国务院新闻办、信息产业部
6	2006.04	关于推动我国动漫产业发展若干意见的通知	国务院办公厅
7	2006.07	信息网络传播权保护条例	国务院
8	2006.11	文化部关于网络音乐发展和管理的若干意见	文化部
9	2006.11	最高人民法院关于审理涉及计算机网络著作权纠纷案件适用法律若干问题的解释	最高人民法院
10	2006.12	关于宣传文化增值税和营业税优惠政策的通知	财政部、国家税务总局
11	2007.01	关于规范网络游戏经营秩序查禁利用网络游戏赌博的通知	公安部、信息产业部、文化部、新闻出版总署
12	2007.02	关于规范"网吧"经营行为加强安全管理的通知	公安部、信息产业部、文化部、工商行政管理局
13	2007.02	关于进一步加强网吧及网络游戏管理工作的通知	文化部等14部门
14	2007.04	关于保护未成年人身心健康 实施网络游戏防沉迷系统的通知	中央文明办、新闻出版总署、教育部等8部委

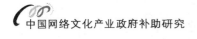

续表

序号	时间	政策文件	部　门
15	2007.12	互联网视听节目服务管理规定	广电总局、工信部
16	2008.01	关于鼓励数字电视产业发展的若干政策	发展改革委、科技部、财政部等6部委
17	2008.01	互联网骨干网网间通信质量监督管理暂行办法	信息产业部
18	2008.03	电子出版物出版管理规定	新闻出版总署
19	2008.08	文化部关于扶持我国动漫产业发展的若干意见	文化部
20	2008.12	动漫企业认定管理办法（试行）	文化部、财政部、国家税务总局

2. 补助政策要点剖析

该阶段的政府补助政策重点在于扶持和鼓励网络文化产业中细分行业的发展，尤其是新媒体动漫产业、网络音乐产业。

表3－5　中国2005—2008年网络文化产业政府补助相关政策

政策序号（对应表3－4）	内容要点
3	鼓励和支持非公有资本进入互联网上网服务营业场所、旅游文化服务、文化娱乐、动漫和网络游戏、广告、电影电视剧制作发行、广播影视技术开发运用、电影院和电影院线、音像制品分销等领域
6	对动漫产业进行清晰界定，特别指出其是以"创意"为核心，除了传统动漫形式，应还包括基于现代信息传播技术手段的动漫新品种以及与动漫形象有关的服装、玩具、电子游戏等衍生产品的生产和经营的产业。 补助措施包括：（1）设立扶持动漫产业发展专项资金；（2）建立优秀原创动漫产品评选、奖励和推广机制；（3）安排符合条件的动漫企业优先上市融资，并安排"科技型中小企业技术创新基金"资助符合条件的动漫中小企业；（4）给予税收优惠，一是可享受现行软件产业有关增值税和所得税优惠政策；二是营业税应税劳务可按3%税率征收；（5）鼓励动漫企业拓展国际市场，动漫产品出口译制经费可酌情予以补贴。对于优秀国产动漫作品和产品到海外参展可申请"中小企业国际市场开拓资金"支持
8	注重利用数字技术和网络技术改造提升传统音乐产业。建立优秀原创网络音乐产品评选、奖励和推广机制，提升网络音乐制作质量和水平。奖励原创网络音乐产品。支持中小网络音乐企业发展。鼓励和支持数字技术、网络技术以及硬件企业投资、兼并、收购文化内容经营企业

政策序号 （对应表 3－4）	内容要点
10	下调音像制品和电子出版物的增值税税率；对有关单位和地区的出版物实行增值税先征后退、免征增值税、免征营业税等政策；退还的增值税税款应专项用于技术研发、新兴媒体的建设信息系统建设等
16	广播电视运营服务企业收取的有线数字电视基本收视维护费，经有关部门批准，免征营业税，期限最长不超过三年。适当增加对数字电视产业投入。支持数字电视相关企业通过上市、配股、增发新股和发行债券等方式筹资
19	重点支持以数字化生产、网络化传播为主要特点的网络动漫和手机动漫产业的发展。扶持原创动漫作品，每年评选若干优秀原创漫画、网络动漫、手机动漫作品予以支持；注重培养原创动漫创作人才，每年扶持若干网络动漫、手机动漫、漫画和动漫舞台剧原创作者
20	网络动漫（含手机动漫）创作、制作企业和动漫软件开发企业等 6 类动漫企业可以获得政府有关税收优惠政策。另外，重点动漫产品和企业可优先享受国家及地方各项财政资金、信贷等方面的扶持政策

（二）政策特征分析

该阶段的网络文化产业政策总的来看有以下几个特征。

一是制定政策涉及的管理部门越来越多，多头管理现象明显；但是政策制定部门之间的联合互动性增强，很多政策都是多个管理部门联合制定并实施的。这一方面体现了网络文化产业的融合性和强产业关联性，另一方面也表明我国现有的政府职能机构体制以及职责划分不能适应网络文化产业的需要，甚至在一定程度上会阻碍该产业的发展。

二是高度重视网络著作权的保护，2005 年发布了《互联网著作权行政保护办法》，为打击网络版权侵权行为提供了政策依据。并且自 2005 年开始，启动打击网络版权侵权的"剑网"行动，每年一届，一直持续到现在，因此 2005 年被称为我国"互联网版权保护元年"。2006 年又出台了《信息网络传播权保护条例》和《关于审理涉及计算机网络著作权纠纷案件适用法律若干问题的解释》，进一步完善了我国网络著作权保护政策体系。

三是对新兴网络文化产业形态不再是单纯的监管，而是监管和促进发展并举。这一阶段出现了更多对新兴网络文化产业形态专门管理和扶持的政策，除已有的网络游戏、新媒体动漫、数字电视产业、互联网新闻信息服务外，出现了针对网络音乐和互联网视听的专门政策文件。

分析该阶段的政府补助扶持政策（见表 3-5），可以发现更多是侧重推动网络文化产业发展，提高网络文化企业的竞争力。一方面制定了《关于推动我国动漫产业发展若干意见的通知》和《文化部关于网络音乐发展和管理的若干意见》等系列扶持网络文化产业细分行业的扶持政策，促进产业发展。另一方面专门针对企业层面出台专门的扶持政策，如发布《动漫企业认定管理办法（试行）》支持鼓励网络动漫（含手机动漫）相关企业发展。此外在扶持产业发展的政策中也重点提到了采用多种补助措施支持行业内企业发展，如支持数字电视相关企业通过上市、发行债券等方式筹集资金，支持中小网络音乐企业发展等，对科技型动漫企业给予税收优惠，并对动漫企业开拓海外市场给予适当补助等。

第四节　网络文化产业全面发展期（2009—2012 年）

一、发展演进情况

进入 2009 年，我国网络文化产业迎来了全面发展时期，以下重大事件推动了产业的发展。

一是 2009 年国务院通过并颁布《文化产业振兴规划》，这是我国第一部文化产业专项规划，它的出台将我国文化产业上升到了国家战略层面。其中明确提到"采用数字、网络等高新技术，大力推动文化产业升级"；"支持发展移动多媒体广播电视、网络广播影视、数字多媒体广播、手机广播电视，开发移动文化信息服务、数字娱乐产品等增值业务"；"积极发展手机报、电子书、纸质有声读物和网络出版物等新兴出版发行业态"以及"加快广播电视传播和电影放映数字化进程"等内容，这些都为网络文化产业的全面发展奠定了基础。

二是 3G 网络正式商用及"三网融合"工作全面开展。2009 年我国正式商用 3G 通信技术，3G 网络关键技术是 Rake 接收，它改变了信息接收方式，提升了频谱利用率和信噪比。伴随着 3G 网络商用和智能手机的发展，我国移动互联网开始萌芽。2010 年国务院正式决定推动电信网、广播电视网和互联网融合发展，并规划了"三网融合"的时间表，随后首批 12 个"三网融合"试点城市名单和方案公布，整个工作进入实际开展阶段。"三网融合"有效整合了现有网络资源，拓宽了网络文化产业的传播渠道，刺激了网络文化产业的市场需求，一方面催生了原生态网络文化产业新形态，另一方面推动传统文化产业升级转型，朝数字化、网络化方向发展。

在国家系列政策以及信息网络技术快速发展的推动下，我国网络文化产业迎来全面发展时期。在网络电视、网络视频领域，2009 年，中国网络电视台（CNTV）正式上线，OTT（OVER THE TOP）电视火爆，乐视、小米等互联网品牌电视开始登上舞台。2010 年 6 月酷 6 网在纳斯达克上市，8 月乐视网在创业板上市，10 月优酷网在纽交所挂牌。2011 年，腾讯视频成立；同年新浪入股土豆网，8 月，土豆网登陆纳斯达克。至此，中国已形成了国有媒体网络电视台、门户网站及商业视频网站的竞争格局。这一阶段网络自制综艺和网络自制剧出现，截至 2012 年年底，我国网络自制综艺 22 部，总播放量 23.4 亿次；网络自制剧 9 部，总播放量 14.3 亿次❶。在网络游戏领域，2010 年 2 月，中青宝在创业板上市，成为首家国内创业板上市的网络游戏公司。2011 年，LOL 和 DOT2 风靡，电子竞技开始网游化，同年网易成立盘古游戏部门。在数字阅读领域，2009 年新浪微博上线，次年新浪阅读上线，2011 年网易云阅读上线，LOFTER 正式推出，轻博客时代到来。截至 2012 年年底，我国成年国民数字化阅读方式接触率为 40.3%❷。2011 年腾讯推出微信应用程序，移动社交初现。该阶段是网络文化产业全面发展的阶段，也是以内容生产为主的阶段，人们从单一的消费身份变成了集消费与生产一体的身份，丰富了网络文化产业的内容生产。

二、政策梳理和分析

（一）政策梳理

1. 该阶段相关政策

由表 3 - 6 可知，该阶段政策要点集中在全面推动文化体制改革，大力支

---

❶ 艾瑞咨询. 中国网络自制内容行业研究报告 [R]. 2017.

❷ 中国新闻出版研究院. 第十四次全国国民阅读调查报告 [R]. 2017. 数字化阅读方式接触率指成年国民通过网络在线阅读、手机阅读、电子阅读器阅读、光盘阅读、Pad 平板阅读等数字化阅读方式的比例。

持新兴网络文化产业发展，推动"三网融合"工作实际开展，重视文化科技创新和大力整顿网络文化市场秩序、规范网络文化产品和内容方面。

表 3 – 6　中国 2009—2012 年网络文化产业相关政策

序号	时间	政策文件	部　门
1	2009.03	关于文化体制改革中经营性文化事业单位转制为企业的若干税收优惠政策的通知	财政部、国家税务总局
2	2009.03	广电总局关于加强互联网视听节目内容管理的通知	广电总局
3	2009.03	软件产品管理办法	工业和信息化部
4	2009.03	关于支持文化企业发展若干税收政策问题的通知	财政部、海关总署、国家税务总局
5	2009.04	电子信息产业调整和振兴规划	国务院
6	2009.05	关于金融支持文化出口的指导意见	商务部、文化部、进出口银行等
7	2009.06	关于加强网络游戏虚拟货币管理工作的通知	文化部、商务部
8	2009.06	关于实施《动漫企业认定管理办法（试行）》有关问题的通知	文化部、财政部、国家税务总局
9	2009.07	关于加强对进口网络游戏审批管理的通知	新闻出版总署
10	2009.07	文化产业振兴规划	国务院
11	2009.07	关于扶持动漫产业发展有关税收政策问题的通知	财政部、国家税务总局
12	2009.08	关于加强网络电视管理的通知	广电总局
13	2009.08	文化部关于加强和改进网络音乐内容审查工作的通知	文化部
14	2009.09	中央编办对文化部、广电总局、新闻出版总署《"三定"规定》中有关动漫、网络游戏和文化市场综合执法的部分条文的解释	中央编办
15	2009.09	国务院关于进一步促进中小企业发展的若干意见	国务院
16	2009.10	关于下发音像（电子）出版业体制改革实施方案的通知	新闻出版总署
17	2009.11	文化部关于改进和加强网络游戏内容管理工作的通知	文化部
18	2010.01	关于进一步推动新闻出版产业发展的指导意见	新闻出版总署
19	2010.02	"两高"明确利用互联网手机等传播淫秽电子信息犯罪行为适用法律标准	最高人民法院、最高人民检察院

续表

序号	时间	政策文件	部　门
20	2010.04	互联网视听节目服务业务分类目录（试行）	广电总局
21	2010.04	关于金融支持文化产业振兴和发展繁荣的指导意见	财政部、文化部、广电总局、新闻出版总署、中宣部等
22	2010.06	网络游戏管理暂行办法	文化部
23	2010.03	关于推进光纤宽带网络建设的意见	工信部、发展改革委、科技部等七部门
24	2010.04	关于推进第三代移动通信网络建设的意见	工信部、发展改革委、科技部等七部门
25	2010.07	三网融合试点工作方案	国务院
26	2010.07	广电总局关于三网融合试点地区 IPTV 集成播控平台建设有关问题的通知	广电总局
27	2010.08	关于三网融合试点工作有关问题的通知	国务院
28	2010.08	有线电视网络三网融合试点总体技术要求和框架	广电总局
29	2010.08	关于加快我国数字出版产业发展的若干意见	新闻出版总署
30	2010.10	关于发展电子书产业的意见	新闻出版总署
31	2010.12	保监会　文化部关于保险业支持文化产业发展有关工作的通知	保监会、文化部
32	2011.02	互联网文化管理暂行规定	文化部
33	2011.05	财政部　海关总署　税务总局关于印发《动漫企业进口动漫开发生产用品免征进口税收的暂行规定》的通知	财政部、海关总署、国家税务总局
34	2011.10	中共中央关于深化文化体制改革、推动社会主义文化大发展大繁荣若干重大问题的决定	中共中央
35	2011.11	广电总局办公厅关于印发《持有互联网电视牌照机构运营管理要求》的通知	广电总局
36	2011.12	规范互联网信息服务市场秩序若干规定	工信部
37	2011.12	关于扶持动漫产业发展增值税 营业税政策的通知	财政部、国家税务总局
38	2012.02	文化部关于印发《文化部"十二五"时期文化产业倍增计划》的通知	文化部

续表

序号	时间	政策文件	部　门
39	2012.04	财政部关于印发《文化产业发展专项资金管理暂行办法》的通知	财政部
40	2012.05	文化部关于印发《文化部"十二五"时期文化改革发展规划》的通知	文化部
41	2012.06	文化部关于鼓励和引导民间资本进入文化领域的实施意见	文化部
42	2012.06	"十二五"时期国家动漫产业发展规划	文化部
43	2012.07	科技部　中宣部　财政部　文化部　广电总局　新闻出版总署关于印发《国家文化科技创新工程纲要》的通知	科技部、财政部、文化部等六部委
44	2012.07	关于进一步加强网络剧、微电影等网络视听节目管理的通知	广电总局、国家互联网信息办公室
45	2012.09	文化部关于印发《网络文化市场执法工作指引（试行）》的通知	文化部
46	2012.09	文化部办公厅关于印发《文化部"十二五"文化科技发展规划》的通知	文化部

2. 补助政策要点剖析

该阶段政府补助政政策在全部产业政策中比重较大，政府在财政、税收、金融、保险等多方面给予网络文化产业补助支持，促进其全面快速发展（见表 3 -7）。

表 3 -7　中国 2009—2012 年网络文化产业政府补助相关政策

政策序号（对应表 3 -6）	内容要点
4	在支持文化产业的技术领域里，认定为高新技术企业的可按 15% 优惠税率征收企业所得税；文化企业开发新技术、新产品等发生的研发费用，可在计算应纳税所得额时加计扣除
5	推进视听产业数字化转型，支持 IPTV（网络电视）、手机电视等新兴服务业发展。加大引导资金投入，完善并适当延长液晶等新型显示器优惠政策。落实数字电视产业政策，推进"三网融合"

政策序号 （对应表 3-6）	内容要点
10	采用数字、网络等高新技术，推动文化产业升级；通过贷款贴息、项目补贴、补充资本金等方式加大文化产业投入。加大税收扶持力度；设立中国文化产业投资基金
11	（1）对一般纳税人的动漫企业销售其自主开发生产的动漫软件，按17%税率征收增值税后，对其增值税实际税负超过3%的部分，即征即退。（2）经认定的动漫企业可申请享受现行鼓励软件产业发展的所得税优惠。（3）对动漫企业为开发动漫产品提供劳务，暂减按3%税率征收营业税。（4）经认定的动漫企业确需进口的商品可享受免征进口关税和进口环节增值税的优惠政策
21	对符合条件的文化企业，给予贷款贴息和保费补贴；由财政注资引导设立文化产业投资基金，鼓励金融资本依法参与
29	争取各级财政对数字出版产业的扶持，加大对重点数字出版工程项目的资金投入。发挥科技创新资金、现代信息服务业专项资金、文化产业发展专项资金和宣传文化发展专项资金的扶持导向作用。鼓励社会资本参与数字出版产业发展，拓宽投融资渠道
31	鼓励保险公司投资文化企业发行的债券，支持符合条件的保险公司投资符合条件的文化产业投资基金
33	经认定获得进口免税资格的动漫企业，凭本年度有效"动漫企业证书"及证书上标注的享受本规定的进口税收优惠规定，可向海关申请办理享受进口税收优惠政策
34	落实和完善文化经济政策。加大对文化产业的财政税收金融扶持力度，推动文化企业和社会资本对接。对文化内容创意产业实施税收优惠政策。设立国家文化发展专项基金，扩大相关文化专项资金规模。延续文化体制改革的扶持政策，对国有文化单位改制转企的有关扶持政策延长5年
38	加快发展网络文化、动漫、数字文化服务、网络游戏等新兴文化业态。积极研发与新兴文化业态密切相关的数字技术、网络技术等高新技术。通过政府购买服务、项目补贴、以奖代补等政府投入方式扶持文化产业发展。加大中央财政国有资本经营预算对文化产业的扶持力度，扩大文化产业发展专项资金和文化产业投资基金规模。对条件充足的地区鼓励设立文化产业投资引导基金，及早形成政府引导、社会参与的新型文化产业投入模式
39	规定了专项资金的6大支持方向（推进文化体制改革，促进金融资本和文化资源对接，构建现代文化产业体系，推进文化科技创新和文化传播体系建设，培育骨干文化企业，推动文化企业"走出去"）和支持方式：项目补助，贷款贴息，保费补贴，绩效奖励及财政部确定的其他方式

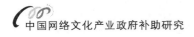

续表

政策序号 （对应表3－6）	内容要点
40	加快发展动漫、游戏、网络文化、数字文化服务等新兴文化产业；支持东部地区积极探索发展网络文化、创意设计、动漫游戏和数字文化服务等行业，打造科技型文化产业集群。 加大财政资金投入，改进财政资金支持文化产业的投入方式。把文化科技研发纳入国家科技创新体系。加大财税金融对文化产业的扶持力度，对文化内容创意生产经营实行税收优惠。完善和落实对动漫产业的税收优惠政策。引导和鼓励社会资本投入文化产业。探索文化类无形资产确权、评估、质押、流转体系
41	支持和引导社会资本投资创意设计、网络文化、数字文化服务、文化旅游、演艺、动漫、游戏、娱乐、文化会展、工艺美术、艺术品等领域。采用绩效奖励、项目补助、保费补贴、贷款贴息等方式扶持符合国家重点扶持方向的文化行业门类和领域的民间资本投资项目
42	(1) 重点培育新媒体动漫，推动传统动漫向新媒体动漫转变，支持面向移动互联网和智能终端进行创作的动漫产品。(2) 扩大中央财政扶持动漫产业发展专项资金规模；支持和引导各类文化产业投资基金、中小企业创业投资基金加大对动漫产业的投资。(3) 企业出口动漫产品可申请国家规定的出口退（免）税政策，境外已缴纳的所得税款可按规定予以抵扣
43	(1) 围绕下一代广播电视网、互联网电视、地面数字电视、移动多媒体广播、直播卫星、电影产业科技提升以及融合网络创新服务等广播影视文化产业布局；支持电子图书、数字报刊、网络原创文学、网络教育出版、数据库出版、手机出版等数字出版新兴业态；研究网络原创文学、微博、网络剧、微电影等新兴网络文化形态、网络信息集成传播技术及前沿引导技术。(2) 符合国家规定的文化科技类企业，可享受高新技术企业的企业所得税优惠税率以及现行鼓励企业进行技术研发和创新的税收优惠政策；鼓励条件成熟的文化科技类企业在境内上市融资。(3) 创新财政投入方式，通过政府购买、贷款贴息、资助等方式加大财政扶持力度，形成政府引导、社会和金融资本参与的促进文化科技研发和产业化的发展模式
46	(1) 推进针对互联网传播秩序、新兴媒体传播、文艺演出院线、网络内容生产和服务的新技术新业务的集成应用与集成创新。(2) 协调各级财政部门，增加文化科技财政投入

（二）政策特征分析

这一阶段是我国文化产业发展的重要阶段，也是网络文化产业全面发展的时期。政府各项监管、扶持政策密集出台保障了网络文化产业健康持续的发展。该阶段网络文化产业政策的特征有以下几点。

一是政府补助政策众多，强调对网络文化产业在财政、税收、金融等方面的补助支持。由表3－7可知，十几个政策文件中都提到了加大对网络文化产业的财政资金投入、对网络文化企业进行税收减免，通过政府购买、项目补助、贷款贴息、绩效奖励、研发费用加计扣除等方式支持和鼓励新兴文化产业发展、传统文化产业向数字化和网络化升级。但可以发现对网络文化产业的政府补助政策并无明确的针对性，除对动漫产业和数字出版产业有单项补助政策外，其他网络文化产业新形态的补助内容都分散见于各种综合性规划和政策内。这导致对网络文化产业的扶持政策不够具体，难以落地实施。

二是重点推进文化体制改革，如《中共中央关于深化文化体制改革、推动社会主义文化大发展大繁荣若干重大问题的决定》《"十二五"时期文化改革发展规划》以及系列配套政策的实施，不断推动深化我国文化体制改革，为文化产业、网络文化产业的发展破除体制障碍，为产业的跳跃式发展提供了动力和基础。

三是全力推进"三网融合"工作，《三网融合试点工作方案》《广电总局关于三网融合试点地区IPTV集成播控平台建设有关问题的通知》等一系列政策成为推动"三网融合"工作的政策保障，为网络文化产业的发展开创了重要机遇期。

四是推动文化与科技融合。这一阶段文化科技创新政策成为网络文化产业政策的一大亮点。《国家文化科技创新工程纲要》《文化部"十二五"文化科技发展规划》极大地推动了文化与科技融合进程，有利于提升文化产品的科技含量，提升网络文化企业的竞争力。

五是随着互联网的快速发展，虚假、色情、庸俗的信息日益增多，网络侵权事件时有发生，严重影响了网络文化产业的发展，损害了众多合法主体的利益。此时包括《网络文化市场执法工作指引（试行）》《"两高"明确利用互联网手机等传播淫秽电子信息犯罪行为适用法律标准》等系列整顿市场秩序和规范网络经营主体行为的政策出台，为引导网络文化产业健康发展起到保驾护航的作用。

第五节 步入移动互联网时期（2013—2015 年）

一、发展演进情况

该阶段最大的特点是移动互联网的蓬勃发展。2009 年 3G 网络商用标志着我国移动互联网的萌芽，2013 年中国移动率先商用 4G 网络则开启了移动互联网快速发展的大门。截至 2013 年年底，我国智能手机保有量（5.8 亿部）占全部手机保有量的 70%，移动互联网接入流量（13.2 亿 GB）占全部网络流量的 70%[1]。截至 2015 年年底，我国互联网普及率超过 50%，达到 50.3%，手机网民 61981 万人，占全部网民的 90.1%[2]。网络文化产业的各种业态都开始转向移动端，根据艾瑞咨询研究数据显示，我国移动阅读市场规模由 2013 年的 30 亿元增至 2015 年的 62.3 亿元，移动阅读用户规模则由 2.2 亿人增至 2.6 亿人。移动网络广告市场规模由 2013 年的 133.7 亿元增至 2015 年的 997.8 亿元，占网络广告总体市场规模比例由 12.1% 升至 45.7%。伴随着移动互联网的发展，移动游戏成为游戏产业新的增长点，2014 年其市场规模首次超越网页游戏。网络视频方面，移动端人均单日使用时长由 2013 年的 17 分钟增加到 41.6 分钟。此外，移动支付的快速发展对网络文化产业的发展起到重要的推动作用，我国移动支付规模由 2013 年的 16.9 万亿元增加至 2015 年的 52.3 万亿元。这一时期伴随着网络科技，尤其是移动互联网的快速发展，网络文化内容的生产已经无法满足市场的需求，网络文化内容生产乏力已在一定程度上制约了产业进一步发展，网络文化企业纷纷转向通过提供综合服务来提升竞争能力，这一阶段网络文化产业以综合服务为主，这一特征将持续很长一段时间。

二、政策梳理和分析

（一）政策梳理

1. 该阶段相关政策

分析表 3 - 8 可知，这一阶段政策的重点在于促进移动互联网的发展、扶

---

[1] 人民网研究院. 中国移动互联网发展报告（2014）[R]. 2015 - 06 - 19.
[2] 中国互联网络信息中心. 中国互联网发展状况统计报告 [R]. 2016.

持中小微文化企业、推动产业融合、产业与金融融合及整治规范网络发展环境
等方面。

表 3 – 8　中国 2013—2015 年网络文化产业相关政策

序号	时间	政策文件	部 门
1	2013.01	国务院关于修改《计算机软件保护条例》的决定	国务院
2	2013.01	国务院关于修改《信息网络传播权保护条例》的决定	国务院
3	2013.04	工业和信息化部关于加强移动智能终端进网管理的通知	工业和信息化部
4	2013.08	国务院关于印发"宽带中国"战略及实施方案的通知	国务院
5	2013.08	国务院关于促进信息消费扩大内需的若干意见	国务院
6	2013.08	文化部关于实施《网络文化经营单位内容自审管理办法》的通知	文化部
7	2013.09	国家发展改革委关于组织实施 2013 年移动互联网及第四代移动通信（TD – LTE）产业化专项的通知	国家发展改革委
8	2013.11	关于动漫产业增值税和营业税政策的通知	财政部、国家税务总局
9	2013.12	新闻出版广电总局关于加强数字出版内容投送平台建设和管理的指导意见	国家新闻出版广电总局
10	2014.02	国务院关于推进文化创意和设计服务与相关产业融合发展的若干意见	国务院
11	2014.03	国务院关于加快发展对外文化贸易的意见	国务院
12	2014.03	文化部　中国人民银行　财政部关于深入推进文化金融合作的意见	文化部、中国人民银行、财政部
13	2014.04	国务院办公厅关于印发文化体制改革试点中支持文化产业发展和经营性文化事业单位转制为企业的两个规定的通知	国务院
14	2014.04	关于贯彻落实《2014 年文化系统体制改革工作要点》及其《分工实施方案》的通知	文化部
15	2014.04	关于推动 2014 年度文化金融合作有关事项的通知	财政部、文化部

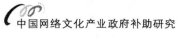

序号	时间	政策文件	部　门
16	2014.04	关于推动新闻出版业数字化转型升级的指导意见	国家新闻出版广电总局、财政部
17	2014.04	文化部办公厅关于修订印发《国家文化产业示范基地管理办法》的通知	文化部
18	2014.05	关于支持电影发展若干经济政策的通知	财政部、国家发展改革委等
19	2014.07	关于大力支持小微文化企业发展的实施意见	文化部、工信部、财政部
20	2014.08	即时通信工具公众信息服务发展管理暂行规定	国家互联网信息办公室
21	2014.10	国务院关于扶持小型微型企业健康发展的意见	国务院
22	2014.11	文化部关于推动互联网上网服务行业转型升级的意见	文化部
23	2014.11	财政部　海关总署　国家税务总局关于继续实施支持文化企业发展若干税收政策的通知	财政部、海关总署、国家税务总局
24	2014.12	国务院办公厅关于转发知识产权局等单位深入实施国家知识产权战略行动计划（2014—2020年）的通知	国务院
25	2014.12	关于印发《关于推动网络文学健康发展的指导意见》的通知	国家新闻出版广电总局
26	2015.03	文化部关于加强网络游戏宣传推广活动监管的通知	文化部
27	2015.03	财政部　国家税务总局关于小型微利企业所得税优惠政策的通知	财政部、国家税务总局
28	2015.03	关于推动传统出版和新兴出版融合发展的指导意见	国家新闻出版广电总局、财政部
29	2015.04	关于规范网络转载版权秩序的通知	国家版权局
30	2015.04	国家网信办2015年网上"扫黄打非"实施方案	国家版权局
31	2015.05	文化部办公厅关于印发2015年扶持成长型小微文化企业工作方案的通知	文化部
32	2015.07	关于责令网络音乐服务商停止未经授权传播音乐作品的通知	国家版权局
33	2015.07	国务院关于积极推进"互联网＋"行动的指导意见	国务院

续表

序号	时间	政策文件	部　门
34	2015.08	互联网视听节目服务管理规定（2015 年修订）	国家新闻出版广电总局
35	2015.09	国务院办公厅关于印发三网融合推广方案的通知	国务院
36	2015.10	中共中央关于繁荣发展社会主义文艺的意见	中共中央
37	2015.11	国务院办公厅关于加强互联网领域侵权假冒行为治理的意见	国务院
38	2015.11	国家新闻出版广电总局关于大力推进我国音乐产业发展的若干意见	国家新闻出版广电总局

2. 补助政策要点剖析

有关政府补助的政策，一是延长原有相关政策期限，二是重点加大对中小微企业的扶持，三是促进传统文化产业转型和推动网络文学等新兴业态发展（见表 3 - 9）。

表 3 - 9　中国 2013—2015 年网络文化产业政府补助相关政策

政策序号 （对应表 3 - 8）	内容要点
5	促进动漫游戏、数字音乐、网络艺术品等数字文化内容的消费。对互联网企业明确规定可对研发费用税前加计扣除，认定为高新技术企业，可享受税收优惠。切实减轻互联网小微企业负担
10	扩大文化产业发展专项资金规模，重点扶持文化创意和设计服务企业，探索建立和不断完善无形资产评估体系。完善相关税收扶持政策（加计扣除、高新技术企业税收优惠、出口增值税减免等）
18	对精品电影给予专门的资金支持，继续对电影产业实施优惠税收政策；鼓励在电影制作中使用高新技术，可安排文化产业专项资金予以支持
25	各级财政加大对网络文化的扶持，利用相关出版基金和专项资金扶持精品网络文学出版产业项目研发，推动网络文学出版等环节增值税优惠政策落实
33	统筹专项资金，通过政府采购、建立风险补偿机制等发展基于互联网的文化、媒体等服务，培育新型文化业态
36	完善项目补贴、政府采购、捐资激励、贷款贴息等制度，推动网络音乐、网络动漫、网络剧、微电影、网络演出、网络文学等新兴文化业态的发展
38	加大产业资金支持力度。文化产业发展专项资金用于支持相关音乐企业，文化建设专项资金拥有支持音乐企业规划的特色音乐项目和重点音乐工程

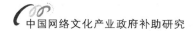

政策序号 （对应表 3 – 8）	内容要点
文化金融补助政策	
12	实施"文化金融扶持计划"，建立财政贴息信息共享机制；创新和综合运用贷款贴息、保费补贴等扶持方式，鼓励和支持金融资本投资文化产业；探索建立文化产业贷款风险分担补偿机制，推动互联网金融业务与文化产业融合发展
15	从文化产业发展专项资金中单独安排资金用于支持相关贷款贴息项目
出版业数字化转型政策	
16	安排中央文化产业发展专项资金扶持新闻出版业数字化转型升级项目；充分发挥财政资金杠杆作用，推动重点企业转型升级
28	增加中央文化产业发展专项资金扶持强度，创新和实施贷款贴息、保费补贴、项目补助、绩效奖励等措施。加快发展移动阅读、在线教育、知识服务等新业态
小微企业扶持政策	
19	完善和落实项目补助、贷款贴息、保费补贴等措施，鼓励有条件地区制定和实施小微文化企业孵化培育专项计划，建立小微文化企业融资风险补偿机制。提高增值税和营业税起征点，对部分小微企业暂时免征增值税和营业税及文化事业建设费，减半征收小型微利企业所得税、减免部分艺术品进口关税等
21	发挥现有中小企业专项资金的引导作用，落实已出台的支持小型微型企业税收优惠政策，符合条件的小微型企业可按规定享受小额担保贷款扶持政策。鼓励各级政府设立的创业投资引导基金积极支持小型微型企业
27	在 2015 – 01 – 01 到 2017 – 12 – 31 两年内，凡是应纳税所得额低于 20 万元的小型微利企业，其所得减按 50% 计入应纳税所得额，按 20% 的税率缴纳企业所得税
31	协助财政部做好中央财政文化产业发展专项资金支持小微文化企业发展的申报、评审工作，加大财政政策对小微文化企业的扶持力度

（二）政策特征分析

该阶段产业政策的一个明显特点是既有基于新时期经济社会发展出台的新政策，又有对原有监管和补助政策基于新时期变化进行的修订和完善。主要特征表现为：一是通过财政资金、税收优惠和奖励等手段大力支持小微文化企业的发展，并重点建设小微文化企业的金融服务体系，优化市场发展环境；二是加强移动通信网络的建设，积极推动移动互联网的发展，为网络文化产业发展夯实基础；三是在继续推动原有文化产业数字化转型的基础上，如推动新闻出版业数字化转型，加强对新兴网络文化产业的管理和扶持，如对网络游戏和网络音乐市场活动的监管以及对网络文学健康发展的扶持政策；四是推动文化产业与其他产业融合，如《国务院关于推进文化创意和设计服务与相关产业融合发展的若干意见》为相关产业的深度融合提供了政策引导。此外，该阶段政策还重点推进文化金融的发展。

在政府补助政策方面，可以发现政府补助的措施比较多元且固定，补助的重点除聚焦中小微型文化企业外，仍然是一手推动传统文化企业的数字化、网络化转型，一手推动网络原生新业态的发展。但是从政策文件看，对网络文化产业的补助都是出自对文化产业或是综合类的政策文件，完全针对网络文化产业的专门补助政策较少，该阶段只有《关于推动网络文学健康发展的指导意见》这一例。

第六节　成为战略新兴产业新时期（2016 年至今）

一、发展演进情况

在这一阶段，网络文化产业在继文化产业成为国民支柱产业后，成为国家战略新兴产业，几个重要政策确定并推动了网络文化产业进入发展新时期。一是 2016 年 12 月，国务院印发《"十三五"国家战略性新兴产业发展规划》首次将数字创意产业纳入国家战略性新兴产业发展规划，数字创意产业成为与新一代信息技术、生物、高端制造、绿色低碳产业并列的五大新支柱。这将我国网络文化产业的发展推进到了一个新的阶段。2017 年 4 月，文化部发布《关于推动数字文化产业创新发展的指导意见》（文产发〔2017〕8 号），首次明确了数字文化产业是以文化创意内容为核心，依托数字技术进行创作、生产、传播和服务的新兴产业，并且在文件中提出多种措施促进产业发展。2018 年 4 月，国家统计局印发《文化及相关产业分类（2018）》（国统字〔2018〕43 号），这是为了适应当前我国互联网时代文化新形态不断涌现的新形势，对《文化及相关产业分类（2012）》进行的修订，新修订后的分类标准突出了互联网信息服务、数字内容服务、互联网文化娱乐平台等反映网络文化产业发展新形势的内容。

这些政策的出台，再加上文化与科技的深度融合，网络文化产业的战略产业地位更加巩固，将有可能成为我国赶超先进国家的突破产业之一。截至2018 年 12 月，中国互联网渗透率为 59.6%，网民规模达到 82851 万人，其中手机网民为 81698 万人（占比 98.6%）❶。以百度、阿里巴巴、腾讯为代表的互联网科技企业大规模跨界进入文化领域，以大资本、新生态构建中国网络文化产业竞争新格局。2018 年我国网络游戏市场规模达 2480 亿元，网络音乐市场规模为 226 亿元，网络视频用户付费市场规模为 218 亿元，网络文学用户规模达 4.32 亿人，市场规模达 90.5 亿元；网络直播新业态出现并发展迅速，市场规模达到 485.8 亿元❷。我国网络文化产业发展迎来爆发期，相关政策也迎来了爆发期。

二、政策梳理和分析

（一）政策梳理

1. 该阶段相关政策

继前一阶段对部分网络文化产业政策修订后，基于新时期产业爆发性发展带来的变化，相关部门再次修订多项政策，并对部分税收优惠政策予以延续（见表 3 – 10）。

表 3 – 10　中国 2016 年以来修订和延续的网络文化产业相关政策

序号	时间	政策文件	部　门
1	2016.02	互联网上网服务营业场所管理条例	国务院
2	2016.08	关于动漫企业进口动漫开发生产用品税收政策的通知	财政部、海关总署、国家税务总局
3	2017.03	国家新闻出版广电总局关于调整《互联网视听节目服务业务分类目录（试行）》的通告	国家新闻出版广电总局
4	2017.04	财政部　税务总局关于继续执行有线电视收视费增值税政策的通知	财政部、税务总局
5	2017.05	互联网新闻信息服务管理规定	国家互联网信息办公室
6	2017.12	互联网文化管理暂行规定	文化部
7	2017.12	网络游戏管理暂行办法	文化部
8	2018.04	文化及相关产业分类（2018）	国家统计局
9	2018.04	关于延续动漫产业增值税政策的通知	财政部、税务总局

❶ 中国互联网络信息中心. 第 43 次中国互联网发展状况统计报告［R］. 2019.
❷ 国家版权局网络版权产业研究基地. 中国网络版权产业发展报告（2018）［R］. 2019.

　　除此之外，大量有关网络文化产业的政策在此阶段出台，主要表现为各种重大的指导性规划政策，对网络文化产业新业态及出现的新情况进行管理和规范的政策，特别是在立法方面取得了重要成果（表3-11）。

表3-11　中国2016—2018年10月网络文化产业相关政策

序号	时间	政策文件	部门
1	2016.02	网络出版服务管理规定	国家新闻出版广电总局、工业和信息化部
2	2016.05	关于软件和集成电路产业企业所得税优惠政策有关问题的通知	财政部、国家税务总局等四部门
3	2016.06	关于移动游戏出版服务管理的通知	国家新闻出版广电总局
4	2016.06	新闻出版业数字出版"十三五"时期发展规划	国家新闻出版广电总局
5	2016.06	互联网信息搜索服务管理规定	国家互联网信息办公室
6	2016.06	移动互联网应用程序信息服务管理规定	国家互联网信息办公室
7	2016.07	总局印发《关于进一步加快广播电视媒体与新兴媒体融合发展的意见》的通知	国家新闻出版广电总局
8	2016.07	文化部关于加强网络表演管理工作的通知	文化部
9	2016.07	中共中央办公厅 国务院办公厅印发《国家信息化发展战略纲要》	中共中央、国务院
10	2016.09	文化部关于推动文化娱乐行业转型升级的意见	文化部
11	2016.09	新闻出版广电总局下发《关于加强网络视听节目直播服务管理有关问题的通知》	国家新闻出版广电总局
12	2016.11	关于加强网络文学作品版权管理的通知	国家版权局
13	2016.11	中华人民共和国网络安全法	全国人大常委会
14	2016.11	中华人民共和国电影产业促进法	全国人大常委会
15	2016.11	互联网直播服务管理规定	国家互联网信息办公室
16	2016.12	文化部关于印发《网络表演经营活动管理办法》的通知	文化部
17	2016.12	国务院关于印发"十三五"国家战略性新兴产业发展规划的通知	国务院
18	2016.12	文化部关于印发《文化部"一带一路"文化发展行动计划》的通知	文化部
19	2016.12	关于印发《全民阅读"十三五"时期发展规划》的通知	国家新闻出版广电总局

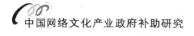
中国网络文化产业政府补助研究

续表

序号	时间	政策文件	部门
20	2016.12	关于加强微博、微信等网络社交平台传播视听节目管理的通知	国家新闻出版广电总局
21	2017.01	战略性新兴产业重点产品和服务指导目录（2016版）	国家发展改革委
22	2017.01	中共中央办公厅 国务院办公厅《关于促进移动互联网健康有序发展的意见》	中共中央、国务院
23	2017.03	关于深化新闻出版业数字化转型升级工作的通知	国家新闻出版广电总局、财政部
24	2017.04	文化部关于推动数字文化产业创新发展的指导意见	文化部
25	2017.04	文化部关于印发《文化部"十三五"时期文化产业发展规划》的通知	文化部
26	2017.04	文化部关于印发《文化部"十三五"时期文化科技创新规划》的通知	文化部
27	2017.05	中共中央办公厅 国务院办公厅《国家"十三五"时期文化发展改革规划纲要》	中共中央、国务院
28	2017.06	网络文学出版服务单位社会效益评估试行办法	国家新闻出版广电总局
29	2017.06	国家新闻出版广电总局关于进一步加强网络视听节目创作播出管理的通知	国家新闻出版广电总局
30	2017.08	国务院关于进一步扩大和升级信息消费持续释放内需潜力的指导意见	国务院
31	2017.09	国家新闻出版广电总局《新闻出版广播影视"十三五"发展规划》的通知	国家新闻出版广电总局
32	2017.09	文化部办公厅关于印发《中国文化艺术政府奖动漫奖评奖办法》的通知	文化部
33	2017.09	关于支持电视剧繁荣发展若干政策的通知	国家新闻出版广电总局、财政部等5部门
34	2017.09	互联网用户公众账号信息服务管理规定	国家互联网信息办公室
35	2017.11	中共中央办公厅 国务院办公厅《推进互联网协议第六版（IPv6）规模部署行动计划》	中共中央、国务院
36	2018.03	国家新闻出版广电总局办公厅关于进一步规范网络视听节目传播秩序的通知	国家新闻出版广电总局

100

序号	时间	政策文件	部　门
37	2018.08	关于印发《综合防控儿童青少年近视实施方案》的通知	教育部等 8 部门
38	2018.09	关于发展数字经济稳定并扩大就业的指导意见	国家发展改革委等 19 部门
39	2018.09	中共中央　国务院关于完善促进消费体制机制，进一步激发居民消费潜力的若干意见	中共中央、国务院
40	2018.09	国务院办公厅关于印发完善促进消费体制机制实施方案（2018—2020 年）	国务院
41	2018.10	国家税务总局关于进一步规范影视行业税收秩序有关工作的通知	国家税务总局
42	2018.10	国家广播电视总局关于进一步加强广播电视和网络视听文艺节目管理的通知	国家广播电视总局

2. 补助政策要点剖析

该阶段有关政府补助的政策大部分为综合性的宏观规划，详见表 3 - 12。

表 3 - 12　中国 2016—2018 年 10 月网络文化产业政府补助相关政策

政策序号 （对应表 3 - 11）	内容要点
1	对发展网络出版服务业做出重要贡献的单位和个人给予奖励
4	在财政资金上支持传统出版单位开展数字化转型升级；鼓励政府机关和企事业单位加大数字阅读服务和产品的采购力度
7	加大对新媒体业务和媒体融合项目的直接投入，争取财政补助资金支持，将全台一定比例的创收收入用于新媒体平台建设和运营
17	将数字创意产业纳入国家战略性新兴产业发展规划。加大对战略性新兴产业的资金投入，政府采购予以倾斜
19	通过制定配套政策、专项资金资助等方式推进传统出版单位数字化转型升级，推进数字化阅读发展
22	发挥政策性引导基金的扶持作用，落实税费减免政策，在信用担保、融资上市、政府购买服务等方面支持中小微互联网企业发展移动互联网新技术、新应用、新业务
23	重点扶持符合规定条件的新闻出版业数字化转型升级项目

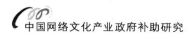

政策序号 (对应表3-11)	内容要点
24	明确数字文化企业可申报高新技术企业认定，享受15%所得税优惠政策。支持符合条件的数字文化企业通过发行债券和进入资本市场融资，探索建立投融资风险补偿和分担机制。符合条件的创意和设计费用可税前加计扣除。设立数字文化产业创业投资引导基金和各类型相关股权投资基金。鼓励各类金融机构给予支持，推进投贷联动
25	创新政府投入方式，重点支持文化产业创新项目。加大财政资金和基金对文化产业支持力度。推动落实经营性文化事业单位转制为企业、支持文化创意和设计服务发展、支持小微文化企业发展的税收优惠政策
26	推动各级财政加大对文化领域的科技投入。设立文化科技类扶持基金。引导文化企业先行投入进行研发攻关，政府部门以财政后补助、政府采购、以奖代补、间接投入等形式进行扶持。鼓励基于文化企业特点创新金融服务和产品，推广知识产权和股权质押贷款。支持文化科技企业在创业板、新三板等挂牌上市
29	运用政策支持、资金扶持、评优表彰等多种方式，引导和鼓励网络原创视听节目制作单位和主创人员创作优秀网络视听作品
30	支持和引导社会资本加大对信息消费领域的投入。符合高新技术企业并通过认定的互联网企业，可享受15%的企业所得税优惠政策；符合条件的研发费用可按规定加计扣除
31	设立出版融合发展课题研究专项资金和出版融合发展项目引导资金，加快文化与科技的融合，大力发展数字音乐、数字教育、网络文学等新兴新闻出版广播影视业务
32	文化部对动漫奖获奖作品、创作者或团队、单位颁发证书和奖金

（二）政策特征分析

本阶段，有关网络文化产业新业态的政策迎来了爆发期，总的来看以规划指导性政策和对网络文化产业新业态加强监管为主，扶持政策较少。表明政府充分意识到网络文化产业对国民经济发展的重要性，同时采取谨慎的先监管后考虑是否推动发展的态度。该阶段政策的特点有以下几点。

一是从政策制定实施部门看，我国网络文化产业的"多头管理、政出多门"现象未发生根本性改变。这主要是由于技术快速发展，文化与科技深度融合，模糊了网络文化产业的边界，其"有核无边"的特征日益凸显。所以政府完善消费体制，促进消费重点之一就是通过扩大网络文化产业发展，增加文化产品和服务供给。其他领域的政策也会影响到网络文化产业发展，如《综合防控儿童青少年近视实施方案》的出台就对网络游戏产业造成了重大影响，直接增加了新研发网络游戏获取版号的难度，从而限制我国网络游戏上网运营数量。

二是有关网络文化产业发展的政策开始上升到法律层面。2016 年 11 月，《电影产业促进法》和《网络安全法》先后实施，为电影产业的发展以及保障网络安全提供了法律依据。而《文化产业促进法》也在 2018 年 3 月的十三届全国人大一次会议被纳入立法规划，这表明《文化产业促进法》将于 5 年内出台。这些都将对网络文化产业的发展产生重大影响。

三是补助政策多是综合性政策，属于指导和建议类，政策不够具体，后续配套政策缺失。另外不同层级、不同部门出台的补助政策中存在交叉重复现象，这些都导致很多政府补助政策难以落地，无法真正地惠及企业。

四是对新兴的网络文化产业形态一般以加强管理为主，如出台《互联网直播服务管理规定》《文化部关于加强网络表演管理工作的通知》加强对网络直播行业的管理，发布《移动互联网应用程序信息服务管理规定》《互联网用户公众账号信息服务管理规定》加强对移动 App 和自媒体发布信息的管理。

综上，通过梳理和分析我国网络文化产业不同发展阶段的政府政策，尤其是政府补助政策，本章可以得出以下几点认识。

第一，网络文化产业的"多头管理、政出多门"的管理体制已越来越无法满足网络文化产业的需要，甚至在一定程度上阻碍了网络文化产业的发展。网络文化产业具有明显的产业融合性和边界可拓展性的特点，随着文化与科技不断深度融合，新的业态会不断出现，因此将不可避免地涉及多个政府部门。再加上网络文化产业良好的发展前景和巨大的产业收益，增加了各部门获取管理职权的意愿。从政策制定主体看，目前有管理权限的部门包括文化和旅游部、工业和信息化部、国家新闻出版署（现划入中央宣传部）、国家广播电视总局等，有规制权限的管理机构更多，国家发展和改革委员会、国家互联网信息办公室、教育部，等等。多头管理会阻碍产业的发展，典型事件是 2009—2010 年，当时的文化部和新闻出版总署争夺对网络游戏的管理审批权，导致网络游戏公司上线游戏产品，既要向新闻出版总署申请版号，又需要经过文化部的审批核准。虽然我国经历了 2008 年、2013 年两次国务院机构改革，2018 年 3 月启动了第三次机构改革，但目前尚未成立专门的管理机构，形成对网络文化产业进行垂直统一管理的体制。而且从我国网络文化产业发展演进过程看，该产业的市场化程度越来越高，然而介入该产业的管理部门却不减反增，政策资金部门化情况也日益严重，在一定程度上影响补助资金的使用效率。

第二，分析网络文化产业的政策，可以发现几个明显特点：一是规制监管的专门性和政府补助的一般性。一旦新兴的网络文化产业新形态出现并快速发展，就会有相应的专门管理政策出台，而针对专门的网络文化产业的补助政策则很少，大部分对网络文化产业的补助政策都源自综合性的宏观规划指导性政策，或是见诸于文化产业、信息技术产业之中。二是从政府补助政策结构看，对推动传统文化产业向数字化、网络化转型升级的补助政策远多于对促进新兴网络文化产业发展的补助政策，这可能涉及政策制定主体受所有制惯性影响，传统文化产业主体大都为事业单位或是国有企业，政府制定政策时会偏向此类主体。政府对新兴网络文化产业的监管政策多过补助扶持政策，这可能与网络文化产业还处在产业生命周期的幼稚期有关。三是从政策演变的时间维度看，对新兴网络文化产业的政策一般都是经过先加强监管，然后慢慢变为监管和扶持并举的过程。四是关于网络文化产业的政府补助政策大都属于指导性政策，不够具体；此外这些政策存在明显的"碎片化"特征，缺乏系统性，从而难以落地，最终影响补助的效果。五是因为网络文化产业因与新技术不断融合，从而不断产生新的形态，政府政策的制定和出台存在一定的被动性和滞后性，监管规制类的政策属于事后管理，滞后产业发展实属正常，但扶持产业发展的政策理应具有一定的前瞻性。六是我国政府已能综合使用扶持网络文化产业发展的包含财政资金支持、专项基金引导、税收减免、政府采购、贷款贴息、保费补贴、项目补贴和政府奖励等在内的多种补助措施，也能协调财税金融多种政策推动产业发展，但目前尚未建立对各种政策和措施的效果和绩效进行评价的机制。

本章小结

本章主要目的是通过分析我国网络文化产业不同发展阶段的政府政策，尤其是有关政府补助的政策，了解我国网络文化产业政策及补助政策的现实状况。首先，依据重要政策出台或技术进步的关键节点将我国网络文化产业划为孕育期、初步发展期、快速发展期、全面发展期、移动互联网时期和战略新兴产业新时期六个阶段。2000 年《关于制定国民经济和社会发展第十个五年计划的建议》中使用了"文化产业"的概念，标志着文化产业的形成，2000 年以前是整个文化产业的形成期，也是网络文化产业的孕育阶段。2005 年因《互联网著作权行政保护办法》发布而被称为"互联网版权保护元年"，极大地推进了网络文化产业的创新和发展。2009 年我国第一部文化产业专项规划《文化产业振兴规划》出台，3G 通信技术开始商用，"三网融合"进入实质阶段，政策和文化科技融合共同推动网络文化产业进入全面发展阶段。2014 年4G 通信技术商用，智能手机的普及，移动互联网时代到来，赋予了网络文化产业新的动能。2016 年是我国"十三五"的开端之年，这一年国务院发布的《"十三五"国家战略性新兴产业发展规划》首次将数字创意产业纳入国家战略性新兴产业发展规划，至此网络文化产业成为我国重要战略性产业之一。纵观我国网络文化产业的发展进程，网络文化企业由早期以提供信息服务为主，慢慢向以内容生产为主转变，到现在呈现出提供综合服务的发展趋势。其次，结合我国网络文化产业发展的六个阶段，通过对不同阶段网络文化产业相关政策的深入分析，总结归纳出我国网络文化产业管理体制的变化和问题，以及我国网络文化产业补助政策的演进变化特征及存在的不足。

第四章　中国网络文化产业
上市公司政府补助特征

依据《企业会计准则第 16 号——政府补助》（财会〔2017〕15 号）规定，企业将符合政府补助确认条件的政府资源确认为政府补助，进行会计入账并披露。所以政府对于网络文化产业的财政税收等各种扶持，最终落实到企业层面都归入了政府补助范畴。因而有必要从微观层面对网络文化企业的政府补助数据分析，以全面了解我国网络文化产业政府补助情况。本章将依据相关筛选标准，从截至 2017 年 12 月的中国全部 A 股上市公司中筛选网络文化企业作为研究样本，手动收集样本企业 2013—2017 年 5 年年报中披露的政府补助明细科目及金额，并基于此数据分析中国网络文化产业政府补助的基本特征。

第一节　网络文化产业上市公司筛选与政府补助总体情况

一、样本公司筛选和数据来源

网络文化产业是文化产业与技术深度融合形成的产业形态，在我国统计部门及证监会现有行业分类中并无明确的网络文化行业或企业分类。然而网络文化产业的蓬勃发展态势，也推动了有关部门不断对现有文化产业的界定和分类进行修订，以适应不断出现的网络文化产业新形态。2018 年 4 月，国家统计局颁布了新修订的《文化及相关产业分类（2018）》，其中突出了文化产业中数字化、网络化的内容，如互联网信息服务、数字内容服务、互联网文化娱乐平台、互联网电视/广播、互联网广告等。并将文化产业分为文化核心领域❶

---

❶　指以文化为核心内容，为直接满足人们的精神需要而进行的创作、制造、传播、展示等文化产品（包括货物和服务）的生产活动。具体包括新闻信息服务、内容创作生产、创意设计服务、文化传播渠道、文化投资运营和文化娱乐休闲服务等活动。

与相关领域❶两大类。我国网络文化产业的发展已历经二三十年，但真正深入民众生活，让大众深刻感知是在 2013 年前后，2013 年至今也是我国网络文化产业发展爆发期。因此笔者将以最新修订的《文化及相关产业分类（2018）》中有关网络文化产业的分类内容作为主要依据（见附录 A），对截至 2017 年年底我国全部 A 股上市公司（含主板、中小板和创业板）进行筛选，以确定2013—2017 年网络文化上市公司样本。

　　本研究筛选样本企业的主要标准如下：一是公司年报中披露的主营业务和主营产品涉及《文化及相关产业分类（2018）》中有关网络文化及相关产业内容的，且为公司主要业务和产品；二是针对传统文化上市公司，如广电、传媒、出版等企业，虽然网络文化业务或是产品未能占据主导地位，但已开始了数字化、网络化的新业务和产品的经营，且占据了公司营业收入一定的比重，笔者也将其纳入网络文化企业范畴。三是事实认定标准，这主要是针对为网络文化产业提供中介服务和智能装备、终端生产的企业，如提供互联网接入服务的企业，生产手机终端、显示屏等企业。虽然《文化及相关产业分类（2018）》有将文化辅助生产和中介服务、文化装备生产和文化消费终端生产归为文化产业中的相关领域，但其中涉及网络文化产业中介服务和制造的内容较少，然而事实上因网络文化产业的产业强关联性，存在一大批中介服务和制造等关联企业，因此笔者将依据实际情况将有关企业纳入研究样本。依据上述筛选标准，最终确定的网络文化上市公司样本为：2013 年 82 家，2014 年 98家，2015 年 127 家，2016 年 161 家，2017 年 179 家（名单详见附录 B）。

　　样本企业的政府补助明细科目、金额均从样本公司 2013—2017 年披露的年报中手动收集而来，年报下载于巨潮资讯网（CNINF）。

二、网络文化产业上市公司政府补助总体情况

（一）总体政府补助及年度变化

　　由表 4 - 1 可知，我国网络文化产业上市公司 2013—2017 政府补助覆盖率❷保持在 95% 以上，表明政府补助对于网络文化上市公司是一种"普惠"政

---

❶　指为实现文化产品的生产活动所需的文化辅助生产和中介服务、文化装备生产和文化消费终端生产（包括制造和销售）等活动。

❷　覆盖率＝当年有政府补助的企业数/当年企业样本数。

策，而非"特惠"政策。从补助总额看，随着公司数量增加，虽然补助总额略有波动，但总体呈上升趋势，由 2013 年的 952342.97 万元增至 2017 年的 1337700.86 万元。从均值看，则呈现相反的下降趋势，补助均值由 2013 年的 11904.29 万元/家降至 2017 年的 7687.94 万元/家，这可能与网络文化上市公司数量增速超过补助总额增速相关。

表 4 - 1   网络文化上市公司 2013—2017 年政府补助情况

年份	2013	2014	2015	2016	2017
样本企业（家）	82	98	127	161	179
有补助企业（家）	80	94	125	159	174
覆盖率	97.56%	95.92%	98.43%	98.76%	97.21%
总额（万元）	952342.97	863195.12	1060082.22	1369744.12	1337700.86
均值（万元）	11904.29	9182.93	8480.66	8614.74	7687.94

（二）不同类型政府补助及变化

1. 政府补助类型划分

为更清楚了解网络文化产业上市公司政府补助情况，有必要对政府补助进行分类分析。依据《〈企业会计准则第16号——政府补助〉应用指南》（以下简称《应用指南》），政府补助可划分为财政拨款、财政贴息、税收返还和无偿划拨非货币性资产。国内学者较多从财政补贴和税收返还两种类型研究政府补助，认为前者是事前激励，后者是事后激励（柳光强等，2015）。国外学者则一般分为基于税收和非税收的补助两类（Lee et al.，2014；Lim et al.，2018），他们认为基于税收的补助相较于非税收补助更加透明，申请程序更为公正，不太会受到政府官员自由裁量权的影响，因而相对更加客观。其中基于税收的补助与国内学者的税收返还基本一致，剩余其他形式的补助全部归为基于非税收的补助。事实上财政补助中包含奖励性资金，而奖励一般都是事后给予，且通常具有不可持续性，所以有必要将奖励类补助从财政拨款中分离出来。因此本研究以《应用指南》中分类为基本依据，借鉴国内外已有研究成果，并考虑上市公司披露的政府补助明细科目实际情况，将政府补助划分为财政拨款、政府奖励、税收优惠和其他。其中因明细科目中未出现"无偿划拨非货币性资产"，表明该类补助形式在实际中很少运用，所以本研究的政府补助类型不含此类。另将财政贴息归入财政拨款，一是样本企业中关于财政贴息的科目较少；二是财政贴息专项用于企业各种贷款的利息支付，用以支持企业特定的项目，类似于财政拨款对指定项目的补助。最后税收优惠不仅包含《应用指南》里的税收返还，还包括其他与税收相关的优惠产生的补助性收入（详见表4-2）。

表4-2　政府补助分类及内涵

类型	具体内容
财政拨款	各种专项计划、扶持资金、引导基金、拨款、专项经费，各种补助、资助、补偿等；含财政贴息（各种贷款贴息、项目贴息等）
政府奖励	各种基于奖励、奖项产生的补助性收入
税收优惠	各种税收（含与税收相关费用）减免、返还、退回和补贴，营改增扶持等，但不含增值税出口退税
其他	明细科目标明为其他，或只列"政府补助"，"与资产/收益相关的政府补助"等未列示明细科目，递延收益分摊等无法区分类型的科目

2. 不同类型政府补助情况

分析表4-3可以发现：首先，虽然财政拨款在政府补助类型中的比重处于波动状态，但近5年其比重在所有类型中最大（均在40%以上），是我国网络文化上市公司政府补助最主要的形式❶。

表4-3　网络文化上市公司2013—2017年不同类型政府补助金额情况

类型		财政拨款	政府奖励	税收优惠	其他
2013 年	金额（万元）	437878.07	16559.28	344503.63	153401.99
	比重（%）	45.98	1.74	36.17	16.11
2014 年	金额（万元）	347453.74	33086.50	332237.81	150417.07
	比重（%）	40.25	3.83	38.49	17.43
2015 年	金额（万元）	431244.67	42736.12	370155.04	215946.39
	比重（%）	40.68	4.03	34.92	20.37
2016 年	金额（万元）	698237.97	50227.06	423176.56	198102.53
	比重（%）	50.98	3.67	30.89	14.46
2017 年	金额（万元）	550354.45	66402.70	396516.14	324427.57
	比重（%）	41.14	4.96	29.64	24.25

---

❶　另可发现财政拨款比重的变动与"其他"类型比重变动存在某种关联，财政拨款比重相对较大的2013年和2016年，"其他"类型比重则相对其他年份较低，反之亦然。表明在不能区分类型的政府补助中较大一部分属于财政拨款这一类型，因企业披露规范或其他原因，导致无法归类。

其次，可知税收优惠是网络文化上市公司政府补助的第二重要形式，虽然其比重呈现下降的趋势，但基本维持在30%左右。除无法区分类型的其他类政府补助外，政府奖励作为网络文化企业政府补助的第三种形式，其所占比重较小，但总的来看，其比重呈现上升的趋势，从2013年的1.74%变为2017年的4.96%。

此外，结合上市公司披露的政府补助明细科目数量看（见表4-4），财政拨款科目数量最多，占比稳定在70%以上，这和其金额占比最多保持一致。政府奖励的科目数量则多于税收优惠，但其补助金额所占比重却远低于税收优惠金额比重，表明政府奖励名目较多，但是往往奖励的金额较少，税收优惠虽科目较少，但税收优惠的金额较大。

表4-4 网络文化上市公司2013—2017年不同类型政府补助明细科目情况

类型		财政拨款	政府奖励	税收优惠	其他	总计
2013年	科目（项）	593	97	45	36	771
	比重（%）	76.91	12.58	5.84	4.67	
2014年	科目（项）	810	152	72	45	1079
	比重（%）	75.07	14.09	6.67	4.17	
2015年	科目（项）	1340	223	109	47	1719
	比重（%）	77.95	12.97	6.34	2.73	
2016年	科目（项）	2145	309	130	65	2649
	比重（%）	80.97	11.66	4.91	2.45	
2017年	科目（项）	1742	362	123	116	2343
	比重（%）	74.35	15.45	5.25	4.95	

第二节 网络文化产业上市公司总体政府补助特征

一、总体政府补助的所有制分布特征

（一）统计分析

样本企业按所有制性质分为国有企业、民营企业和外商投资企业，其中国有企业包括国有独资、国有控股企业或国有股为第一大股东企业；外商投资企业包括外商独资、中外合资、中外合作企业，港澳台和华侨也属外资范畴。通过对 2013—2017 年不同所有制性质❶的网络文化上市公司的政府补助情况进行统计分析（见表 4 - 5），可知：

首先，国有企业年度政府补助总额呈现在波动中下降的趋势，比重由2013 年的 54.18% 降至 2017 年的 34.99%。除 2013 年比重超过民营企业外，其他年度均低于民营企业。这主要是因为网络文化产业中，国有企业的数量较少，且增加幅度较低，国有性质的网络文化上市公司从 2013 年的 25 家到 2017年的 39 家，5 年只增加了 14 家，年均增加 5.8 家。而民营网络文化上市公司则由 2013 年的 53 家增至 2017 年的 125 家，增加 72 家，年均增加 14.4 家。但从均值看，国有企业补助金额均值远高于民营企业，维持在 2 倍左右的水平，同样也明显高于外商投资企业，表明国有网络文化上市公司相较于民营企业和外商投资企业在获得政府补助方面具有一定优势。

其次，随着民营网络文化上市公司数量快速增加，其补助总额所占比重也在波动中呈现上升的趋势，且超过了国有企业补助总额比重。但其补助年度均值却呈现下降的趋势，从 2013 年的 8226.23 万元/家降至 2017 年的 6596.88 万元/家。

再次，外商投资企业由于数量较少，因而补助总额所占比重基本可以忽略。但发现 2015 年及以后相较于之前，无论是总额还是均值都有明显提升，主要是因为 2015 年蓝思科技在创业板上市，而这家企业每年都有 2 亿~4 亿元的政府补助。

表 4 - 5　网络文化上市公司 2013—2017 年政府补助所有制分布

类型	2013 年		2014 年		2015 年		2016 年		2017 年	
	总额（万元）	比重（%）	总额（万元）	比重（%）	总额（万元）	比重（%）	总额（万元）	比重（%）	总额（万元）	比重（%）
国有企业	515958.50	54.18	343996.12	39.85	393973.96	37.16	585970.32	42.78	468111.81	34.99
民营企业	435990.07	45.78	519006.24	60.13	623978.45	58.86	727267.89	53.10	824609.88	61.64
外商投资企业	394.39	0.04	192.77	0.02	42129.81	3.97	56505.91	4.13	44979.18	3.36

❶ 样本企业所有制性质数据来自国泰安数据库，部分缺失数据通过手动搜集年报信息补充。

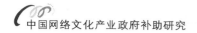

续表

类型	均值 （万元/家）	公司 （家）	均值 （万元/家）	公司 （家）	均值 （万元/家）	公司 （家）	均值 （万元/家）	公司 （家）	均值 （万元/家）	公司 （家）
国有企业	20638.34	25	12740.60	27	13132.47	30	15837.04	37	12002.87	39
民营企业	8226.23	53	7984.71	65	6856.91	91	6324.07	115	6596.88	125
外商投资企业	197.20	2	96.39	2	10532.45	4	8072.27	7	4497.92	10

注：表中公司数量为有政府补助的企业，剔除当年度无政府补助的企业。

（二）单因素方差分析

为确认所有制差异对网络文化产业上市公司政府补助是否有影响，本研究进一步采用单因素方差分析法[1]（one – way ANOVA）来予以确认。为了避免重复分析，笔者将2013—2017年五年数据合并统一进行单因素方差分析。

单因素方差分析结果见表4 – 6，F值为2.488，显著性P值为0.084大于0.05，但是小于0.1，表明存在差异，且在10%水平下显著，表明不同所有制的网络文化上市公司在获取政府补助方面存在差异，但是这种差异显著性一般。

表4 – 6　单因素方差分析

	平方和	DF	均方	F	显著性
组间	7057077702.003	2	3528538851.001	2.488	0.084
组内	891984538456.898	629	1418099425.210		
总数	899041616158.901	631			

注：政府补助总额单位：万元。

为此，需要进一步通过LSD法（Least – Significant Difference）两两之间多重比较分析，结果如4 – 7所示，可知国有企业与民营企业之间的显著性水平为0.029，小于0.05，表明差异在5%水平下显著，即国有和民营的网络文化上市公司在获取政府补助方面的差异在统计学上有意义。但外商投资企业与国有企业、民营企业的显著性P值分别为0.276和0.876，均不显著。

---

[1] 单因素方差分析（one – way ANOVA）也称F检验，是通过对数据变异的分析来推断两个或多个样本均数所代表的总体均数是否有差别的一种统计推断方法。即用来检验同一个影响因素的不同水平对因变量是否有影响的一种方法。

表4-7　LSD法多重比较结果

（I）所有制性质	（J）所有制性质	均值差（I-J）	标准误	显著性	95%置信区间	
					下限	上限
国有企业	民营企业	7634.71752*	3483.34084	0.029	794.3326	14475.1024
	外商投资企业	8839.58091	8105.50984	0.276	-7077.5543	24756.7161
民营企业	国有企业	-7634.71752*	3483.34084	0.029	-14475.1024	-794.3326
	外商投资企业	1204.86339	7738.36725	0.876	-13991.2982	16401.0250
外商投资企业	国有企业	-8839.58091	8105.50984	0.276	-24756.7161	7077.5543
	民营企业	-1204.86339	7738.36725	0.876	-16401.0250	13991.2982

注：*：均值差的显著性水平为0.05；因变量：政府补助总额（万元）。

二、总体政府补助的实际控制人分布特征

（一）统计分析

结合监管部门对上市公司实际控制人的有关规定以及国泰安数据库的上市公司实际控制人性质数据，笔者将实际控制人分为六类（详见表4-8）以考察网络文化上市公司在不同类型控制人下获取政府补助是否存在差异性。

表4-8　实际控制人及区分依据

类型	区分依据
中央政府	国务院国资委、国家部委等
地方政府	地方政府（省、市、区、县人民政府）及部门、地方国资委等
事业单位	通讯社、报社、电视台、广播电台等
自然人	大陆公民、港澳台同胞，外国公民
民营企业	实际控制人为企业，且公司所有制形式为民营
国有企业	实际控制人为企业，且公司所有制形式为国有（含国有独资和国有控股）

统计结果如表4-9所示。首先，从企业数量看，一是实际控制人为自然人的网络文化企业最多，而且在不断地增加，由2013年的53家增至2017年的129家；二是地方政府为实际控制人的企业，但从未超过20家；三是实际控制人为中央政府的企业，稳定在7家左右。实际控制人为事业单位、国有企业的也较少。民营企业为实际控制人的就只有1家，代表性较弱，且补助金额总量和比重都较低，后续不再分析。

其次，从补助总额和均值看，实际控制人为政府（中央和地方）的企业

获得了最多的补助，实际控制人为地方政府的企业获得的补助金额高于中央政府（只有 2017 年除外），这与企业数量有关，因为实际控制人为中央政府的网络文化企业政府补助均值最高，远高于其他类型的实际控制人企业。实际控制人为自然人的企业虽然均值低于实际控制人为中央政府、地方政府和国有企业的公司，但因为其企业数量优势明显，所以获得的补助总额比重较大，先后超过了中央政府和地方政府为实际控制人企业所占比重。

再次，从年度变化趋势看，实际控制人为自然人的企业无论是获得补助总额还是均值都呈现上升趋势，补助总额从 2013 年的 89393.01 万元增至 2017 年的 403624.05 万元，均值则从 2013 年的 1686.66 万元增至 2017 年的 3128.87 万元。实际控制人为中央政府补助总额所占比重从 2013—2016 年不断下降，2017 年略有回升，但是补助总额在不断上升，尤其是年度均值呈现上升趋势，从 2013 年的 16576.5 万元增至 2017 年的 29452.68 万元。实际控制人为地方政府的企业获得补助总额所占比重也处于不断下降的趋势，补助总额在 2013—2016 年不断增加，但 2017 年下降幅度较大，其均值变化波动较大。实际控制人为事业单位和国有企业获得补助总额及均值处于波动状态，无明显趋势。

表 4-9　网络文化上市公司 2013—2017 年政府补助实际控制人分布

类型	2013 年		2014 年		2015 年		2016 年		2017 年	
	总额（万元）	比重（%）	总额（万元）	比重（%）	总额（万元）	比重（%）	总额（万元）	比重（%）	总额（万元）	比重（%）
中央政府	116035.50	30.12	120990.93	25.03	150318.51	24.85	193763.04	20.97	235621.47	27.34
地方政府	168660.58	43.78	181183.28	37.49	208910.97	34.54	318754.40	34.49	169378.87	19.65
自然人	89393.01	23.20	154050.77	31.87	234064.45	38.69	360945.06	39.06	403624.05	46.84
事业单位	6803.92	1.77	10946.58	2.26	4354.69	0.72	16406.61	1.78	11050.46	1.28
国有企业	4355.51	1.13	16147.99	3.34	7268.02	1.20	34316.73	3.71	36417.50	4.23
民营企业	0.00	0.00	0.00	0.00	0.00	0.00	0.00	0.00	5703.76	0.66
	均值（万元/家）	公司（家）	均值（万元/家）	公司（家）	均值（万元/家）	公司（家）	均值（万元/家）	公司（家）	均值（万元/家）	公司（家）
中央政府	16576.50	7	20165.15	6	25053.09	6	27680.43	7	29452.68	8
地方政府	15332.78	11	16471.21	11	16070.07	13	21250.29	15	10586.18	16
自然人	1686.66	53	2334.10	66	2516.82	93	3033.15	119	3128.87	129
事业单位	1700.98	4	2189.32	5	1088.67	4	2050.83	8	1578.64	7
国有企业	2177.75	2	4037.00	4	1817.01	4	8579.18	4	6069.58	6
民营企业	—	0	—	0	—	0	—	0	5703.76	1

注：剔除各年度未获得补助及获得补助但无实际控制人的企业。

（二）单因素方差分析

将 2013—2017 年数据合并采用 one - way ANOVA 分析法来验证实际控制人差异对网络文化企业获取政府补助的影响是否有统计意义。结果如表 4 - 10 所示，F 统计量为 38. 816，对应的 P 值小于 0. 01，通过显著性检验。表明实际控制人的类型不同对网络文化上市公司获取政府补助方面会产生显著的差异。

表 4 - 10 单因素方差分析

	平方和	DF	均方	F	显著性
组间	22738638535. 347	4	5684659633. 837	38. 816	0. 000
组内	88310747052. 660	603	146452316. 837		
总数	111049385588. 007	607			

注：显著性 P 值因只保留三位小数故而显示为 0.000，数值并非为 0；政府补助总额：万元。

进一步通过 LSD 法多重比较确定两两之间差异是否显著，结果见表 4 - 11。可知实际控制人为中央政府的网络文化上市公司在获取政府补助方面与其他类型的企业相比都存在显著性差异，且 P 值都小于 0. 01。同样的情况也出现在实际控制人为地方政府的网络文化企业上。实际控制人为自然人、国有企业和事业单位的网络文化企业彼此两两之间的差异并无统计学的显著性，均只与实际控制人为政府（中央和地方）的网络文化企业在获取政府补助方面存在显著差异。

表 4 - 11 LSD 法多重比较结果

（I）实际控制人	（J）实际控制人	均值差（I - J）	标准误	显著性	95% 置信区间 下限	95% 置信区间 上限
中央政府	地方政府	8159. 51260 *	2554. 68111	0. 001	3142. 3594	13176. 6658
	自然人	21321. 28607 *	2150. 76630	0. 000	17097. 3835	25545. 1886
	事业单位	22251. 37340 *	3088. 34275	0. 000	16186. 1589	28316. 5879
	国有企业	19096. 16612 *	3410. 28399	0. 000	12398. 6894	25793. 6429
地方政府	中央政府	- 8159. 51260 *	2554. 68111	0. 001	- 13176. 6658	- 3142. 3594
	自然人	13161. 77347 *	1592. 90587	0. 000	10033. 4563	16290. 0907
	事业单位	14091. 86080 *	2729. 36153	0. 000	8731. 6517	19452. 0699
	国有企业	10936. 65352 *	3088. 94648	0. 000	4870. 2534	17003. 0536

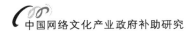

续表

(I) 实际控制人	(J) 实际控制人	均值差 (I−J)	标准误	显著性	95% 置信区间	
					下限	上限
自然人	中央政府	−21321.28607*	2150.76630	0.000	−25545.1886	−17097.3835
	地方政府	−13161.77347*	1592.90587	0.000	−16290.0907	−10033.4563
	事业单位	930.08733	2355.59217	0.693	−3696.0740	5556.2486
	国有企业	−2225.11996	2764.23415	0.421	−7653.8156	3203.5757
事业单位	中央政府	−22251.37340*	3088.34275	0.000	−28316.5879	−16186.1589
	地方政府	−14091.86080*	2729.36153	0.000	−19452.0699	−8731.6517
	自然人	−930.08733	2355.59217	0.693	−5556.2486	3696.0740
	国有企业	−3155.20729	3543.02917	0.374	−10113.3831	3802.9685
国有企业	中央政府	−19096.16612*	3410.28399	0.000	−25793.6429	−12398.6894
	地方政府	−10936.65352*	3088.94648	0.000	−17003.0536	−4870.2534
	自然人	2225.11996	2764.23415	0.421	−3203.5757	7653.8156
	事业单位	3155.20729	3543.02917	0.374	−3802.9685	10113.3831

注：*：均值差的显著性水平为 0.05；因变量：政府补助总额（万元）；控制人为民营企业的企业数量太少，不予考虑。

三、总体政府补助的细分行业分布特征

（一）统计分析

国家统计局 2018 年新修订的《文化及相关产业分类（2018）》中将文化及相关产业划分为大类（9 个）、中类（43 个）和小类（146 个）三层。其中 01—06 大类为文化核心领域，07—09 大类为文化相关领域。本研究以该分类标准中有关网络文化产业的内容为依据进行网络文化上市公司的行业分类❶（详见附录 B）。笔者筛选的网络文化产业样本企业涉及 9 个大类中的 7 个，通过对 2013—2017 年不同行业政府补助的统计分析（见表 4 - 12）可以发现：

首先，总的来看，网络文化核心领域（即 01—04 大类）政府补助总额及占比远低于网络文化相关领域（07—09 大类），不过前者所占比重在逐年提升，从 2013 年 18.45% 上升至 2017 年的 32.16%。

其次，分析网络文化相关领域的政府补助情况，可知网络文化消费终端生

---

❶　当某企业涉及网络文化产业多个细分领域业务时，依据年度营业收入占比最高的业务确定所属细分行业。

产获得的政府补助最多，比重最大，一直保持在 40% 以上。但是其均值在逐年降低，又因该行业的公司数量保持稳定，所以获取的补助金额呈现出逐年降低的趋势，从 2013 年的 50256.68 万元降至 2017 年的 26777.55 万元，比重由 68.6%降至 42.04%。文化装备生产的补助总额和占比在所有网络文化产业细分领域排在第二位，其均值波动较大，无明显变化趋势，但是比重却有逐年提升的趋势。文化辅助生产和中介服务只有 1 家企业，代表性不强，文中将不再分析。

最后，分析网络文化产业核心领域，可知内容创作生产领域企业数量最多，且每年都在快速增加。其主要包含互联网游戏，多媒体、游戏动漫和数字出版软件，动漫、游戏数字内容服务，数字出版，数字阅读，在线教育，影视节目制作，电信增值文化服务等小类，而这些领域是网络文化产业近些年发展的重点领域和新兴领域，企业数量呈现爆发式增长。随着企业数量的增加，再加上政府的政策倾斜，在内容创作生产领域，无论是政府补助总额还是均值都在逐年提升，所占比重也由 2013 年的 9.66% 上升至 2017 年的 19.97%。在核心领域，补助总额比重排在第二的是文化传播渠道，该领域主要包括互联网文化娱乐平台、有线电视传输服务、电影和广播电视节目发行、电影放映等小类。创意设计服务（主要是互联网广告服务和专业设计服务）和新闻信息服务（主要包含互联网其他信息服务、广播电视集成播控等）所在比重较小，但是比重呈现不断上升的趋势。

表 4-12　网络文化上市公司 2013—2017 年政府补助行业大类分布

	2013 年		2014 年		2015 年		2016 年		2017 年	
	总额（万元）	比重（%）	总额（万元）	比重（%）	总额（万元）	比重（%）	总额（万元）	比重（%）	总额（万元）	比重（%）
01 新闻信息服务	7287.49	0.77	15529.52	1.80	18245.10	1.72	61211.70	4.47	40550.56	3.03
02 内容创作生产	91970.49	9.66	140866.45	16.32	179919.85	16.97	238438.11	17.41	267123.55	19.97
03 创意设计服务	7937.63	0.83	10442.03	1.21	18060.07	1.70	21818.38	1.59	24141.83	1.80
04 文化传播渠道	68483.84	7.19	86486.39	10.02	70780.65	6.68	116848.57	8.53	98511.30	7.36
07 文化辅助生产和中介服务	0.00	0.00	0.00	0.00	83.17	0.01	387.42	0.03	843.45	0.06

	2013 年		2014 年		2015 年		2016 年		2017 年	
	总额（万元）	比重（%）	总额（万元）	比重（%）	总额（万元）	比重（%）	总额（万元）	比重（%）	总额（万元）	比重（%）
08 文化装备生产	123326.65	12.95	146970.64	17.03	237675.45	22.42	379226.67	27.69	344201.71	25.73
09 文化消费终端生产	653336.87	68.60	462900.09	53.63	535317.92	50.50	551813.26	40.29	562328.46	42.04
	均值（万元/家）	公司（家）	均值（万元/家）	公司（家）	均值（万元/家）	公司（家）	均值（万元/家）	公司（家）	均值（万元/家）	公司（家）
01 新闻信息服务	1821.87	4	2588.25	6	2027.23	9	6121.17	10	3686.41	11
02 内容创作生产	2966.79	31	3521.66	40	3331.85	54	3455.62	69	3659.23	73
03 创意设计服务	881.96	9	949.28	11	1128.75	16	948.63	23	1097.36	22
04 文化传播渠道	6225.80	11	7207.20	12	5055.76	14	6149.92	19	4691.01	21
07 文化辅助生产和中介服务	—	0	—	0	83.17	1	387.42	1	843.45	1
08 文化装备生产	10277.22	12	11305.43	13	15845.03	15	18961.33	20	13768.07	25
09 文化消费终端生产	50256.68	13	38575.01	12	33457.37	16	32459.60	17	26777.55	21

注：表中公司数量为有政府补助的企业，剔除当年度无政府补助的企业。

为进一步了解网络文化产业政府补助的具体领域分布情况，笔者将各小类行业 2013—2017 年 5 年的政府补助金额进行加总排序分析（表 4-13）。和大类行业政府补助分布相似，占比排在前面的是智能终端制造和销售（39.98%），其属于文化消费终端生产；及网络文化装备生产（20.99%），其属于文化装备生产。内容创作生产领域补助比重较为靠前的是互联网游戏服务，占比 4.97%，5 年均值为 2618.24 万元/家。接下来是有线广播电视传输服务，占比 4.2%，5 年均值为 5720.76 万元/家，属于文化传播渠道大类。创意设计服务大类中的互联网广告服务小类占比也较为靠前，占比 1.4%，但均值较低，5 年均值为 1030.75 万元/家。分析行业小类的政府补助分布特征，可以明显地发现属于网络文化产业新兴领域的小类企业数量较多，发展较快，但是政府补助均值普遍较低，如互联网游戏服务，互联网广告服务，互联网其他信息服务，动漫、游戏数字内容服务和数字阅读等；而网络文化相关领域，以及向数字化、网络化转型的传统出版、传媒等行业，往往补助均值会比较高，如图书出版、报纸出版、增值电信文化服务、广播电视集成播控等。这表明传统文化企业、改制而来的企业相较于新兴网络文化企业在获取政府补助方面具有一定的优势。

表 4－13　网络文化产业小类五年补助总额分布情况

行业小类	总额（万元）	比重（%）	均值（万元/家）	行业小类	总额（万元）	比重（%）	均值（万元/家）
智能终端制造和销售	2232232.71	39.98	53148.40	报纸出版	48345.92	0.87	5371.77
网络文化装备生产	1172009.79	20.99	17757.72	互联网其他信息服务	41246.69	0.74	1964.13
电视机制造	517264.25	9.26	30427.31	互联网文化娱乐平台	35907.06	0.64	2762.08
互联网游戏服务	277533.27	4.97	2618.24	动漫、游戏数字内容服务	23757.39	0.43	1583.83
有线广播电视传输服务	234551.20	4.20	5720.76	玩具制造	14857.98	0.27	1061.28
图书出版	203548.09	3.65	10177.40	数字阅读	11803.64	0.21	1686.23
影视节目制作	194724.57	3.49	3192.21	专业音响设备制造	10210.93	0.18	2042.19
增值电信文化服务	136446.50	2.44	8026.26	在线教育	7475.37	0.13	1495.07
电影放映	98993.65	1.77	8999.42	专业设计服务	4063.31	0.07	812.66
互联网广告服务	78336.63	1.40	1030.75	音响设备制造	1341.67	0.02	223.61
电影和广播电视节目发行	71658.84	1.28	5971.57	版权和文化软件服务	1314.05	0.02	438.02
多媒体、游戏动漫和数字出版软件开发	63029.63	1.13	1750.82	广播电视接收设备制造	472.82	0.01	94.56

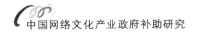

续表

行业小类	总额 （万元）	比重 （%）	均值 （万元/家）	行业小类	总额 （万元）	比重 （%）	均值 （万元/家）
广播电视集成播控	53231.77	0.95	5323.18				
应用电视设备及其他广播电视设备制造	48707.59	0.87	5411.95	总计	5583065.29	100	8833.96

注：表中行业小类文化及相关产业都是有数字化和网络化转型业务的企业，而非单纯的文化产业；如电视机制造（数字电视、互联网电视），报纸出版（数字化报纸），玩具制造（基于 IP 的衍生品）等。

（二）单因素方差分析

单因素方差分析结果如表 4 – 14 所示，F 统计量为 10.754，对应的 P 值小于 0.01，表明不同细分行业对网络文化上市公司获取政府补助方面会产生显著差异。

表 4 – 14　单因素方差分析

	平方和	DF	均方	F	显著性
组间	71409905493.925	5	14281981098.785	10.754	0.000
组内	827418933218.661	623	1328120278.040		
总数	898828838712.586	628			

注：显著性 P 值因只保留三位小数故而显示为 0.000，数值并非为 0；政府补助总额：万元。

进一步通过 LSD 法多重比较分析可以发现❶：文化消费终端生产大类与新闻信息服务、内容创作生产、创意设计服务、文化传播渠道、文化装备生产均有显著性关联，对应 P 值均为 0.000，小于 0.01，即在 1% 置信水平下显著相关。文化装备生产大类除与文化消费终端生产存在显著差异外，还与内容创作生产、创意设计服务存在显著差异，对应 P 值分别为 0.015 和 0.018，均小于 0.05，即在 5% 置信水平下显著相关。新闻信息服务大类和文化传播渠道大类则分别只与文化消费终端生产在 1% 置信水平下存在显著性差异。内容创作生产和创意设计服务则分别与文化消费终端生产、文化装备生产存在显著性差异。总的

---

❶　限于篇幅，LSD 结果表格未能列示；另外因文化辅助生产和中介服务大类只有 1 家企业，故不参与 LSD 多重比较分析。

来看，网络文化生产核心领域与相关领域之间在获得补助方面存在明显的差异。

四、总体政府补助的区域分布特征

(一)统计分析

企业所处的地理区位与获得政府的补助也存在一些影响。金元浦(2010)认为我国网络文化产业发展可分为三个阶梯，即东部发达地区、中部发展中地区和西部欠发达地区❶，分别对应全球竞争、交叉发展和跨越式发展三种模式。因此有必要考察不同区域的网络文化产业上市公司的政府补助情况。

首先，由图4-1可知，三个区域的网络文化上市公司获得的政府补助总额来看，东部地区占据绝对优势，五年保持在86%以上；2013—2016年比重逐年下降，2017年又略有回升。中部地区补助比重2015年达到最高(10.73%)，整体变化呈现倒"V"形。西部地区网络文化上市公司获得政府补助的比重最低，但一直处于上升趋势，由2013年的0.31%增至2017年的5.07%。

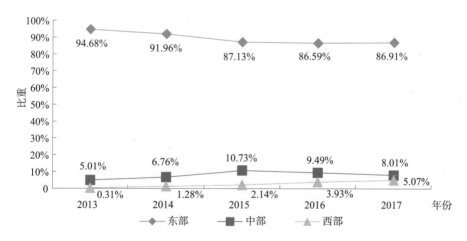

图4-1 网络文化上市公司2013—2017年政府补助总额分区域比重变化(%)

其次，分析表4-15可知，东部地区的网络文化上市公司数量绝对多于中

---

❶ 东部包含北京、福建、广东、海南、河北、黑龙江、吉林、江苏、辽宁、山东、上海、天津、浙江13个行政区域；中部包含安徽、河南、湖北、湖南、江西、山西6个行政区域；西部包含重庆、甘肃、广西、贵州、内蒙古、宁夏、青海、四川、陕西、西藏、新疆、云南12个行政区域。

西部地区。从获得补助的均值看，东部地区也是高于中部和西部，但2015—2017年3年，中部地区网络文化上市公司获得补助均值越来越接近东部地区，表明东部和中部地区的公司在获得政府补助方面差异在缩小。在年度变化方面，东部地区网络文化企业获得政府补助的均值逐年下降，由2013年的13260.49万元/家降至2017年的8187.7万元/家；中部地区则先升后降，在2015年达到最高值8748.26万元/家；西部地区则逐年提高，从2013年的739万元/家升至2017年的5219万元/家。在获得政府补助均值方面，东中西部的差异越来越小。

表4-15　网络文化上市公司2013—2017年政府补助区域分布情况

区域	2013年		2014年		2015年		2016年		2017年	
	公司（家）	均值（万元/家）	公司（家）	均值（万元/家）	公司（家）	均值（万元/家）	公司（家）	均值（万元/家）	公司（家）	均值（万元/家）
东部	68	13260.49	80	9922.43	104	8881.74	129	9193.91	142	8187.70
中部	8	5959.18	8	7298.35	13	8748.26	17	7643.69	19	5642.11
西部	4	739.00	6	1835.63	8	2831.69	13	4137.49	13	5219.00

注：表中公司数量为有政府补助的企业，剔除当年度无政府补助的企业。

为更细致了解地区差异对网络文化上市公司获取补助的影响，笔者以省级行政区为单位进行分析，将各省2013—2017年5年获得的补助总额和均值进行分析。如表4-16所示，广东和北京属于第一梯队，尤其是广东，其所属网络文化上市公司5年获得的政府补助额占比达到50.66%，超过其他所有地区的总和，且均值也最高，达到18607.65万元/家。北京所属网络文化上市公司5年获得的政府补助额比重为23.35%，均值为9312.61万元/家，明显优于除广东以外的其他省份。江苏、湖南、上海和浙江属于第二梯队，补助总额比重在4%左右，其中浙江补助均值为2500.49万元/家，明显低于其他三个城市，但因其网络文化上市公司数量较多（24家），仅次于广东（41家）和北京（33家），所以其获得补助总额比重也接近其他三个省份。安徽、四川和山东属于第三梯队，补助总额比重在1%~2%之间，安徽只有2家网络文化上市公司（科大讯飞和三七互娱），但每家公司都获得了高额补助。剩余省份补助总额比重均在1%以下，属第四梯队。

表4-16 网络文化产业五年补助总额按省份分布情况

省份	总额 （万元）	比重 （%）	均值 （万元/家）	省份	总额 （万元）	比重 （%）	均值 （万元/家）
广东	2828362.48	50.66%	18607.65	河南	40992.81	0.73%	5856.12
北京	1303765.62	23.35%	9312.61	湖北	15954.38	0.29%	1329.53
江苏	241789.31	4.33%	5144.45	辽宁	12626.37	0.23%	1803.77
湖南	236474.28	4.24%	7882.48	海南	9220.59	0.17%	2305.15
上海	235628.73	4.22%	5610.21	广西	8415.49	0.15%	1683.10
浙江	205040.49	3.67%	2500.49	吉林	7050.69	0.13%	1007.24
安徽	105783.85	1.89%	13222.98	贵州	5039.67	0.09%	2519.84
四川	95159.58	1.70%	3398.56	山西	4201.42	0.08%	1400.47
山东	72988.60	1.31%	4865.91	陕西	3717.93	0.07%	743.59
江西	53523.71	0.96%	10704.74	天津	2535.66	0.05%	2535.66
福建	46867.63	0.84%	2231.79	河北	2001.02	0.04%	400.20
重庆	45924.98	0.82%	11481.24	总计	5583065.29	100.00%	8833.96

（二）单因素方差分析

采用单因素方差分析法验证区域对网络文化上市公司在获得政府补助方面的差异是否显著，结果如表4-17所示，F统计量为0.578，对应的P值为0.561，大于0.1，不显著。且后续的LSD多重比较分析结果也显示东部、中部和西部地区两两之间也无显著关联性（表4-18）。原因可能是网络文化产业作为文化与科技融合的新兴产业，是各地政府用于促进本地经济发展和产业结构优化的抓手，普遍都给予较大的扶持，因而区域因素对企业能否获取补助的影响较少。也可能是网络文化上市公司绝大部分分布在东部，中西部公司数量较少，导致结果不显著，这就需要再进一步的验证。

表4-17 单因素方差分析

	平方和	DF	均方	F	显著性
组间	1649618345.953	2	824809172.976	0.578	0.561
组内	897391997812.948	629	1426696339.925		
总数	899041616158.901	631			

注：政府补助总额：万元。

表 4–18 LSD 法多重比较结果

（I）区域	（J）区域	均值差（I–J）	标准误	显著性	95% 置信区间	
					下限	上限
东部	中部	2469.10989	4967.60338	0.619	–7285.9846	12224.2044
	西部	5902.04435	5928.98184	0.320	–5740.9500	17545.0387
中部	东部	–2469.10989	4967.60338	0.619	–12224.2044	7285.9846
	西部	3432.93446	7373.87898	0.642	–11047.4660	17913.3349
西部	东部	–5902.04435	5928.98184	0.320	–17545.0387	5740.9500
	中部	–3432.93446	7373.87898	0.642	–17913.3349	11047.4660

注：*：均值差的显著性水平为 0.05；因变量：政府补助总额（万元）。

第三节 网络文化产业上市公司不同类型政府补助特征

由于财政拨款（含财政贴息）、政府奖励和税收优惠在政府补助中的地位、所占比重、作用等存在差异，因此各自的特征可能存在差异，和总体政府补助的特征也可能有差异。因此本节将从所有制、细分行业和区域三个维度去分析三种政府补助类型的特征。考虑到"其他"类型实际上也属于上述三种类型，只是因上市公司信息披露问题不能区分类型，所以本节不分析其特征。

一、不同类型补助的所有制分布特征

为研究不同所有制性质的网络文化产业上市公司获得不同形式的政府补助的情况，这里将不同类型的政府补助 2013—2017 年 5 年的补助数据进行合并分析，尤其是各类补助在不同所有制企业所占比重及均值。

统计结果如表 4–19 所示，财政拨款是网络文化上市公司政府补助最主要的形式，在总体补助中比重在 40% 以上，在所有制属性方面的特征和总体政府补助基本保持一致，国有网络文化企业获得财政拨款总额占比达 69.23%。无论是财政拨款总额（1706628.1 万元），还是均值，国有网络文化企业的都远高于民营和外商投资网络文化企业。民营网络文化企业凭借企业数量多的优势，五年获得财政拨款的总额比重达到了 27.13%，但其均值仅有 1603 万元/家，不仅远低于国有网络文化企业获得财政拨款的均值，也低于外商投资企业的均值（3903.72 万元/家）。

税收优惠是网络文化上市公司政府补助的第二重要形式，比重维持在

30%上下。外商投资网络文化企业获得税收优惠5年总计仅为436.71万元，占比仅为0.02%，基本可忽略不计。而民营网络文化企业则是税收优惠的最大受益方，无论是税收优惠总额比重（81.26%），还是均值（6454.09万元/家）都远高于国有网络文化企业，其均值是国有性质的1.7倍。

表4-19　网络文化产业各类型补助按不同所有制分布情况

补助类型	所有制性质	五年总额（万元）	比重（%）	个案（个）	均值（万元/家）
财政拨款	国有企业	1706628.10	69.23	153	11154.43
	民营企业	668755.12	27.13	417	1603.73
	外商投资企业	89785.67	3.64	23	3903.72
税收优惠	国有企业	349441.39	18.72	92	3798.28
	民营企业	1516711.10	81.26	235	6454.09
	外商投资企业	436.71	0.02	6	72.79
政府奖励	国有企业	47768.44	22.85	89	536.72
	民营企业	153004.32	73.20	291	525.79
	外商投资企业	8238.89	3.94	18	457.72

注："个案"为获得该类型补助五年企业的加总，如1家企业多年获得，则会重复计算。

政府奖励是三种补助类型中比重最小的一种，从表4-19可知，不同于总体政府补助和财政拨款的所有制分布情况，民营网络文化企业获得的政府奖励比重最大，达到73.2%，而国有和外商投资分别为22.85%和3.94%。从五年总额均值看，民营、国有和外商投资网络文化企业在获取政府奖励方面相差不大，但仔细分析2013—2017年的变化（表4-20），可知民营网络文化企业获得政府奖励的均值方面一直都高于国有网络文化企业，只在2017年因为京东方A（000725）和科大讯飞（002230）等几家企业获得高额奖励，大幅度提升了国有网络文化企业的奖励补助总额和均值。外商投资企业获得政府奖励的个案，2014年是1家，2015—2017年分别为4家、6家和7家，所以获得的奖励总额和均值在2015年以后也有提升。总的来看，政府更加倾向采用奖励的方式补助民营网络文化企业。

表4-20　网络文化产业政府奖励均值按不同所有制分布情况　单位：万元/家

年份	2013	2014	2015	2016	2017	总计
国有企业	303.70	285.07	256.45	456.08	1021.77	536.72
民营企业	403.59	671.67	584.33	469.15	507.74	525.79
外商投资企业	—	30.00	583.22	517.39	395.96	457.72

综上可知，国有网络文化企业在获取财政拨款补助方面具有绝对优势，而民营网络文化企业则是税收优惠的最大受益方，在获得政府奖励方面相较于国有网络文化企业也具有一定优势。外商投资企业因数量少，在各类补助中均处于劣势。

二、不同类型补助的细分行业分布特征

将不同类型补助 5 年数据合并按照细分行业进行统计分析，结果见表 4-21。

表 4-21 网络文化产业各类型补助按细分行业分布情况

补助类型	细分行业	五年总额（万元）	比重（%）	个案（个）	均值（万元/家）
财政拨款	新闻信息服务	120617.69	4.89	40	3015.44
	内容创作生产	445225.43	18.06	253	1759.78
	创意设计服务	48491.59	1.97	73	664.27
	文化传播渠道	369754.02	15.00	74	4996.68
	文化辅助生产和中介服务	771.30	0.03	3	257.10
	文化装备生产	1018484.71	41.32	80	12731.06
	文化消费终端生产	461824.15	18.73	70	6597.49
	总计	2465168.89		593	4157.11
税收优惠	新闻信息服务	6409.41	0.34	15	427.29
	内容创作生产	284618.53	15.25	158	1801.38
	创意设计服务	9584.13	0.51	38	252.21
	文化传播渠道	29095.19	1.56	37	786.36
	文化辅助生产和中介服务	2.28	0.0001	3	0.76
	文化装备生产	46862.13	2.51	30	1562.07
	文化消费终端生产	1490017.53	79.83	52	28654.18
	总计	1866589.20		333	5605.37
政府奖励	新闻信息服务	1308.99	0.63	17	77.00
	内容创作生产	106283.18	50.85	169	628.89
	创意设计服务	18357.40	8.78	55	333.77
	文化传播渠道	24788.87	11.86	48	516.43
	文化辅助生产和中介服务	540.48	0.26	3	180.16
	文化装备生产	31338.61	14.99	56	559.62
	文化消费终端生产	26394.12	12.63	50	527.88
	总计	209011.65		398	525.15

注："个案"为获得该类型补助五年企业的加总，如 1 家企业多年获得，则会重复计算。文化辅助生产和中介服务只有 1 家企业，共计 3 个个案，不参与讨论。

首先，对于财政拨款类补助，网络文化相关领域获得拨款总额最多，比重合计 60.08%，其中文化装备生产比重最大，均值也是所有细分行业中最高的（12731.06），文化消费终端生产紧随其后（比重为 18.73%，均值为 6597.49 万元/家）。网络文化核心领域中，内容创作生产和文化传播渠道获得拨款补助比重位列第三和第四，分别为 18.06% 和 15%，但内容创作生产领域的企业获得拨款均值仅为 1759.78 万元/家，远低于比重排在前三位的细分行业。财政拨款补助在细分行业的分布情况和总体政府补助的行业分布特征基本上保持一致。

其次，对于税收优惠类补助，主要集中在网络文化相关领域的文化消费终端生产和网络文化核心领域的内容创作生产两个细分行业。文化消费终端领域获得了税收优惠补助 79.83% 的比重，均值也高达 28654.18 万元，这主要得益于中兴通讯，该企业从 2013—2107 年，每年从政府获得的软件增值税退税收入都在 20 亿元以上。内容创作生产虽然均值仅为 1801.38 万元/家，但是凭借领域内企业数量多的优势，在获得税收优惠方面获得了较大的份额。

最后，对于政府奖励类补助，内容创作生产无论是获得奖励的总额比重（50.85%），还是奖励金额均值（628.89 万元/家）都明显领先于其他细分行业。网络文化相关领域的文化装备生产和文化消费终端在获得政府奖励金额占比和均值方面分列第二和第三，比重分别为 14.99% 和 12.63%，均值分别为 559.62 万元/家和 527.88 万元/家。网络文化核心领域的凭借 11.86% 的比重和 516.43 万元/家的均值位列第四。

综上可知，在财政拨款和税收优惠补助方面，网络文化相关领域占据优势，主要是文化消费终端生产和文化装备生产两个细分行业。网络文化核心领域中内容创作生产细分行业在获取政府奖励方面具有绝对优势，在获取财政拨款和税收优惠方面，虽然不如网络文化相关领域的细分行业，但相较于核心领域其他细分行业也具有明显优势。

三、不同类型补助的区域分布特征

将不同类型补助 5 年的数据合并按照区域进行统计分析，详情见表 4-22。

表 4 - 22　网络文化产业各类型补助按区域统计分布情况

补助类型	区域	五年总额（万元）	比重（%）	个案（个）	均值（万元/家）
财政拨款	东部	2192802.82	88.95	490	4475.11
	中部	214321.77	8.69	61	3513.47
	西部	58044.30	2.35	42	1382.01
	总计	2465168.89		593	4157.11
税收优惠	东部	1663803.96	89.14	257	6473.95
	中部	150711.83	8.07	47	3206.63
	西部	52073.41	2.79	29	1795.63
	总计	1866589.20		333	5605.37
政府奖励	东部	164480.88	78.69	336	489.53
	中部	14609.16	6.99	38	384.45
	西部	29921.60	14.32	24	1246.73
	总计	209011.65		398	525.15

注："个案"为获得该类型补助五年企业的加总，如1家企业多次获得，则会重复计算。

因为网络文化上市公司大部分都在东部区域，所以对于三种不同的补助类型，东部地区获得补助总额的比重处于绝对优势地位，比重分别为88.95%、89.14%和78.69%。但在均值方面，在财政拨款和税收优惠两类补助中仍占据优势地位，但是在政府奖励类补助方面，其均值（489.53万元/家）低于西部地区（1246.73万元/家）。这正因为奖励补助均值较高，使得西部地区获得政府奖励金额的比重超过了中部地区。在财政拨款和税收优惠类补助方面，东部处于绝对优势地位，中部地区位列第二，西部地区排第三。但是在政府奖励方面，东部依然在总额上处于优势地位，而西部地区获得奖励总额和均值都超过了中部地区，位列第二，中部地区位列第三。

进一步将各类政府补助按照省级行政区统计分析（表4-23）可知，三种类型补助地区分布都集中在少数几个上市公司较多的东部省份，尤其是北京和广东。北京在财政拨款类和政府奖励类补助中比重最高，广东则位列第二。在税收优惠中，广东一个省就占据了74.45%的份额。中部地区湖南和安徽在获得补助方面较为领先，湖北在财政拨款（5.02%）和政府奖励（2.77%）比重方面高于其他中部省份，安徽则在税收优惠（2.7%）方面多于其他中部省份。西部地区中，四川在政府奖励类补助中所占比重为13.41%，仅次于北京和广东，在所有省份中位列第三，财政拨款类补助比重方面也高于其他西部省份。

表 4－23　网络文化产业各类型补助按省份统计分布情况

省份	财政拨款				税收优惠				政府奖励			
	五年总额（万元）	比重（%）	个案（个）	均值（万元/家）	五年总额（万元）	比重（%）	个案（个）	均值（万元/家）	五年总额（万元）	比重（%）	个案（个）	均值（万元/家）
北京	1020406.65	41.39%	130	7849.28	163439.52	8.76%	66	2476.36	88750.14	42.46%	87	1020.12
广东	567629.66	23.03%	140	4054.50	1389684.51	74.45%	70	19852.64	35488.44	16.98%	92	385.74
江苏	215954.06	8.76%	42	5141.76	8840.40	0.47%	22	401.84	8169.67	3.91%	33	247.57
上海	155283.54	6.30%	42	3697.23	34625.96	1.86%	20	1731.30	5188.79	2.48%	22	235.85
浙江	126269.20	5.12%	78	1618.84	30857.78	1.65%	45	685.73	18855.61	9.02%	58	325.10
湖南	123648.48	5.02%	28	4416.02	46751.33	2.50%	21	2226.25	5790.39	2.77%	18	321.69
山东	63840.11	2.59%	15	4256.01	7437.01	0.40%	5	1487.40	1167.08	0.56%	10	116.71
安徽	41780.70	1.69%	8	5222.59	50385.50	2.70%	8	6298.19	1769.42	0.85%	6	294.90
四川	32856.39	1.33%	27	1216.90	17139.14	0.92%	19	902.06	28022.74	13.41%	16	1751.42
江西	23858.43	0.97%	4	5964.61	27243.41	1.46%	5	5448.68	0.00	0.00%	0	—
福建	17316.26	0.70%	21	824.58	23814.42	1.28%	12	1984.54	5006.61	2.40%	19	263.51
河南	16926.57	0.69%	7	2418.08	22778.51	1.22%	5	4555.70	160.24	0.08%	5	32.05
辽宁	11147.59	0.45%	5	2229.52	872.19	0.05%	6	145.37	572.29	0.27%	4	143.07
重庆	10577.16	0.43%	3	3525.72	34505.06	1.85%	2	17252.53	0.00	0.00%	0	—
广西	8093.56	0.33%	5	1618.71	14.12	0.00%	3	4.71	307.81	0.15%	4	76.95
湖北	7830.06	0.32%	11	711.82	3463.96	0.19%	6	577.33	3054.34	1.46%	6	509.06
吉林	6772.69	0.27%	7	967.53	50.00	0.00%	1	50.00	228.00	0.11%	4	57.00
海南	5035.00	0.20%	4	1258.75	3139.39	0.17%	4	784.85	708.41	0.34%	3	236.14
贵州	3713.13	0.15%	2	1856.56	0.00	0.00%	0	—	1325.05	0.63%	2	662.52
陕西	2804.06	0.11%	5	560.81	415.08	0.02%	5	83.02	266.00	0.13%	2	133.00
天津	2210.09	0.09%	1	2210.09	25.58	0.00%	1	25.58	300.00	0.14%	1	300.00
河北	937.97	0.04%	5	187.59	1017.20	0.05%	5	203.44	45.85	0.02%	3	15.28
山西	277.54	0.01%	3	92.51	89.11	0.00%	2	44.55	3834.78	1.83%	3	1278.26

本章小结

本章主要是通过收集和分析网络文化产业上市公司获得的政府补助明细科目和金额数据，以微观数据了解剖析我国网络文化产业政府补助的基本特征。总的来看，我国网络文化产业上市公司数量在不断增加，95%以上的网络文化上市公司都获得过各种类型的政府补助，样本企业获得的补助总额呈现波动上升的趋势，但补助均值却逐年下降。从补助类型看，财政拨款是我国网络文化上市公司政府补助最主要的形式，其次为税收优惠类补助，最后为政府奖励类补助。

总体政府补助的特征主要如下：首先，国有性质的网络文化企业，以及实际控制人为政府（中央＋地方）的网络文化产业在获取政府补助方面具有优势，这从其补助均值远高于其他类型的企业可以得到验证；但基于网络文化产业的融合性、竞争性等特点，该产业内的企业主要是以民营企业为主，实际控制人也以自然人为主，虽然单个企业在获取补助方面不如国有性质和有政府背景的企业，但是总体上获得的补助总额比重不断增加，并超过了国有性质和实际控制人为政府的企业。从细分行业看，政府补助主要流向了网络文化相关领域中的文化消费终端生产和文化装备生产两个行业，而网络文化核心领域，则以内容生产和文化传播渠道获得了较多的补助，而且主要涉及网络游戏、数字出版、数字阅读（网络文学）等新兴领域的内容创作生产细分行业企业数量快速增加，获得补助金额的比重和均值也在快速提升。在区域分布上，由于东部地区的上市公司数量占据绝对优势，所以其补助总额和均值都远高于中西部地区，而在省级行政区层面，则形成了四级梯队格局。此外通过单因素方差分析和LSD分析法多重比较，验证了所有制性质、实际控制人和细分行业对网络文化上市公司获取政府补助方面的差异具有统计上的显著性，但区域因素在网络文化产业上市公司获得政府补助方面的差异没有显著性。

不同类型政府补助的特征表现为：一是在所有制分布方面，国有网络文化企业在获取财政拨款类补助上有绝对优势，而民营网络文化企业则是税收优惠的最大受益方，在获得政府奖励类补助上相较于国有网络文化企业也具有一定优势。外商投资企业因数量少，在各类补助中都处于劣势；二是在细分行业方面，对于财政拨款和税收优惠类补助，文化消费终端生产和文化装备生产两个细分行业占据优势。网络文化核心领域中内容创作生产行业在获取政府奖励类补助具有绝对优势，在获取财政拨款和税收优惠类补助，相较于核心领域其他细分行业也具有明显优势；三是在区域分布上面，对于财政拨款和税收优惠类补助，东部处于绝对优势地位，中部地区位列第二，西部地区排第三。但是在政府奖励类补助上，东部依然在总额上处于优势地位，而西部地区获得奖励总额和均值都超过了中部地区，均值更是超过了东部地区，表明西部地区的网络文化上市企业在获取政府奖励方面优于东部和中部地区。

第五章　中国网络文化产业
政府补助内容结构分析

政府补助内容是指补助的具体事由或补助发挥作用的指向性，如补助用于扶持产业发展、激发企业创新、鼓励吸引和培训人才等。网络文化产业政府补助内容结构，则是指网络文化产业政府补助的具体内容及各部分内容的比例关系。本章将通过梳理网络文化产业上市公司年报中披露的补助明细科目，并将这些科目整理归类，结合所有制性质、细分行业和区域分布等全面剖析中国网络文化产业政府补助内容结构，从而有助于学者和政府相关部门更好地了解当前我国网络文化产业政府补助的内容结构特征和政策实施情况。

第一节　网络文化产业政府补助内容分类

一、网络文化产业上市公司补助明细科目情况

政府补助明细科目的数量在一定程度上能够反映当期有关补助政策的多少。如图 5 - 1 所示，总的来看补助明细科目数量较多且不断增加。

样本企业补助明细科目数量和均值从 2013 年开始逐年增加，但 2017 年略有下降。明细科目数量从 2013 年的 771 项增至 2016 年的 2649 项，2017 年较2016 年略有下降。均值从 2013 年的 9.64 项/家增至 2016 年 16.66 项/家，2017 年回落至 13.47 项/家❶。所有获得政府补助的样本企业 5 年披露的明细科目总计 8561 项，均值为 13.55 项/家。这反映出我国网络文化产业政府补助

---

❶　2017 年与年度上升趋势不相符，原因在于 2017 年财政部对《企业会计准则第 16 号——政府补助》进行了修订，要求将与公司日常活动相关的政府补助，计入其他收益；与公司日常活动无关的，计入营业外收入。这一改变导致很多企业暂时不能确定自身补助的归类，所以部分企业就笼统地用"政府补助"一项代替了具体的多项补助科目，导致明细科目数量下降。

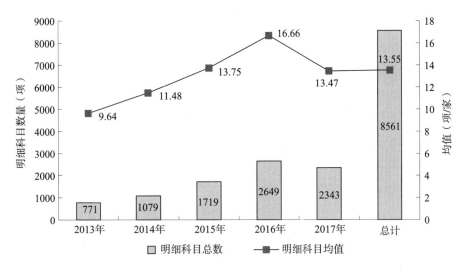

图 5 - 1　网络文化产业上市公司政府补助明细科目年度变化

的名目十分繁杂，这可能与我国政府多部门、多层级，以及发展的多阶段造成的补助政策有较大的随意性有关。过多过滥的补助可能对产业的发展产生负面影响，一方面作为市场主体的企业可能无所适从，不了解适合本身的补助政策；另一方面，不同层级政府、不同政府部门各自的补助政策可能因缺乏协调，相互抵消政策的效果，甚至影响正常的市场秩序。

由第四章的表 4 - 4 可知，财政拨款类补助的明细科目最多，比重在 70%以上，其次为政府奖励类补助，比重 11% ~ 15%，第三是税收优惠类补助，占比 5% ~ 7%，而无法区分补助类型的"其他"类占比为 2% ~ 5%，所以对补助明细科目的内容分类主要以财政拨款类、政府奖励类补助科目为主，除剔除"其他"类补助对应的科目外，对于财政拨款、政府奖励和税收优惠三类补助中无法确定其属于哪种内容的明细科目也一并剔除。

二、网络文化产业上市公司补助内容分类

笔者将手动收集的网络文化产业上市公司政府补助明细科目（主要是财政拨款和政府奖励类，包含部分可以归类的税收优惠类科目），在依据明细科目属性及有关学者研究（臧志彭，2015）的基础上，进一步将其划分为产业专项扶持类补助，技术和创新扶持类补助，项目和工程扶持类补助，无形资产扶持类补助，企业投融资扶持类补助，人才和就业扶持类补助，以及涉外扶持

类补助共计七种补助内容类型。

（一）产业专项扶持类补助

产业专项扶持类补助（简称产业专项补助）是指扶持和促进网络文化产业及相关产业发展为目的各种专项补助形式。由于网络文化产业的边界可扩展性和融合性等特征，再加上当前政府并无针对网络文化产业明确的界定，即使有明确数字文化产业的概念，但当前都无针对性的政策出台，所以有关网络文化产业补助的政策都见诸于文化产业、信息产业、新兴产业、现代服务业、互联网产业以及网络文化产业的细分产业（如网络视听、新媒体动漫、影视等）。此外，对网络文化事业及专门扶持文化企业和文化产品的专项资金也归入产业专项补助。其主要明细科目梳理见表 5 - 1。

表 5 - 1　产业专项扶持类补助明细科目

聚焦领域	主要明细科目
文化产业、网络文化产业及有关产业总体	文化产业专项基金/引导资金，文化产业发展专项资金（中央和地方），文化创意产业发展基金/专项资金，文创资金财政拨款，文化产业奖励，文化发展专项补贴，文化产业局奖励基金，宣传文化发展专项资金；战略主导产业发展资金，新兴产业引导专项资金，战略新兴产业发展资金/建设补助，现代信息服务业专项资金，现代服务业发展引导资金/奖励资金，高成长服务业专项引导资金，互联网产业发展专项资金，移动互联网产业发展专项资金，信息化/信息产业发展专项资金，电子信息产业发展专项资金，工业设计发展专项资金扶持，产业发展补贴/资金扶持等
文化事业	文化事业补贴，文化事业建设费专项基金，文化事业发展专项资金
总体—文化产品	文艺精品创作专项扶持金，少儿精品及国产动画专项资金，文化金品奖等
总体—文化企业	文化创意产业百强补贴/十强资助，文化企业十强奖励，文化企业双十强补助，文化创意企业奖，文化企业补助/奖励，骨干文化企业扶持资金，成长型文化企业奖励，国家重点文化企业扶持基金，文化信息企业扶持资金，文化企业营业税补贴，小微企业减免税等
网络视听产业及相关	网络视听产业专项资金，网络视听节目内容建设专项扶持资金，优秀网络视听节目奖励，网络建设专项资金，网络整合专项基金，骨干网络专项等
出版/数字出版业	出版补贴，数字出版补贴，数字出版信息化专项资金，国家出版基金资助项目，新闻出版专项资金，音像、电子、网络出版物专项资金等
电影行业	电影创作扶持资金，电影产业扶持资金，影视文化产业发展专项资金/基金，电影事业发展专项资金（国家和地方），电影事业专项基金，韩国电影振兴委员会补助金，横店影视产业实验区专项奖励，国家电影补助，文化产业发展专项资金（数字影院建设），国家电影专项资金返还等

聚焦领域	主要明细科目
动漫游戏业	动漫产业专项资金，动漫游戏产业专项资金，动漫游戏产业发展扶持基金，文化部动漫补助，动漫游戏补助，时尚创意（动漫）扶持专项资金，文化产业发展专项资金—端游《灵域》，动漫企业税收返还等。
传媒广告业	促进传媒产业发展合作补助，传媒产业发展补助资金，文化创意产业发展专项资金—新媒体购物文化信息传播，广告产业发展扶持资金，广告业发展专项基金等
文旅业	旅游西进专项资金补助，国家智慧旅游公共服务平台文化发展扶持资金，文化旅游扶持资金，文化创意和旅游产业发展专项资金，旅游业发展专项资金，现代服务业专项旅游规划建设资金，国家旅游发展基金补助等

注：作者依据样本公司年报披露政府补助明细科目整理形成，下同。

（二）技术和创新扶持类补助

网络技术的不断进步并与文化产业的融合是网络文化产业繁荣发展的前提保障。政府对技术和创新的扶持是多方面的，既有产业方层面的转型升级补助，也有对科技型企业及创新产品的资助和奖励；既鼓励技术创新和研发，也大力推动企业技术成果转化和产业化。技术和创新扶持类补助（简称技术创新补助）主要明细科目梳理见表5－2。

表5－2　技术和创新扶持类补助明细科目[1]

聚焦领域	主要明细科目
总体	科技发展基金及挖潜基金，国家科技专项补助，科技发展专项及创新基金，科技资金/经费/补贴/奖励，科技扶持/专项资金，科技计划奖励/补助，科技创新资助，国家科技支撑计划补助，科技重大专项奖励，科技与产业发展专项资金，科技创新券资助，科技保险补助，科学技术奖，科学技术普及专项经费，重点科普项目补助，高新技术补助/奖励，高新技术启动资金，新一代信息技术专项资金等
产业创新转型升级	文化创新发展专项资金（产业类），产业技术进步资金，软件产业发展专项资金，软件和信息技术服务业专项资金，高新技术产业专项补助/引导基金，科技与产业发展专项资金，创新型产业集群发展专项资金等。工业和信息产业转型升级专项引导资助，产业结构调整优势产业转型升级专项资金，产业转型升级专项资金/奖励，促进产业升级扶持资金，产业转型升级两化融合资助等

---

[1] 除表5－2列示的技术和创新补助的科目外，还有部分科目是以企业具体的研发创新技术命名的，因该种科目数量较多且因技术研发各异，故未在表中列示。

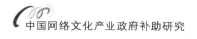

聚焦领域	主要明细科目
科技企业	科技小巨人补贴/奖励，科技小巨人领军企业补助，科技小巨人企业认定/入库奖励，高新技术企业奖励/补贴，高新技术企业倍增计划补贴，高新技术企业一次性发展补贴，软件企业认定奖励，双软企业补贴，明星软件企业补贴，软件企业增值税返还，初创期科技型企业奖励，科技型中小企业促进资金，科技型中小企业技术创新基金，科技创新示范单位补贴，科技创新十佳单位表彰款等
创新产品	软件产品增值税退税，"两新"产品专项资金，高新技术产品奖励，名牌产品补贴/奖金，重点新产品补助，新产品补助，产品产业化补贴等
成果转化	科技成果产业化补贴，重大科技成果转化/产业化，高新技术成果转化专项资金，科技成果贴息，国外先进技术成果落地款，科技成果转化与扩散资金，科技成果奖等
三网融合	主要包含面向三网融合的集成播控、高清电视互动平台、媒体业务平台、视频、多媒体平台及数字内容网络平台相关技术的研发和产业化的补助、奖励等科目
研发费用	研发补助，研发项目资金补助，研发投入奖励，研发加计扣除补助，科技研发资金，应用技术研究与开发专项资金，企业引进开发奖，开发扶持资金，产学研合作引导项目资金，科研计划项目课题经费，国家科技支撑计划项目课题经费等
研发机构	研发机构补贴/建设专项资金，研发中心奖励/建设资助，重点实验室建设基金，客户端游戏工程实验室，新媒体实验室配套补助，技术中心资助和奖励资金，省企技术中心科技补助，企业技术中心研发投入补贴，工程技术研究中心认定奖励等
技术标准	实施技术标准战略专项资金/奖励，重要技术标准研制奖励经费，标准化成果及技术标准示范项目奖励，标准化专项款等
技术升级	重点技改专项资金，工业技改奖补贴，技术改造基金/专项资金/扶持资金，企业技术改造和创新资金，产业化技术升级资助，转型升级创新发展经费，转型升级科技经费，网络系统升级改造等
技术设备	研发设备补助，数字放映设备补贴，动漫类设备补助，研发购置仪器设备补助等

（三）项目和工程扶持类补助

项目和工程扶持类补助（简称项目专项补助）是指通过对网络文化产业及企业有关的项目、工程给予资助和奖励。该类补助通常由各级政府部门推动和主导，也有网络文化企业根据自身发展需要而开展的项目计划❶。项目专项补助包含科目见表 5-3。由表可知我国各级政府出台的扶持项目种类繁多，

---

❶ 有大量关于企业自身的技术和创新项目的明细科目，但都归入技术创新补助，故不属于项目专项补助。

覆盖了网络文化产业及相关领域的多个方面。

表5-3　项目和工程扶持类补助明细科目

聚焦领域	主要明细科目
总体文化类项目	文化创意类项目专项资金，文化产业市场推广资助类项目，文化创意产业发展项目资助，文化产业项目补助，优秀新兴业态文化创意奖励资金，台湾文创项目补贴，中原文化数据库项目等
网络项目及支撑	网络文化节项目经费，绿色网络视频专线款，网络服务费，省网网络改造补偿，网络建设优化专项补助，网络经济发展扶持资金，网络访谈补贴，互联网建设奖励，新一代互联网娱乐支撑服务平台，互联网优秀栏目奖等
图书报刊和阅读	流动书城项目，互联网数字图书馆补助，青少年图书馆项目专项资金，高清交互数字电视"电视图书馆"项目专项资金，新华书店特色转型升级补贴，书店运营补贴，云书网电子商务项目补助，电子书项目扶持奖励，手机报补助；全民阅读补助，多终端媒体阅读服务平台建设及书香东城应用，湖湘文化数字阅读示范应用，中阅网数字阅读社交平台，面向网络原创文学的数字内容综合服务平台等
在线教育	数字教育系统工程，在线教育培训项目，山东课程体系及网络教育发展项目补助等
传媒和广告业	传统媒体与新媒体融合项目专项发展基金，1+X媒体融合平台扶持，新媒体合作平台建设扶持资金，广电新媒体融合业务平台，全媒体优化新闻传播链建设，华夏文明全媒体数字工程；互联网精准营销广告平台建设，互联网广告投放平台，智能电视互动营销平台应用示范项目，智慧商城数字营销系统，公益广告扶持资金，地铁广告补贴等
印刷和出版	影像数字印刷网络服务平台及其示范应用补贴，绿色印刷扶持；动漫数字出版项目，民族网游出版工程，MPR数字出版工程，互动学习数字出版工程，数字出版信息化专项资金，优秀儿童文学出版工程奖励，经典中国国际出版工程奖励，中华优秀出版物奖励金等
广电行业	互联互通节目补助，连连通工程，广播电视安全播出监控系统，有线电视数字化改造/转换专项资金，高清晰电视频道专项经费，电视节目资料数字化编目项目专项引导资金，数字电视整转补贴，杭网电台（蔚蓝FM）项目，广电网络智能宽带文化信息服务平台建设项目，广播电视"绿色广告频率（道）"，中央广播电视节目无线覆盖运维资金，全省数字电视直播平台，低保用户视听费专项补贴等
动漫（动画），游戏	国际动漫馆工程财政贴息，移动互联网手机动漫产业聚合平台项目，漫友手机动漫产业平台项目专项资金，西部动漫节搭建补贴，中国文化艺术政府奖动漫奖，动漫扶持奖金，广州动漫产业原创制作和品牌推广展示平台建设资金，优秀国产动画片奖励，三维动画片，最具产业价值影视动画形象奖，金龙奖超级飞侠动画金奖，动画部门总统奖金（韩国），超级飞侠系列动画与人工智能产业融合项目；游戏产业孵化与发行运营优化平台，中小学教育游戏平台项目，网络游戏电子竞技产业平台补助，原创游戏和动漫作品奖励，中青宝游戏云服务开放平台，游戏项目扶持资金，基于移动互联网的益智类游戏项目资助等

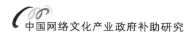
聚焦领域	主要明细科目
影视行业	"高清宽频影院网站建设项目"资助，影视大数据分析项目补助，数字影院建设补贴，"数字电影发行平台"项目，影视道具数字化制作，电影精品资助，公益电影补贴，电影家协会奖励，优秀影视剧剧本奖，电影宣发补贴，影视项目发展专项资金，国产影片专资补贴，影视文化企业总部经济发展专资，影视剧奖励等
会展领域	文博会补助，文化场馆补贴，论坛协会展会补贴，商务展会补贴等
文旅业	创意云南文化奖励，"美丽杭州"宣传项目，景区升级改造资金，十佳景区奖励资金，宋城景区项目等
艺术和演艺业	国家艺术基金管理中心补助资金，省级文化艺术精品项目，文学艺术节奖金，杭州网在线艺术平台项目，中国文化艺术政府奖；六间房即时在线演艺平台，宋城泰安千古情城大型实景演出项目建设资金，演出补助，儿童动漫剧演出补贴，动漫舞台剧和公益演出扶持补助等
农村网络文化	数字兴农补贴，农村有线电视发展补助，农家书屋数字阅读机，农村应急广播体系补助，农村文化服务"最后一公里"网络建设项目，农村地区数字电视基础网络建设及数字电视终端普及奖励，农村数字电影片租、场次补贴，农村广播电视光纤化改造提升工程补助，农村信息基础设施建设项目以奖代补资金，农村文化礼堂"双十佳"活动补助，村村通、村村响奖励等
公共文化文化宣传	公共文化服务进家庭项目建设补助，城市文化综合体项目，精神文明建设"五个一工程"奖，文明办奖励，宣传部申请四个一批奖励资金，公共文化服务平台项目；文化传播新十佳网站，纪念抗战胜利70周年文化活动宣传补助，文化创意宣传补助资金，宣传文化专项经费/发展补贴，道路标识宣传补助，宣传车补贴，基层宣传文化专项资金等

（四）无形资产扶持类补助

研究显示，美国标准普尔 500 强企业的无形资产占企业价值的比重由 1975 年的 16.8% 增至 2005 年的 79.7%❶。1982 年美国 500 家代表性上市公司的市值中，有形资产占比 62%，无形资产只占 38%；到 2002 年，有形资产的比例缩减至 13%，而无形资产比例增至 87%❷，可见无形资产已经成为企业的

---

❶ MALACKOWSK, J. E. The Intellectual Property Marketplace：Past，Present and Future ［J］. the John Marshall Review of Intellectual Property Law，2006，5（4）：605 − 616.

❷ 吴汉东. 试论知识产权的无形资产价值及其经营方略 ［J］. 南京理工大学学报（社会科学版），2013，26（1）：1 − 6.

核心资源。网络文化产业是文化与科技融合的代表，网络文化企业在演进发展过程中，也在不断消耗有形资产借以形成无形资产[❶]。政府对网络文化企业无形资产的补助体现在对该类企业所依赖的著作权（包含软件著作权）、商标、专利等知识产权的创造、使用的补贴和奖励，品牌的树立及知识产权优势企业培育等方面。无形资产扶持类政府补助（简称无形资产补助）具体包含科目主要见表5-4。

表5-4　无形资产扶持类补助明细科目

聚焦领域	主要明细科目
知识产权总体	知识产权扶持/奖励/资助资金，知识产权专项资金，自主知识产权补贴，知识产权中介资助费，企事业单位知识产权工作补贴，知识产权扶贫资金，知识产权管理规范推进项目经费（知识产权贯标），知识产权创造与运用专项资金，知识产权优势培育企业奖励资金等
著作权（版权）	软件著作权登记/申请补助，著作权补助，优秀著作权奖励，公益版权补贴，版权示范单位奖励，版权优势培育基金，版权兴业示范基地扶持资金，最具价值版权产品资助金，优秀版权作品奖励，图书版权输出奖励计划等
专利	专利资助费/奖励，专利年费补贴，专利费返还，授权发明/实用新型专利资助经费，外观设计奖金，专利申请资助，专利促进资金，专利转化资金，国外专利申请资助款，中国专利优秀奖，优秀专利补助，动漫产品专利资助款，专利创新券资助经费，专利技术实施计划专项资金，重大专利推广应用计划项目，自主创新专利定额资助，专利商用化专项资金，专利成果支持资金，专利创造排名靠前企业奖励，技术创新能力建设专项资金（专利部分）等
商标	商标注册费补助，著名商标奖励，企业驰著名商标奖励专项资金，境外商标注册申请资助拨款，技术创新能力专项资金（商标部分）等
品牌	品牌奖励资金，品牌发展专项资金，品牌认定、宣传和推广补助，品牌培育/建设补贴/奖金，科技兴贸与品牌建设专项资金，国家动漫品牌奖扶持资金，自主品牌项目奖励，国际品牌营销补助，旅游品牌创建奖补资金，"一网一品牌"创建扶持经费，品牌资助和创新平台奖项补助，实施品牌战略政府奖励资金等

（五）企业投融资扶持类补助

投融资扶持类补助（简称投融资补助）是指政府对网络文化企业开展投

---

❶　汪海粟，曾维新.科技型中小企业的知识产权证券化融资模式［J］.改革，2018（04）：120-129.

资活动、融资（直接或间接）活动及与投融资相关活动给予的资助和奖励。随着中国网络文化产业的蓬勃发展，一方面众多优秀网络文化企业通过直接上市或注资、收购上市公司方式进入资本市场直接融资；另一方面网络文化企业之间并购活动日益增多，其他行业的企业也通过兼并重组网络文化企业进入网络文化产业。此外，已上市的网络文化企业也通过各种方式融资积极发展新兴业务。政府对网络文化企业的投融资活动通过各种补助予以支持。企业投融资扶持类补助明细科目详见表5-5。

表5-5　企业投融资扶持类补助明细科目

聚焦领域	主要明细科目
上市融资	企业改制上市培育项目资助资金，民营及中小企业改制上市资助，上市补贴/资助/奖励金，企业上市融资奖励，上市备用金，完成境内上市奖励，境内上市和挂牌资助，新三板挂牌补助，企业股改及上市融资奖励资金，推进企业挂牌上市专项资金，上市金融法律服务费用补贴，上市工作经费补助及融资奖励，扶持企业直接融资发展资金，文化创意产业发展专项资金补助—上市挂牌奖励等
资本市场、融资和再融资	资本市场补贴，资本市场融资奖励，推进全市发展和利用资本市场奖励，资本市场发展支持政策奖励，企业利用资本市场扶持资金，增发新股奖励，融资补贴/奖励，再融资奖励，限售股减持/转让奖励，挂牌企业股改补贴，发债补贴，中期票据发行费用补贴，金融办中小微企业融资补助等
兼并重组	并购扶持资金，企业/上市公司兼并重组专项资金，企业并购中介服务支持资金，并购重组中介费用补贴，收购兼并企业的奖励，资产重组补助等
投资	对股权投资类企业补助，战略投资奖励，投资奖励款，创投奖，股权投资机构营业收入及所得税财政贡献奖，收购荷兰公司股权补贴，天使投资创业补助等
投融资相关	贷款贴息，文化创意产业贷款贴息，科技型中小企业信用贷款贴息，国开行贴息，企业信用评级补贴，信促会3A评级补贴，购买信用报告补贴，信用保险扶持资金，信保融资补贴，中小企业考核认定评信费用补贴，资信资助费等

（六）人才和就业扶持类补助

人才是网络文化企业的核心生产要素，人才的引进和培养需要大量的投入，政府的扶持将有利于加强网络文化企业的人才培养。在我国，民营企业贡献了80%以上的城镇劳动就业，90%的新增就业[1]。2017年获得政府补助的

---

[1] 民营企业的作用和贡献体现为"5、6、7、8、9"五个数字："5"指民营企业对国家的税收贡献超过50%，"6"指国内民营企业的国内生产总值、固定资产投资以及对外直接投资均超过60%，"7"指高新技术企业占比超过了70%，"8"指城镇就业超过80%，"9"指民营企业对新增就业贡献率达到了90%。

174 家网络文化上市公司中，民营企业有 125 家，占比 71.84%，表明网络文化企业以民营企业为主，在就业方面做出了重要贡献。政府也制定相关政策，如《关于发展数字经济稳定并扩大就业的指导意见》（发改就业〔2018〕1363号），大力扶持网络文化企业发展以稳定和促进就业。人才和就业扶持类补助（简称人才和就业补助）明细科目详见表 5-6。

表 5-6　人才和就业扶持类补助明细科目

聚焦领域	主要明细科目
专家、人才引进	人才补贴，人才安家补贴，人才扶持奖金，人才培养专项经费；引进外国专家项目，引进国外智力经费，留学人员补助，引进国外人才项目补助资金及引智项目配套奖励经费，外籍专家补助，海外高层次人才引进计划资助款，博士后培养工程资助经费，博士后科研经费专项补贴，企业博士集聚计划博士后类资助经费，双创博士计划双创博士类资助经费；影视演艺跨界人才孵化平台补贴，国际化高端影视导演人才聚；经营管理团队奖，高端团队扶持资金，高管补贴；千人计划专家工作站资助，国家千人计划项目，院士工作站绩效考核奖励资金，高层次创新创业人才引进计划项目，高层次科技创新人才资助，多层次人才体系建设；首届杰出人才特殊津贴，全国文化名家暨"四个一批"人才工程补贴款，培养岭南文化名家文化引进奖励专项资金，宣传文化人才专项资金，"凤凰计划"引才单位资助金，"3551 光谷人才计划"补贴，紫琅英才资助；双创人才引进专项资金，省科技创新领军人才专项资金，创新工程领军人才扶持资金，科技北京百名领军人才培养工程，创业英才培养计划资助，创新英才，科技创新创业人才区奖励，创新创业领军人才落户补贴，科技人才奖励，软件和集成电路企业设计人员专项奖励，领军人才项目经费，领军和拔尖人才补助；企事业单位人才住房补租，国家服务外包人才培训资金，人才开发专项资金，校园引智人才补贴经费，高技能人才培养工作，紧缺人才资助资金，总部企业人才奖励，个税返还等
就业保障	稳岗补贴，岗位补贴，中小微型企业招用高校毕业生新增就业补贴，促进就业再就业奖励资金，残疾人保障就业岗位补贴款，残疾人安置补贴，残疾人保障金退回，优秀残疾人企业奖励，用工补助，大学生就业/见习补贴，就业见习生活补助，低保优惠补贴，福利企业补贴与奖励，防御工伤先进奖，英国威尔士就业扶持政府补贴，企事业单位稳定就业岗位补贴，人力资源市场就业补贴，应届毕业生就业补贴，公益性岗位补贴，超比例安排残疾人就业单位奖励金，企业失业补贴，失业保险岗位补贴，失业保险基金，吸纳就业补贴，创业带动就业补贴，"三新"企业吸纳高校毕业生就业补贴，开工奖励，工伤保险安全生产奖励费，台湾青年就业扶持资金，促进居民就业和企业用工服务，吸纳就业农民奖励等
人员培训	培训补贴，异地务工人员职业技能培训补贴，大学生实习基地补贴，动漫专业校外实训基地政府补贴，示范/公共/高新人才实训基地奖励，社会实践基地补贴，员工培训补贴，职工职业培训财政补贴，人才培训奖励资金，国家服务外包人才培训资金实际配套资金，校企合作实习补助专项资金，人才市场就业培训补贴款，软件人才培训补助经费，职业技能培训奖励，创业英才培训计划资助金，职工岗位技能提升培训管理补贴，政府补贴人才紧缺培训项目，岗前培训，企业自主培训政府补贴，职工教育经费补贴等，实习人员及教育经费补贴，教育费附加职培（人社职技）等

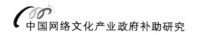

续表

聚焦领域	主要明细科目
社会保险	社会保险/社保补贴，社保基金款，社保基金退款，用工补助和社会保险费补贴，中小型微企业招用高校毕业生社保补贴，大学生社保补贴，社保工作保险奖励，社会保险医疗费，农村劳动力社会保险差额补助，互联网产业发展专项资金社保类项目，企业吸纳就业困难人员社保补贴等

（七）涉外扶持类补助

涉外扶持类补助（简称涉外补助）是政府为支持、鼓励网络文化企业"走出去"，参与国际竞争，加强国际贸易与交流合作而给予的各种扶持。中国网络文化企业"走出去"是企业发展的需要，也是中国文化输出的必然要求。我国出台的系列政策中都有涉及，如国务院《关于积极推进"互联网＋"行动的指导意见》中就明确提出发展基于互联网的文化、媒体和旅游等服务，鼓励企业积极拓展海外用户。近几年以网络文学、网络影视等内容产业为代表的泛娱乐网络文化企业和网络文化产品纷纷走出国门，2015年17K小说网与WuxiaWorld网达成合作，将共同翻译中国武侠和玄幻网络小说并在海外推广。2017年网络剧《白夜追凶》被美国Netflix公司买下版权，在全世界190多个国家播出。涉外扶持补助明细科目详见表5-7。

表5-7 涉外扶持类补助明细科目

聚焦领域	主要明细科目
外向型补助	文化"走出去"专项扶持资金，中华文化走出去文化产业发展补贴，企业走出去专项资金，走出去（恋舞OL海外自主发行）政府补贴，外向型经济发展专项资金，支持外向型大企业做大规模专项资金，发展外向型经济财政奖励，企业涉外发展服务专项资金，外经贸发展与口岸建设专项资金，外贸稳增长资金，外贸扶持资金，外经贸发展专项资金，优化外贸结构扶持资金，外贸公共服务平台建设资金，涉外发展专项资金等
出口补助	"国家文化出口重点企业"等奖励款，文化出口奖励，文化出口企业奖励，文化服务出口奖励，文化创意企业出口10强奖励，"出口名牌"奖励资金，国家文化产业发展专项资金—出口奖励，出口业务贴息资金，出口奖励款，外贸出口奖励资金，企业进出口奖励，出口增量奖励资金，出口增长扶持资金，进出口增量奖金，技术出口贴息资金，出口基地扶持基金，外贸出口大户奖励资金，出口稳增长奖励，完成进出口任务奖励资金，动漫文化创意产品与服务出口平台，进出口企业发展补助基金，"双自主"企业出口资金奖励外贸自营出口增量奖，优化外贸出口结构资助资金等
	出口信用保险补贴/资助，信用证出口补贴，短期出口信用保险资助，出口信保保费资助款等

聚焦领域	主要明细科目
国际市场	海外开拓项目文创基金，中小企业国际/境外市场开拓资金/奖励，中小外贸企业开拓市场补助，国际市场开拓资金，国际化发展专项资金，开拓国际市场产品认证服务费，节目外销渠道拓展及深入海外合作项目，境外销售奖励等
国际会展	国际/境外/海外展览会补助，外贸展会扶持资金，海外展会展位费及国际差旅费补贴，法国动漫展参展商补助，MIPCOM 戛纳秋季影视节展位补贴款，DISCOP 非洲电视节展位补贴款，ATF 新加坡亚洲电视节展位补贴，新加坡 ATF 玩具展，中小企业出口玩具国际展销博览会，中国国际影视动漫版权保护和贸易博览会，中国国际数码互动娱乐展览会参展费，慕尼黑展会补贴，国际信息消费博览会补贴，国际文化产业博览交易会参展补助，国际动漫节展商服务费补助，MIPTV 中国联合展台参展补贴，广交会补贴等
服务贸易	文化服务贸易专项资助资金，国际服务贸易发展专项资金，服务贸易项目奖励金，服务外包发展专项资金，服务外包奖励资金，国际服务外包业务发展专项资金，服务外包和电子商务奖励，跨境电子商务服务外包平台建设项目补助等

第二节　网络文化产业政府补助内容结构特征

一、网络文化产业上市公司补助内容结构总体分析

由表 5 - 8 可知，中国政府对网络文化产业的补助大部分都投向了技术创新方面，2013—2015 年补助金额占七大内容总额的 68.49%，其次为产业专项补助和项目专项补助，分别为 15.11% 和 11.43%。其他几种内容获得的补助金额较少，投融资补助金额占比 2.86%，涉外补助、人才和就业补助分别为 0.98% 和 0.77%。无形资产补助金额最少，比重仅为 0.37%，这一方面表明政府当前对网络文化企业获取无形资产以及无形资产商业化的补助偏少，另一方面也可能是政府将大量补助资金投向了无形资产赖以形成的技术研发和创新方面，从而降低了对企业无形资产方面的补助。

表 5 - 8　网络文化上市公司 2013—2017 年政府补助内容结构分布　单位：万元

	2013 年	2014 年	2015 年	2016 年	2017 年	五年总计占比
产业专项补助	72163.24	58399.99	99658.87	178360.19	128637.21	15.11%
技术创新补助	405708.37	417309.10	486249.29	620800.78	504722.59	68.49%

续表

	2013 年	2014 年	2015 年	2016 年	2017 年	五年总计占比
项目专项补助	132754.91	81062.89	69292.84	79308.99	43943.22	11.43%
无形资产补助	928.69	2041.17	3085.59	3726.06	3213.45	0.37%
投融资补助	47093.89	24651.81	14659.90	7815.89	7363.07	2.86%
人才和就业补助	1264.10	2473.19	2879.55	13070.22	7562.17	0.77%
涉外补助	6053.85	5017.25	8638.06	8774.58	6183.33	0.98%

注：剔除了无法归入七大补助内容类型的明细科目。

从年度变化看（如图 5-2 所示），技术创新补助和产业专项补助在振荡中上升，技术创新补助从 2013 年的 60.92% 增至 2017 年的 71.94%；产业专项补助比重则由 10.84% 增至 2017 年的 18.33%。而无形资产补助、人才和就业补助虽然补助金额比重较低，但是也呈现出稳定的上升趋势，分别从 2013 年的 0.14%、0.19% 增至 2017 年的 0.46% 和 1.08%，表明政府对网络文化企业核心资产的关注度在提升。涉外补助则较为稳定，补助金额比重维持在 1% 上下。项目专项补助金额占比则逐年下降，从 2013 年的 19.93% 一直降至 2017 年的 6.26%，项目专项补助主要来自政府为推动网络文化产业及企业发展而设立的各种项目，该类补助金额的减少，表明政府部门在不断减少通过具体的项目活动干预网络文化企业的发展，将更多的补助资金投向其他领域，如

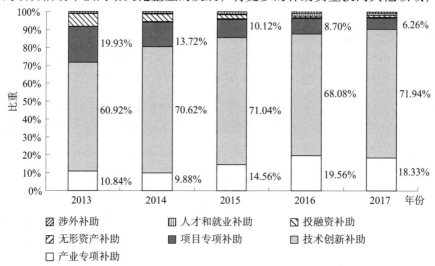

图 5-2　网络文化上市公司不同政府补助内容比重年度变化

促进企业研发新技术、引进人才等。另外，虽然投融资补助金额比重虽然相对涉外补助、人才和就业补助、无形资产补助要大，但呈现逐年下降的趋势，由2013 年的 7.07% 降至 2017 年的 1.05%，原因可能在于政府对企业投资和融资活动的部分补助是企业上市和挂牌的奖励，这种奖励是一次性，具有不可持续性；再者网络文化企业之间的各种兼并和股权投资活动更多的是市场化活动，政府部门可能有意识地减少参与。

二、不同所有制企业的政府补助内容结构分析

不同所有制性质的网络文化企业在获取政府补助内容方面存在差异。通过对网络文化产业上市公司 2013 年和 2017 年基于不同所有制属性的政府补助内容统计分析（见表 5－9）。

表 5－9　网络文化上市公司 2013 和 2017 年不同所有制政府补助内容结构　　（%）

2013 年	产业专项补助	技术创新补助	项目专项补助	无形资产补助	投融资补助	人才和就业补助	涉外补助	总计
国有企业	14.99	40.31	32.56	0.09	11.45	0.23	0.38	100
民营企业	4.84	90.53	1.84	0.21	0.79	0.14	1.65	100
外商投资企业	33.65	51.73	0.00	0.00	0.00	0.00	14.63	100
2017 年	产业专项补助	技术创新补助	项目专项补助	无形资产补助	投融资补助	人才和就业补助	涉外补助	总计
国有企业	20.92	60.28	14.36	0.41	1.18	1.67	1.17	100
民营企业	17.66	75.92	3.78	0.39	0.73	0.84	0.68	100
外商投资企业	12.95	52.28	6.89	4.42	13.79	3.61	6.06	100

首先，三种所有制性质的网络文化企业中，技术创新补助比重都是最高的，尤其是民营企业，技术创新补助在所有补助内容种类中占据绝对优势。一方面表明网络文化企业十分重视技术研发和创新发展，政府部门也相应给予大量补助和奖励，另一方面是技术创新补助中有一类是对高新技术企业、小巨人科技企业、软件企业的奖励和补助，在网络文化产业中，民营企业在数量上占有绝对优势，且科技型企业比重较大，这也导致民营网络文化企业获取的技术创新补助比重较高。但 2017 年相较于 2013 年比重有所下降，一则可能是科技型企业的奖励类补助不具有可持续性，二则是产业专项补助比重大幅度提升。此外，民营企业无形资产补助、人才和就业补助比重有所提高，尤其是

后者，提升幅度明显。涉外补助 2013 年比重排第四位，但 2017 年比重变为 0.68%，仅高于无形资产补助，表明政府在民营企业走出去补助方面有所弱化。

其次，对于国有网络文化企业而言，相较于民营和外商投资网络文化企业，2013 年时，其项目补助和投融资补助比重远高于两者，由前文可知，项目补助多为政府项目，国有企业在上市和利用资本市场融资方面也较二者更有优势，因而在获取项目补助和投融资补助方面有明显优势。但是 2017 年这两个补助内容比重有较大幅度下滑，这和前文分析得出的政府在减少补助项目活动以及从减少影响市场化的投融资活动的行为变化有关。此外，国有文化企业技术创新补助比重有较大幅度提升，这和网络文化产业发展有关，网络文化产业以民营企业为主，市场化程度较高，竞争激烈，国有文化企业不得不进行转型升级，加大技术研发和创新力度，从而获得政府更多的技术创新补助。虽然民营企业承担了我国大部分就业，但是在经济增速放缓，经济发展下行期，国有企业理应在稳定就业方面更有担当，国有网络文化上市公司人才和就业补助比重由 2013 年的 0.23% 增至 2017 年的 1.67%。

最后，分析外商投资网络文化上市公司可知，外商投资企业一般是带技术换取中国市场，技术创新补助比重也是所有补助内容中最高的。因为外商投资企业的外资属性，可以发现其获得的涉外补助比重远高于国有和民营网络文化企业。但是外商投资网络文化上市公司数量较少，2013 年和 2014 年都只有 2 家，到 2017 年才有 10 家，所以 2013 年，项目专项补助、无形资产补助、投融资补助、人才和就业补助占比都为 0，到 2017 年随着公司数量增加，在上述补助内容方面才有了提升。2017 年外商投资企业获得投融资补助比重高达 13.79%，主要是因为凯撒文化（002425）获得了杭州市余杭区财政局发放的 129958 万元"企业利用资本市场财政奖励（被收购企业奖励）奖金"。

三、不同细分行业的政府补助内容结构分析

鉴于按细分行业分类后再按年度纵向分析，样本企业较为分散，不能较好的呈现网络文化产业基于细分行业的政府补助内容特征，故将 2013—2017 年 5 年补助金额数据合并进行分析（表 5 - 10）。

表5-10　网络文化上市公司2013—2017年不同细分行业政府补助内容结构　（%）

大类	中类	产业专项补助	技术创新补助	项目专项补助	无形资产补助	投融资补助	人才和就业补助	涉外补助
01 新闻信息服务	报纸信息服务	85.54	3.53	8.77	0.69	0.63	0.84	0.01
	广播电视信息服务	15.51	40.94	34.13	2.41	1.08	1.97	3.96
	互联网信息服务	28.91	27.85	35.45	1.17	0.93	1.92	3.77
02 内容创作生产	出版服务	54.45	10.39	26.38	0.28	3.44	3.66	1.39
	广播影视节目制作	72.79	6.85	14.11	0.29	1.36	0.41	4.20
	数字内容服务	40.78	24.74	23.28	1.02	4.07	3.01	3.09
03 创意设计服务	广告服务	35.48	30.69	14.86	1.46	5.69	7.84	3.98
	设计服务	61.83	14.80	1.63	1.65	8.05	5.06	6.97
04 文化传播渠道	广播电视节目传输	10.25	5.49	82.50	0.16	0.80	0.67	0.14
	广播影视发行放映	67.66	10.74	19.70	0.02	0.73	0.48	0.66
	互联网文化娱乐平台	38.32	12.09	40.59	0.68	5.82	2.50	0.00
07 文化辅助生产和中介服务	版权服务	7.37	6.29	1.60	24.78	57.46	2.49	0.00
08 文化装备生产	广播电视电影设备制造及销售	5.92	82.91	2.87	2.45	0.53	2.27	3.04
	网络文化装备生产	7.81	84.91	0.90	0.41	4.50	0.75	0.73
09 文化消费终端生产	玩具制造	25.69	18.70	25.87	11.87	4.60	2.12	11.16
	信息服务终端制造及销售	3.45	88.60	4.67	0.14	2.41	0.21	0.53

注：报纸信息、广播电视信息和版权服务中类分别只有2家、2家和1家样本企业，故不参与分析。

分析表5-10可知，网络文化及相关产业获得补助中，均以产业专项补助、技术创新补助和项目专项补助为主，其他四种内容补助形式比重降低。从细分行业大类来看，网络文化产业核心领域（01—06大类）的新闻信息服务、内容创作生产、创意设计服务和文化传播渠道则以产业专项和项目专项补助为主，技术创新补助紧随其后，而在网络文化产业相关领域（07—09大类）的文化装备生产和文化消费终端生产行业大类则技术创新补助内容占据绝对优势。

进一步就细分行业中类展开分析发现，在网络文化相关领域：广播电视电影设备制造及销售、网络文化装备生产和信息服务终端制造及销售主要涉及网络文化终端（如智能手机、数字电视、笔记本电脑、可穿戴智能文化设备）及专业设备的研发、制造和销售以及有线网络传输设备的设计和生产等，属于制造业与网络文化产业的融合，因而较为依赖技术研发与创新，所以技术创新补助比重较大也符合该领域特征。再者，网络文化装备生产和信息服务终端制造及销售行业这几年企业密集上市且兼并行为较多，投融资补助也占有一定比例（4.5%）。对于玩具制造中类，不同于相关领域内的上述三个中类行业，其只包含实丰文化（002862）、奥飞娱乐（002292）、高乐股份（002348）和邦宝益智（603398），这四家玩具制造企业不仅是制造玩具，而是基于玩具制造进行拓展，比如基于各类动漫和游戏 IP 生产衍生品玩具，甚至进入动画和动漫游戏领域，从而拥有了较多的玩具设计的实用新型和外观设计专利及动漫影视和游戏的版权，所以该细分行业的无形资产补助比重较其他领域要高，此外该行业内企业经常参与各种国际动漫展、游戏展，积极拓展国际市场，因而在获得涉外补助方面也较其他领域有更高的比重。

在网络文化核心领域：整体看，虽然核心领域以产业专项和项目专项补助为主，但互联网信息服务、数字内容服务和广告服务（主要是互联网广告）这三个中类的技术创新补助相较于其他核心细分中类要占更高的比重，是因为这三个中类是与互联网融合的突出领域，涉及网络信息搜索、网上信息服务、动漫游戏、数字内容服务、互联网游戏运营以及这些领域的软件服务，这些领域的发展与技术创新密切关联。此外，数字内容服务、广告服务（互联网广告）和设计服务三个中类在投融资补助、人才和就业补助、涉外补助三种内容补助方面的比重较其他中类行业要高，表明数字内容服务领域和创意设计领域这五年发展较快，获得资本市场的青睐，并且积极拓展海外市场，也提供了较多的就业岗位。

四、不同区域的政府补助内容结构分析

同样将 2013—2017 年五年补助金额数据合并来考察不同区域政府补助内容结构。如表 5 - 11 所示，东部地区网络文化上市公司获得补助中，技术创新补助处于绝对优势（72.13%），其次为产业专项（11.83%）和项目专项（11.26%），此外东部地区在投融资补助方面的比重也高于中西部。也符合东部地区吸引了大量科技型企业、汇聚了众多创新人才的区域特征。而中部和西

部地区的补助内容结构相似，以获取政府的产业专项补助为主，分别为
57.98%和62.94%，且中部和西部地区的网络文化产业上市公司在人才和就
业补助、涉外补助方面占比要比东部企业要高，这和政府对中西部扶持本地就
业、鼓励人才向中西部流动及鼓励中西部企业走出去、发展边界经济的政策目
标有关。

表 5 – 11 网络文化上市公司 2013—2017 年不同区域的政府补助内容结构 （%）

区域	产业专项补助	技术创新补助	项目专项补助	无形资产补助	投融资补助	人才和就业补助	涉外补助
东部	11.83	72.13	11.26	0.37	2.95	0.54	0.92
中部	57.98	21.52	12.88	0.12	1.18	5.01	1.31
西部	62.94	14.60	15.56	0.51	2.24	1.53	2.63

为进一步了解区域内不同省份政府补助内容结构是否会与总体区域特征存
在差异，选取东中西部样本企业数量排在前两位的省份进行分析（见表 5 – 12）。
总体来看，省份的补助结构特征与区域分布保持一致。具体看，广东是技术创
新补助比重（87.36%）占绝对优势，北京作为我国的文化中心，网络文化上
市公司虽排在第二，相较于广东，除技术创新补助比重较高外，在产业专项补助
（12.22%）和项目专项补助（18.36%）方面比重要远高于广东。中部的湖南
产业专项补助占比最高（67.54%），而湖北的项目专项补助比重最高
（40.3%），此外在投融资补助和涉外补助比重远高于湖南，表明湖北网络文
化上市公司在利用资本市场和走出去方面获得了更多的补助，侧面表明在这些
方面湖北表现得更为活跃。西部地区的四川也是以产业专项补助为主
（66.61%），广西则以项目补助为主（57.78%）；四川的技术创新补助比重
（18.2%）和涉外补助比重（3.69%）要远高于广西（3.36%和0.29%），但
广西的投融资补助比重（8.61%）、人才和就业补助（2.29%）要高于四川
（1.65%和1.15%）。

表 5 – 12 网络文化上市公司 2013—2017 年不同省份政府补助内容结构（家,%）

区域	省份	企业	个案	产业专项补助	技术创新补助	项目专项补助	无形资产补助	投融资补助	人才和就业补助	涉外补助
东部	广东	41	152	5.73	87.36	4.61	0.29	1.18	0.31	0.53
	北京	33	140	12.22	62.13	18.36	0.33	6.02	0.39	0.55

区域	省份	企业	个案	产业专项补助	技术创新补助	项目专项补助	无形资产补助	投融资补助	人才和就业补助	涉外补助
中部	湖南	9	30	67.54	18.77	9.19	0.10	0.83	2.68	0.89
	湖北	4	12	26.27	15.36	40.30	0.02	10.52	4.68	2.85
西部	四川	7	28	66.61	18.20	7.97	0.72	1.65	1.15	3.69
	广西	2	5	27.65	3.36	57.78	0.02	8.61	2.29	0.29

说明：表中企业数为样本公司中剔除无政府补助企业后的数量；个案是 5 年获得补助企业合计。

第三节　网络文化产业政府补助内容结构交互分析

一、区域与细分行业政府补助内容结构交互分析

为更好了解不同区域各细分行业政府补助内容结构，从而为不同地区政府部门针对不同细分行业制定有针对性的政府补助政策提供依据和参考。这里将基于区域和细分行业合并计算 2013—2017 年政府补助数据并进行交互分析。

如表 5 - 13 所示，东部地区拥有数量最多的网络文化上市公司，涵盖了 7 大类细分行业。其中网络文化相关领域（07—09 大类）的文化装备生产、文化消费终端生产大类以技术创新补助为主，其他补助内容种类比重极小；网络文化核心领域（01—06 大类）的新闻信息服务、内容创作生产和创意设计服务大类以产业专项补助为主，而文化传播渠道却以项目专项为主；且总的来说核心领域在无形资产补助、人才和就业补助、涉外补助方面的比重要稍高于相关领域。

中部地区网络文化上市公司覆盖了 6 大类细分行业，在网络文化相关领域中，不同于东部地区，其文化装备生产以产业补助为主（71.88%），其次为技术创新补助（21.72%），还有人才和就业补助占据一定比例（4.58%）；文化消费终端生产则以技术创新补助为主（86.81%），然后是人才和就业补助（5.37%）、产业专项补助（4.84%）、涉外补助（2.97%）。在网络文化核心领域，新闻信息服务以项目专项补助为主（39.6%），其次为产业专项补助（33.91%）；内容创作生产、创意设计服务和文化传播渠道则以产业专项补助为主。

表5-13　网络文化上市公司基于区域与细分行业政府补助内容交互结构 　（%）

区域	行业大类	产业专项补助	技术创新补助	项目专项补助	无形资产补助	投融资补助	人才和就业补助	涉外补助
东部	01 新闻信息服务	56.11	18.46	20.53	1.26	0.60	1.08	1.96
	02 内容创作生产	44.18	21.45	23.55	0.94	4.06	1.88	3.94
	03 创意设计服务	36.36	29.74	14.70	1.40	5.88	8.06	3.86
	04 文化传播渠道	35.70	7.07	55.51	0.15	0.70	0.58	0.29
	07 文化辅助生产和中介服务	7.37	6.29	1.60	24.78	57.46	2.49	0.00
	08 文化装备生产	2.56	90.54	0.59	0.48	4.76	0.45	0.62
	09 文化消费终端生产	3.57	88.20	4.81	0.20	2.44	0.20	0.58
中部	01 新闻信息服务	33.91	13.76	39.60	0.00	5.30	7.42	0.00
	02 内容创作生产	54.12	13.24	23.39	0.14	0.87	6.23	2.01
	03 创意设计服务	53.89	26.72	0.85	2.70	5.40	0.67	9.77
	04 文化传播渠道	47.22	29.21	14.16	0.01	6.53	1.11	1.76
	08 文化装备生产	71.88	21.72	1.63	0.07	0.00	4.58	0.12
	09 文化消费终端生产	4.84	86.81	0.00		5.37		2.97
西部	02 内容创作生产	90.99	0.29	6.59	0.05	1.60	0.43	0.04
	04 文化传播渠道	21.59	11.43	56.08		6.64	4.24	0.02
	08 文化装备生产	6.31	59.74	15.36	2.22	1.18	3.02	12.17

注：文化辅助生产和中介服务只有1家样本企业，总计3个个案，故不参与分析。

　　西部地区网络文化上市公司仅涵盖了3大类细分行业，在网络文化产业相关领域只涉及文化装备生产，以技术创新补助（59.74%）为主，此外其涉外扶持补助比重相对较高（12.17），具体分析发现是四川九洲和创维数字两家企业2015—2017这三年数字多媒体、数字电视智能终端的专用设备生产和出口获得了较多政府的外贸专项补助和出口信用补贴。核心领域的文化传播渠道则和东部一样，以项目专项补助为主（56.08%）。内容创作生产则是以产业专项补助为主（90.99%），这主要由于西部地区以长城动漫、印纪传媒和巨人网络为代表的网络文化内容创作企业每年都获得了高额的文化产业扶持资金。

二、区域与所有制性质政府补助内容结构交互分析

为更好了解不同区域不同所有制的网络文化企业政府补助内容结构，这里将基于区域和所有制性质合并计算 2013—2017 年政府补助数据并进行交互分析。如表 5 – 14 所示，东部地区的国有企业以技术创新补助为主（59.53%），除项目专项补助（20.81%）和产业专项补助（12.78%）外，投融资补助比重也高于剩余其他补助内容；中部的国有企业则以产业专项补助为主（52.87%），除项目专项补助（24.3%）和技术创新补助（15.48%）外，在人才和就业补助方面比重明显高于剩余其他补助内容；西部地区的国有企业则以项目专项补助（46.21%）为主，除产业专项补助（21.67%）和技术创新补助（16.7%）外，人才和就业补助、投融资补助比重明显高于其他种类的补助内容。

表 5 – 14　网络文化上市公司基于区域与所有制政府补助内容交互结构　　（%）

区域	所有制	产业专项补助	技术创新补助	项目专项补助	无形资产补助	投融资补助	人才和就业补助	涉外补助
东部	国有企业	12.78	59.53	20.81	0.20	5.78	0.49	0.40
	民营企业	11.13	81.73	4.13	0.47	0.77	0.56	1.22
	外商投资企业	9.74	58.46	8.18	3.42	8.71	3.08	8.41
中部	国有企业	52.87	15.48	24.30	0.01	1.52	4.43	1.39
	民营企业	37.04	37.44	9.76	0.53	3.19	7.70	4.34
	外商投资企业	72.03	21.72	1.62	0.07	0.00	4.56	0.00
西部	国有企业	21.67	16.70	46.21	1.05	5.04	5.51	3.83
	民营企业	72.57	14.11	8.41	0.38	1.58	0.60	2.35

对于民营网络文化企业而言，东部和中部以技术创新补助为主，分别为 81.73% 和 37.44%；西部民营网络文化企业则以产业专项补助为主（72.57%）。此外中部民营网络文化企业在投融资补助（3.19%）、人才和就业补助（7.7%）、涉外补助（4.34%）比重方面都高于东部和西部地区。对于外商投资网络文化企业而言，样本企业均分布在东部和中部地区，东部外商投资网络文化企业以技术创新补助为主（58.46%），而且投融资补助（8.71%）、涉外补助（8.41%）、无形资产补助（3.42%）、人才和就业补助（3.08%）都占有一定比重，中部则以产业专项补助为主（72.03%）。

三、所有制性质与细分行业政府补助内容结构交互分析

进一步将基于所有制性质和细分行业合并计算 2013—2017 年政府补助数据并进行交互分析，以了解不同所有制性质各细分行业政府补助内容结构特征。分析表 5 – 15 可知，国有网络文化上市公司涉及 6 个行业大类，民营则涉及 7 个大类，外商投资则只涉及 4 个大类。国有和民营网络文化企业在相关领域（07—09 大类）都是以技术创新补助占据绝对优势，而外商投资企业的文化消费终端生产大类与国有和民营性质的网络文化产业保持一致，但文化装备生产大类则以产业专项补助为主（62.09%），技术创新补助为第二（29.55%）。在网络文化核心领域（01—06 大类），国有和民营网络文化企业都是以产业专项补助为主，而外商投资则是技术创新补助为主。而针对创意设计服务大类，无论是国有性质还是民营性质，都获得了较多的人才和就业补助。

表 5 – 15　网络文化上市公司基于所有制与细分行业政府补助内容交互结构　（%）

所有制	行业大类	产业专项补助	技术创新补助	项目专项补助	无形资产补助	投融资补助	人才和就业补助	涉外补助
国有企业	01 新闻信息服务	61.81	16.75	17.19	1.15	0.73	1.23	1.14
	02 内容创作生产	52.74	6.68	34.63	0.11	2.09	3.21	0.54
	03 创意设计服务	52.16	10.11	26.61	2.36	1.70	7.06	0.00
	04 文化传播渠道	22.67	6.48	69.13	0.12	0.86	0.62	0.11
	08 文化装备生产	0.32	93.78	0.22	0.03	5.31	0.17	0.17
	09 文化消费终端生产	12.59	51.05	22.24	0.43	11.76	0.72	1.21
民营企业	01 新闻信息服务	30.95	23.61	36.52	1.39	1.11	1.90	4.51
	02 内容创作生产	52.52	22.56	14.56	1.00	3.28	1.96	4.12
	03 创意设计服务	35.86	31.25	12.31	1.37	6.31	7.95	4.97
	04 文化传播渠道	63.17	11.53	21.68	0.17	1.69	0.94	0.83
	07 文化辅助生产和中介	7.37	6.29	1.60	24.78	57.46	2.49	0.00
	08 文化装备生产	15.67	68.75	4.59	2.80	1.42	2.23	4.53
	09 文化消费终端生产	1.29	97.57	0.39	0.15	0.10	0.09	0.43
外商投资企业	02 内容创作生产	14.50	29.43	8.83	0.40	25.94	3.55	17.35
	03 创意设计服务	5.17	81.50	0.00	0.00	13.33	0.00	0.00
	08 文化装备生产	62.09	29.55	2.02	0.98	0.24	4.34	0.77
	09 文化消费终端生产	17.63	52.55	20.72	0.37	0.71	3.00	5.02

注：文化辅助生产和中介服务及外资内容创作生产、创意设计服务业个案数过少，不参与分析。

本章小结

本章通过对网络文化产业上市公司获得的种类繁多的各种补助科目的梳理，一方面让大家了解到我国政府补助名目既多又杂的现状，另一方面帮助相关人士了解我国网络文化产业政府补助政策落地执行情况。通过梳理并结合其他学者的研究结果，将网络文化上市公司补助明细科目归类整理，划分为产业专项扶持类补助、技术和创新扶持类补助、项目和工程扶持类补助、无形资产扶持类补助、企业投融资扶持类补助、人才和就业扶持补助，以及涉外扶持类补助共计七种补助内容类型。当前我国网络文化上市公司获得政府补助主要以技术创新补助、产业专项补助和项目专项补助为主，其他四种内容补助形式比重较小。尤其是无形资产补助需要政府予以重视，对于网络文化产业，无论是网络文化核心领域（01—06 大类），还是相关领域（07—09 大类），基于 IP 形成的著作权、品牌、商标及专利、专有技术等无形资产是网络文化企业核心竞争力所在，政府应通过加大补助引导企业获取和保护自身无形资产，并促进无形资产的商业化和资本化。

此外，进一步发现我国网络文化产业补助内容结构因企业所有制性质、细分行业分布和区域分布不同而呈现不同的特征。从所有制看，总体上技术创新补助在国有、民营和外商投资三类企业中所占比重都是最高的，尤其是民营网络文化企业，技术创新补助比重超过 90%；此外，国有企业在项目专项补助和投融资补助方面的补助比例也高于其他两类企业；外商投资企业则在涉外补助、投融资补助和产业专项补助方面占据一定比例。从细分行业看，网络文化产业核心领域的新闻信息服务、内容创作生产、创意设计服务和文化传播渠道以产业专项和项目专项补助为主，技术创新补助紧随其后；而在网络文化产业相关领域的文化装备生产和文化消费终端生产行业大类则技术创新补助内容占据绝对优势。从地区看，东部地区网络文化上市公司获得补助中，技术创新补助比例超过 70%；中部和西部地区的补助内容结构相似，以产业专项补助为主；此外，中西部网络文化产业上市公司在人才和就业补助、涉外补助方面占比要比东部企业要高。最后还对所有制、细分行业和区域两两之间进行了交互分析，更为深入剖析政府补助的内容结构特征。

第六章　中国网络文化产业
政府补助有效性验证

网络文化产业是文化与科技融合的产物，既具有文化属性和意识形态属性，也具有经济属性，是技术创新和应用的试验田。中国的网络文化产业是在文化体制改革不断深化的过程中孕育发展的，经历了经济体制从计划到市场，经营主体由事业单位到企业，企业资产由有形为主到无形为主的发展过程，目前既包括向网络化转型的传统文化产业形态，又包括不断涌现的新兴网络文化业态。在整个中国网络文化产业发展过程中，政府出台了系列财政、税收、金融等方面的优惠政策予以扶持，这些政策中提供的各项政府资源在企业会计报表上体现为政府补助。我国网络文化产业有关补助的政策经历了从无到有，最终形成了包含专项基金、税收减免、贴息、奖励等多种补助手段的丰富的政策集合，但也存在"政出多门"、政策缺乏系统性和连续性、结构不合理、政策滞后实践等问题，政策的效果有待验证。对政策效果的评估有助于政府调整优化政策进而确保政策发挥最佳作用（Lee & Yoon，2013），因而有必要通过研究政府补助对网络文化企业的作用来评估政府补助政策是否有效。

进一步研究有关政府补助政策落实到企业的情况，通过对我国网络文化产业上市公司政府补助特征和内容结构的分析可知，政府补助对于网络文化上市公司而言已成为普惠政策（获得补助的网络文化样本企业占全样本企业95%以上），且因政府制定政策的动机和目的不同，我国网络文化产业的补助项目杂乱繁多，从明细科目看，涉及产业专项补助、技术创新补助、项目专项补助、无形资产补助、投融资补助、人才和就业补助、涉外补助等内容。同时考虑到我国网络文化产业具有多重属性，既有作为战略新兴产业肩负促进经济发展的使命，也有承担丰富人民精神生活促进文化传承的责任，还有担负解决部分社会问题的内在要求；且作为与技术紧密关联的产业，也承担着技术创新与应用的重担。以上要求我们通过考察政府补助对网络文化企业的作用来验证补助的有效性时，必须从多维度进行综合性考察，既要考察补助对网络文化企业财务绩效和市场价值的影响，还要考虑政府补助对网络文化企业创新以及社会责任（就业）方面的影响。此外，因补助目的、申请和发放程序等差异形成的不同类型的政府补助（财政拨款、政府奖励和税收优惠）对网络文化企业的影响是否存在差异；我国的网络文化产业的经营主体，一部分是由国有企事业单位转制而来，另一部分则是民营企业，企业所有制性质不同是否会影响政府补助作用的发挥；依据《文化及相关产业分类（2018）》及样本企业具体情况，我国网络文化产业可分为以提供内容服务和传播渠道为主的核心领域和提供专业设备、终端消费设备的相关领域，产业内部结构差异是否会影响政府补助的效果。这些都需进行实证检验（如图6-1所示）。

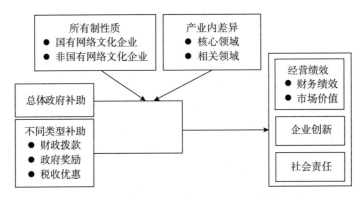

图6-1　政府补助对网络文化上市公司多维影响的实证研究设计

综上，本章主要是基于179家网络文化产业上市公司2013—2017年的非平衡面板数据，使用OLS方法实证研究政府补助与网络文化企业的经营绩效（财务绩效和市场价值）、创新和社会责任（就业）之间的关系，为我国网络文化产业政府补助的有效性提供经验证据。

第一节　理论分析与研究假设

一、政府补助与网络文化企业经营绩效

网络文化企业作为营利性经济组织，经营活动的主要目标在于获取利润，企业经营好坏首先直接体现在财务绩效上。再者网络文化产业的上市企业，作

为公众企业，其企业价值集中体现在资本市场上的价值，市场价值的高低代表着投资者对企业的认可程度。因此本研究将从财务绩效和市场价值两个角度研究政府补助对网络文化企业经营绩效的影响。

（一）政府补助与网络文化企业财务绩效

当前学术界关于政府补助对于企业财务绩效影响的研究存在不同的结论。一种观点认为如果企业将政府补助用于提高创新能力、改善公司运营流程等方面，可以提升公司的核心竞争力，从而影响公司的财务绩效，如刘靖宇等（2016）使用2007—2012年上市企业财务数据，研究发现政府补助对企业财务绩效具有显著正影响。另一种观点认为政府补助与企业财务绩效之间并不存在正向关系（魏志华等，2015），获得补助的企业并未获得更高的净资产收益率和市场回报率（Ankarhem et al.，2010），甚至获取补助越多，会计业绩表现越差（王克敏等，2015）。也有相当比例的学者研究发现因企业盈利水平和是否存在寻租行为等因素的影响，补助对企业财务绩效的影响较为复杂（Hall & Maffioli，2008）。上述研究都集中在高新技术产业、新能源产业等方面，在文化产业方面，臧志彭（2015）以主营业务收入作为企业财务绩效指标，发现补助与文化企业主营业务收入之间存在显著正向关系。杨毅等（2017）研究发现政府补助对影视类上市公司的部分财务指标产生定向性作用。

虽然国内外学者以各种产业为对象对补助与企业经营财务绩效之间的关系进行了大量的研究，但鲜有以网络文化产业为对象进行实证研究的，考虑到网络文化产业的特性，上述研究发现在该领域是否适用仍需研究。尤其是当前我国网络文化产业发展迅速，国家出台了系列扶持政策，给予网络文化及相关企业大量的补助，这些补助是否提升了企业的财务绩效尚需验证。因此笔者提出如下假设：

H1a：政府补助对网络文化上市公司的财务绩效具有正向促进作用。

Colombo et al（2011）提出获得政府补助的方式是否公平合理将会影响补助与企业经营绩效之间的关系。柳光强等（2015）以信息技术和新能源产业上市公司为对象考察发现税收优惠和财政补贴对企业的影响存在显著差异。Lee et al.（2014）和 Lim et al.（2018）结合《〈企业会计准则第16号——政府补助〉应用指南》分类标准将政府补助分类基于税收（tax based subsidies）和非税收（non‑tax based subsidies）的补助两类，并认为基于税收的补助是由既定的政策和指导原则驱动的，更加透明客观公正，而非税收补助更多依赖政府部门决策者的自由裁量权。笔者在 Lee 和 Lim 的基础上进一步将非税收补助划分为财政补款和政府奖励，因为奖励一般都是事后给予，通常具有不可持续性，且呈现出"奖励名目较多，奖励金额不高"的特征，有必要将奖励类补助从财政拨款中剥离。故本研究将中国网络文化上市公司获取的政府补助划分为财政拨款、政府奖励和税收优惠三类。不同类型的补助具有不同的政策来源、申请流程和不同目的及特征，因而研究不同类型政府补助对网络文化企业绩效影响的差异性是有意义的，故提出如下假设：

H1b：不同类型政府补助对网络文化上市公司财务绩效的影响存在差异。

无论是现有学者的研究，还是本书基于企业所有制性质和细分行业的政府补助特征的统计分析和单因素方差分析，发现所有制和行业因素都是影响企业获取政府补助的重要因素。且相关研究发现在信息技术、新能源等产业，补助对企业的影响受到所有制性质和产业的影响（魏志华等，2015；柳光强等，2015）。然而所有制和行业因素是否会影响网络文化企业利用补助提升财务绩效的效果则需要进一步研究。我国网络文化产业中的经营主体一部分来自于文化事业单位改制和国有文化企业改革，政策制定主体受"所有制惯性"的影响，在制定补助政策时往往会偏向该类企业。在当前强调国有企业和民营企业在资源配置和市场竞争方面应有平等地位的"竞争中性"和"所有制中立"原则的情形下，考察所有制对政府补助与网络文化上市公司财务绩效之间关系的影响十分必要。此外，依据《文化及相关产业分类（2018）》可将我国网络文化产业划分为网络文化核心领域和相关领域两大类，前者以网络文化内容创作、创意设计和信息服务传播为主，后者以网络文化设备制造为主。虽然都属于网络文化产业，但产业内部结构的差异也可能影响补助与网络文化企业财务绩效的关系。故提出如下假设：

H1c：政府补助与网络文化上市公司财务绩效的关系受到所有制差异和产业内部结构差异的影响。

（二）政府补助与网络文化企业市场价值

虽然有学者研究认为补助会不恰当地改变企业的投资决策（Van，1998），导致企业低增长（Beason & Weinstein，1996）。但大部分学者的研究都认为政府补助可以缓解市场中的信息不对称问题（Narayanan et al.，2000），为企业向外界传递积极信号，对企业市场价值有积极影响（Tzelepis & Skuras，2004）。Lee et al.（2014）不仅发现政府补助与企业价值正相关，而且进一步将政府补助分为基于税收和非税收的补助，考察了不同政府补助类型对企业价值的影响，研究发现基于税收的补助与企业价值正相关，但对通过非税收渠道获得补助的企业，则价值相关性较小。政府补助是企业财务信息的重要组成部分，对于上市公司而言，必须向社会公众披露这一信息。企业获得政府的各种补助，相当于获得政府的某种隐性信用担保，表明该企业是政府关注和扶持的对象，进而提高投资者对获助企业的投资信心和信任度，最终反映在市场价值上。当然因为信息不对称导致的逆向选择和道德风险，企业也可能骗取政府补助，从而干扰投资者的判断。因此对于网络文化上市公司，有必要验证政府补助对其市场价值的影响，同时考虑财政拨款、政府奖励和税收优惠三种不同类型补助的影响差异，以及所有制和产业内部结构是否会影响补助与企业市场价值之间的关系。故提出如下假设：

H2a：政府补助对网络文化上市公司的市场价值具有正向促进作用。

H2b：不同类型政府补助对网络文化上市公司市场价值的影响存在差异。

H2c：政府补助与网络文化上市公司市场价值的关系受到所有制差异和产业内部结构差异的影响。

二、政府补助与网络文化企业创新

关于补助与企业创新之间的研究成果已十分丰富。大部分学者研究发现补助能帮助企业获取所需资源（Chen et al., 2012），降低融资成本（Stenbacka, 1998；Gonzalez et al., 2005）和创新的边际成本以及不确定性，进而分散创新风险（Dominique, 2000；González & Pazó, 2008），最终提高企业创新效率和产出（刘继兵、王定超，2014）。但也有学者认为政府补助扭曲了企业的投资行为（肖兴志、王伊攀，2014），容易诱发企业的创新惰性（Garcia & Mohnen, 2010），并不能对企业的创新产生积极影响（Marcus & Howard, 2003；Fornahl et al., 2011），甚至可能带来反作用。现有研究大都以工业企业或是高新技术产业为研究对象，其结论在网络文化产业的适用性还有待探讨。网络文化产业是文化与科技融合的产物，网络文化企业在演进发展过程中不断消耗有形资产借以形成无形资产。以著作权（包含软件著作权）、专利、商标、品牌等为主的无形资产已成为网络文化企业核心竞争力的来源，也是其创新成果的集中体现，因此本研究将以无形资产作为网络文化企业创新成果的衡量指标。综上提出如下假设：

H3a：政府补助对网络文化上市公司的创新（无形资产）具有正向促进作用。

部分学者研究了不同补助类型对企业创新的影响，但主要考虑了财政补贴与税收优惠的影响差异。陈林、朱卫平（2008）发现发展中国家的出口退税和创新补贴能有效激励创新产出。Spencer & Brander（1983）研究发现创新补助与税收优惠的激励效果相同。戴晨、刘怡（2008）则认为税收优惠比财政补贴对企业创新具有更强的激励作用。郑春美、李佩（2015）研究发现补助对创新有正向影响，税收优惠不能提升创新绩效。笔者将在上述研究的基础上，进一步将财政补贴细分为财政拨款和政府奖励，考察财政拨款、政府奖励和税收优惠三种政府补助对网络文化企业创新的影响。故提出如下假设：

H3b：不同类型政府补助对网络文化上市公司创新的影响存在差异。

我国网络文化产业的主体，既有国有企事业单位，亦有充满创新活力的民营企业。国有企事业单位因体制机制和历史原因，沉淀了大量以专有权、资质、老字号、品牌为代表的无形资产。民营网络文化企业因机制灵活，创新动力强劲，也拥有了大量专利、专有技术、软件著作权等无形资产。政府补助在国有网络文化企业无形资产价值的形成和释放，以及民营网络文化企业创新活动中是否起到差异化的影响值得研究。另外网络文化产业核心领域和相关领域因侧重点不同，在无形资产倾向性方面存在差异，以内容生产为主的核心领域可能更倾向于拥有更多的著作权（含软件著作权）；而以生产相关设备为主的相关领域则可能更倾向于拥有更多的专利、专有技术等无形资产。因此产业内部结构差异是否会对政府补助与网络文化企业创新之间的关系产生影响也值得研究。故提出如下假设：

H3c：政府补助与网络文化上市公司创新的关系受到所有制差异和产业内部结构差异的影响。

企业研发费用（R&D）是无形资产形成的重要保障，而政府补助又能影响企业的研发投入。政府补助对研发费用存在激励和挤出两种效应，Dominique & Bruno（2000），宋丽颖和杨潭（2016）研究发现补助对研发投入的影响与补助强度有关，当补助在一定范围内则发挥激励作用，随着补贴强度提升，超过一定范围，则会出现挤出效应。当政府补助对企业的研发投入产生激励效应时，会刺激企业增加 R&D 投入（解维敏等，2009；Radas & Anicc，2013；王昀、孙晓华，2017），进而促进企业的创新。而另一些学者研究认为补助会刺激有关研发要素价格的提高（Wallsten，2000），从而导致企业减少自身研发投入（Lee C Y，2011），进而在一定程度上阻碍企业的创新（Busom，2000；Kaiser，2006）。网络文化产业是科技与文化融合的产物，具有高度技术关联性特征，研发投入是企业创新的重要保障，一方面政府有关创新的补助可以降低企业创新成本和负外部性，从而促进网络文化企业积极开展创新研发活动。另一方面补助能够间接或直接地促进网络文化企业增加研发投入，缓解企业研发费用的不足，研发费用的增加则为企业的创新活动提供了保障。因此政府补助除能够直接影响企业的创新外，也存在通过影响企业的研发投入间接影响企业创新的可能，故提出如下假设：

H3d：政府补助通过影响网络文化上市公司的研发投入影响其创新。

三、政府补助与网络文化企业社会责任

企业的社会责任一般体现在纳税、安排就业和公益活动等方面，基于已有文献研究，笔者选择提供就业作为网络文化企业社会责任的评价指标。现有研究发现政府通常会重点补助带来大量就业机会的项目（Wren & Waterson，1991；Harris，1991）。获得补助的企业往往会将更多的资金用于员工培训（Görg & Strobl，2006），并增加雇员（Cerqua & Pellegrini，2014）。我国有关人才和就业的补助科目繁多，既有各种专项的就业保障补助，也提供相关增加就业的奖励，还有个税返还等，政府希望借助各种补助方式促进网络文化企业保障社会就业。我国网络文化产业的重要主体之一是国有性质的企业，虽然企业数量较民营企业少，但国有资本的性质要求其必须承担更多的社会责任。民营企业占据网络文化产业的主体地位，在解决社会就业问题上起着不可替代的作用，数据显示民营企业贡献了我国80%以上的城镇劳动就业和90%的新增就业。此外以内容生产为主的网络文化核心领域和以提供相关设备为主的相关领域在提供就业保障方面是否存在差异，也有待研究。基于上述分析和本研究的研究目标，提出如下假设：

H4a：政府补助对促进网络文化上市公司增加就业有显著正向影响。

H4b：不同类型政府补助对网络文化上市公司就业的影响存在差异。

H4c：政府补助与网络文化上市公司就业的关系受到所有制差异和产业内部结构差异的影响。

第二节　研究设计

一、样本和数据来源

本研究以最新修订的《文化及相关产业分类（2018）》中有关网络文化产业的分类作为标准，对截至 2017 年年底我国全部 A 股上市公司进行筛选，最终确定 179 家样本企业，2013—2017 年 5 年共计 647 个观测值（其中 2013 年 82 家，2014 年 98 家，2015 年 127 家，2016 年 161 家，2017 年 179 家）。部分样本的某些变量值可能存在缺失的情形，因而不同模型回归时观测值会有损失和差异。本研究使用的数据中，政府补助明细科目及金额、无形资产明细科目及账面价值均从样本公司披露的 2013—2017 年❶年报中手动收集而来，年报下载于巨潮资讯网（CNINF）。其他数据均来自国泰安数据库（CSMAR），对于国泰安数据库部分缺失的数据，从招股说明书和年报中进行手动摘录补齐。

为避免极端值影响模型回归结果，笔者对所有非虚拟变量均采用 Winsorize 方法进行双尾处理，即让小于 1% 分位数和大于 99% 分位数的观测值分别等于 1% 分位数和 99% 分位数的数值。数据的处理和分析使用软件 Stata 12.0 进行。

二、变量选取和度量

（一）解释变量

本研究的解释变量包括总体政府补助（Government subsidy，记为 GS）、财政拨款（Financial allocation，记为 FGS）、政府奖励（Government reward，记为 RGS）和税收优惠（Tax incentives，记为 TGS）四个。其中总体政府补助是网络文化上市公司获得的政府补助总额，以企业年报中披露的计入当期损益的政府补助总额取自然对数来衡量❷。财政拨款（FGS）、政府奖励（RGS）和税收

---

❶　部分变量因计算增长率的需要（如无形资产增长率），需要针对这些变量收集 2012 年的数据。

❷　在新修订的《企业会计准则第 16 号——政府补助》（财会〔2017〕15 号）发布之前，无论是与资产相关还是与收益相关的政府补助都计入营业外收入当期损益。发布之后规则发生变化，与公司日常经营活动无关的政府补助计入营业外收入当期损益，与公司日常经营活动相关的，列入其他收益当期损益。这并不影响补助金额，只需在 2017 年数据收集时同时收集营业外收入和其他收益当期损益的补助金额及明细科目即可。

优惠（TGS）依据第四章（表 4 – 2）的分类原则，通过梳理收集的补助明细科目进行划分，对归入各类补助明细科目加总金额取自然对数来衡量❶。

（二）被解释变量

基于前文的假设，主要被解释变量如下：

（1）总资产净利润率（Rate of Return on Total Assets，记为 ROA）。它是企业净利润与资产平均余额的比率，是反映企业资产综合利用效果和衡量企业利用债权人和所有者权益总额取得盈利的指标。相较于主营业务收入、营业利润率和 ROE 等指标，更能反映企业整体利用资产获取收益的情况，因此选择 ROA 作为企业财务绩效的衡量指标。

（2）Tobin's Q（记为 Q）。它是公司市场价值对其资产重置成本的比率，用来衡量公司的市场价值是否被高估或低估。

（3）无形资产增长率（Intangible asset growth rate，记为 Intangible）。以著作权（包含软件著作权）、专利、专有技术、商标等为代表的无形资产是网络文化企业创新成果的集中体现。有学者将专利申请/授权数量作为创新衡量指标，但这个指标不太适合网络文化产业，该产业的主体以内容创作和传播的核心领域企业为主，以提供网络文化装备和消费终端的相关领域企业为辅，所以除专利权外，著作权（包含软件著作权）、品牌或 IP 等无形资产也是其创新成果的重要体现。再者单纯的数量指标不能体现创新成果的应用价值，因此本研究选择用网络文化企业年报中披露的无形资产账面价值期末金额（为保证该指标能够作为企业创新的衡量指标，从中剔除了土地使用权的价值）来计算年度增长率作为衡量企业创新的指标。

（4）员工增长率（Staff growth rate，记为 Staff），以上市公司年报中披露的员工总数计算年度员工人数增长率作为衡量就业的指标。

（三）其他变量

考虑本研究的目的和假设，并参考其他学者的研究，笔者将企业规模、资产负债率、资本性支出、政治关联性、董事会规模、独立董事比例、股权集中度、所有制、行业和年份作为控制变量的基础选择。此外根据研究需要，将所有制、行业和补助的交互项作为调解变量，研发费用作为中介变量（详见表 6 – 1）。

---

❶　除财政拨款、政府奖励和税收优惠外，还有部分明细科目因披露信息不详无法分类，归为其他类型，不在本章实证考虑范围内。

表 6 - 1 变量定义及说明

名称	符号	说明
总资产净利润率	ROA	企业净利润与总资产余额的比率,财务绩效衡量指标
Tobin's Q	Q	企业市场价值与其重置价值之比,市场价值衡量指标
无形资产增长率	Intangible	(当年无形资产账面价值期末余额 - 上一年期末余额)/上一年期末余额
员工增长率	Staff	(当年员工数 - 上一年员工数)/上一年员工数,社会责任衡量指标
总体政府补助	GS	政府补助总额的自然对数
财政拨款	FGS	财政拨款金额的自然对数
政府奖励	RGS	政府奖励金额的自然对数
税收优惠	TGS	税收优惠金额的自然对数
所有制	SOE	虚拟变量,国有企业赋值1,非国有企业(民营和外商投资)赋值0
行业	IND	虚拟变量,网络文化产业核心领域赋值1,相关领域赋值0
企业规模	Size	总资产的自然对数
资产负债率	Lev	总负债与总资产之比
资本性支出	CAPX	购买固定资产、无形资产和其他长期资产支出金额的自然对数
政治关联性	POLICON	虚拟变量,公司董高监有在党政军机构中任职赋值为1,否则赋值为0
董事会规模	BSIZE	董事会成员数量的自然对数
独立董事比例	INDEPT	独立董事在董事会中的比例
股权集中度	Shares	第一大股东持股比例
研发费用	RD	研发费用的自然对数

三、模型设计

(一)模型构建

1. 政府补助与网络文化企业经营绩效和社会责任

为考察总体政府补助及不同类型政府补助与网络文化企业经营绩效和就业之间的关系(即假设 H1a,H1b,H2a,H2b,H4a,H4b),建立如下模型:

$$Y_{it} = \alpha_0 + \beta_1 Subsidy_{it} + \beta_i Controlsvariables_{it} + \sum Year + \varepsilon_{it}$$

（模型 6 – 1）

为进一步考察所有制性质和网络文化产业内部细分行业结构对政府补助与企业经营绩效和就业之间关系的影响（即假设 H1c，H2c，H4c），笔者在模型 6 – 1 中加入所有制（SOE）、行业（IND）和补助的交互项，建立模型 6 – 2：

$$Y_{it} = \alpha_0 + \beta_1 Subsidy_{it} + \beta_2 Subsidy_{it} * SOE_{it} + \beta_3 Subsidy_{it} * IND_{it} +$$

$$\beta_i Controlsvariables_{it} + \sum Year + \varepsilon_{it} \qquad （模型 6 – 2）$$

模型 6 – 1 和 6 – 2 中，下标 i 代表样本个体，t 表示年份；Y_{it} 是因变量，包括代表企业财务绩效、市场价值和社会责任的 ROA、Q 和 Staff；$Subsidy_{it}$ 是自变量，包括总体补助（GS）、财政拨款（FGS）、政府奖励（RGS）和税收优惠（TGS）；$Controlsvariables_{it}$ 是其他控制变量，包括所有制、行业、企业规模、资产负债率、资本性支出、政治关联、董事会规模、独董比例、股权集中度；$\sum Year$ 表示年份固定效应，α_0 是截距项，ε_{it} 是随机误差项。

2. 政府补助和网络文化企业创新

为考察政府补助与网络文化企业创新之间的关系（即 H3a，H3b），以及考察所有制和网络文化产业内部细分行业结构是否具有调节作用（H3c），设立模型 6 – 3 和 6 – 4：

$$Intangible_{it} = \alpha_0 + \beta_1 Subsidy_{it} + \beta_2 RD + \beta_i Controlsvariables_{it} + \sum Year + \varepsilon_{it}$$

（模型 6 – 3）

$$Intangible_{it} = \alpha_0 + \beta_1 Subsidy_{it} + \beta_2 Subsidy_{it} * SOE_{it} + \beta_3 Subsidy_{it} * IND_{it} +$$

$$\beta_4 RD + \beta_i Controlsvariables_{it} + \sum Year + \varepsilon_{it} \qquad （模型 6 – 4）$$

模型 6 – 3 和 6 – 4 中的因变量是代表企业创新绩效的无形资产增长率（$Intangible_{it}$），并增加研发费用（RD）作为控制变量，其他变量含义及测算与模型 6 – 1 和 6 – 2 均相同。

为检验 RD 在政府补助与网络文化企业创新之间的作用（假设 H3d），笔者参照温忠麟等（2014）和王薇等（2018）的方法，增设如下模型：

$$Intangible_{it} = \alpha_0 + \beta_1 Subsidy_{it} + \beta_i Controlsvariables_{it} + \sum Year + \varepsilon_{it}$$

（模型 6 – 5）

$$RD_{it} = \alpha_0 + \beta_1 Subsidy_{it} + \beta_i Controlsvariables_{it} + \sum Year + \varepsilon_{it}$$

（模型 6 - 6）

$$Intangible_{it} = \alpha_0 + \beta_1 RD_{it} + \beta_i Controlsvariables_{it} + \sum Year + \varepsilon_{it}$$

（模型 6 - 7）

其中模型 6 - 5、6 - 6 和 6 - 7 中控制变量均不含 RD_{it}。上述三个模型再结合模型 6 - 3 可验证研发投入在政府补助与网络文化企业创新之间是否起中介作用。

（二）描述性统计

表 6 - 2 呈现了模型中主要变量的描述性统计特征❶。总体补助均值16.57，财政拨款均值15.89，两者均值较为接近，且观测值数量相似，说明财政拨款是政府补助的主体，政府奖励和税收优惠均值分别是 13.72 和 14.86，从观测值数量看，存在较多观测值未获得这两类补助；从标准差看，两者的波动幅度较大，表明各观测样本的差异较为明显。从无形资产增长率看，观测样本的差异巨大（标准差为 58.67），而员工变化差异度较小（标准差 0.72）。SOE 均值为 0.25，表明国有企业在网络文化产业中较民营企业少，大部分企业都存在政治关联性（POLICON 均值为 0.73）。IND 均值 0.74，说明观测样本企业大部分都属于以内容和创意为主的核心领域。另外 RD 均值15.64，标准差为 6.26，说明网络文化企业注重研发投入，观测值之间的 RD 差异较为明显。

表 6 - 2　变量的描述性统计

变量	观测值	均值	标准差	最小值	最大值
ROA	647	0.05	0.06	-0.19	0.24
Q	637	3.60	2.84	0.25	17.05
Intangible	631	9.44	58.67	-0.92	554.62
Staff	647	0.20	0.72	-0.75	5.01
GS	632	16.57	1.68	12.21	21.37
FGS	593	15.89	1.75	10.71	20.55
RGS	398	13.72	2.04	8.54	18.30

❶ 为弱化各变量值之间的量纲和消除异方差，对有关变量进行取自然对数和比值处理。

续表

变量	观测值	均值	标准差	最小值	最大值
TGS	333	14.86	2.67	7.14	21.56
SOE	647	0.25	0.43	0.00	1.00
IND	647	0.74	0.44	0.00	1.00
Size	647	22.09	1.24	19.63	26.05
Lev	647	0.34	0.19	0.04	0.82
CAPX	647	18.23	2.03	13.31	24.15
POLICON	647	0.73	0.45	0.00	1.00
BSIZE	647	2.10	0.23	1.61	2.71
INDEPT	647	0.38	0.05	0.33	0.60
Shares	647	0.31	0.15	0.07	0.77
RD	647	15.64	6.26	0.00	22.28

注：根据 Stata 处理结果整理，表中数据经过四舍五入保留两位小数。

第三节　实证结果分析

本研究采用最小二乘估计法（OLS）对模型进行回归，通过更换被解释变量或改变解释变量处理方式进行稳健性检验，采用自变量滞后期或两阶段最小二乘法（2SLS）回归进行内生性检验。模型均进行固定效应和随机效应回归，最终依据豪斯曼（Hausman）检验结果选择报告的基准模型❶。本研究采用的是 2013—2017 年 179 家样本企业的短面板数据，数据容量较序列时间数据要大，能较好控制个体差异从而弱化多重共线性问题。且相关性检验显示模型核心解释变量相关系数的绝对值均小于 0.7，不存在严重共线性问题❷；虽然个别控制变量之间的相关系数略高于 0.7 但低于 0.8，不影响模型的回归分析。

---

❶ 豪斯曼检验的 P 值小于 0.1，选择固定效应模型；P 值大于 0.1，选择随机效应模型。
❷ Lind（2002）等研究认为相关性系数的阈值为 0.7，超过 0.7 则存在多重共线性的可能。

一、政府补助与网络文化企业经营绩效

（一）政府补助与财务绩效实证分析

1. 基准回归

模型回归结果见表6-3，模型（1）-（8）的 Hausman 检验的 P 值均小于0.1，拒绝原假设，因此选择固定效应作为实证分析依据。

列（1）-（5）结果显示，总体补助和各种不同类型补助与企业 ROA 之间并无显著关联关系。表明对于网络文化企业而言，补助对其财务绩效并不存在显著的正向影响，可能原因：一是政府给予的补助可能含有附加条件，要求获得补助的企业必须实现一些社会或政治目标（如增加就业、保护环境等），在一定程度上损害了企业的盈利能力。这对于网络文化企业而言更为突出，网络文化产业具有经济、文化和意识形态多重属性，在企业实现盈利的同时，还需履行传播和传承优秀文化的责任，政府给予补助时可能要求企业承担相应的保障就业和开发优秀文化资源等方面的要求，从而弱化了企业的财务绩效。二是政府补助对于企业来说是一笔收入，一方面可能会产生管理道德风险，让管理人员变得自满，从而导致低效率和资源浪费（Lim et al.，2018）；另一方面对于部分上市公司而言，政府补助也是其进行盈余管理，实现扭亏为盈、完成业绩承诺和保壳等目的的重要手段，并非想通过有效利用补助去实质性提升企业的竞争力，进而提升业绩，即补助被用来弥补亏损，修饰账面财务数据，并没有真正帮助企业提升核心能力，从根本上改善财务绩效。如属于核心领域的粤传媒（002181）2016 年净利润为 1.9 亿元，当年度获得的政府补助高达 3.64亿元，扣除政府补助后亏损 1.74 亿元。作为老牌国有传媒企业的粤传媒，近些年也在不断向网络化和数字化转型，每年获得大量相应的政府补助。但从业绩来看，这些政府补助并未提升企业自身的造血能力，没有从根本上改善其财务绩效，反而成为其弥补巨额亏损的工具。网络文化企业往往主营业务较为集中，公司收益通常依赖于某一核心资源或产品，比如优质的 IP、一款爆款的游戏、一部受欢迎的网络剧或网络综艺就能实现网络文化上市公司的盈利目标；相反如果没有好的产品，或主推的产品和服务受到不可控因素的影响，则会导致网络文化企业盈利的悬崖式下跌。因此在网络文化企业盈利不足的年份，政府补助就成为企业用于弥补亏损粉饰报表的重要手段。此外，企业为获

取补助而采取的一些行为也会影响财务绩效，盈利水平不佳的中小网络文化企业为获得补助可能会采取负向盈余管理；而盈利水平较好的企业则倾向于通过寻租的方式去争取补助，这些行为也在一定程度上弱化了补助对企业财务绩效的正向影响（赵璨等，2015）。

上述原因影响了补助对网络文化企业财务绩效的正向作用，而且这种影响并未受到所有制性质和产业内部细分结构差异的影响，列（6）-（8）模型回归结果显示补助与所有制、补助与细分行业的交互项均未通过显著性检验。综上，假设 H1a，H1b 和 H1c 均未得到实证结果的支持。

表 6 - 3　政府补助与网络文化企业 ROA 各模型回归结果

$Y = ROA$	(1)	(2)	(3)	(4)	(5)	(6)	(7)	(8)
GS	0.00406					0.00503 *	0.00405	0.00509
	(1.72)					(1.77)	(1.03)	(1.13)
FGS		0.00136			− 0.00658			
		(0.72)			(− 1.28)			
RGS			0.000113		0.00307			
			(0.06)		(1.18)			
TGS				0.00205	0.00142			
				(1.07)	(0.63)			
GS ∗ SOE						− 0.00220		− 0.00221
						(− 0.48)		(− 0.47)
GS ∗ IND							0.000353	− 0.0000815
							(0.08)	(− 0.02)
SOE	0.0162	0.00718	0.0168	0.0103	0.00295	0.0494	0.0103	0.0497
	(0.61)	(0.27)	(0.46)	(0.39)	(0.08)	(0.58)	(0.38)	(0.57)
IND	0.0183 **	0.0145 *	0.0130	0.0304 ***	0.0337 ***	0.0167 **	0.00168	0.0112
	(2.44)	(1.87)	(1.36)	(2.94)	(2.95)	(2.18)	0.00168	(0.21)
Size	− 0.00185	− 0.00268	− 0.00613	− 0.0146	− 0.0115	− 0.00877 *	− 0.00861 *	− 0.00877 *
	(− 0.32)	(− 0.51)	(− 0.94)	(− 1.64)	(− 1.06)	(− 1.71)	(− 1.68)	(− 1.71)
Lev	− 0.140 ***	− 0.138 ***	− 0.168 ***	− 0.0976 ***	− 0.122 ***	− 0.141 ***	− 0.142 ***	− 0.141 ***
	(− 6.52)	(− 6.12)	(− 5.38)	(− 2.77)	(− 2.89)	(− 6.54)	(− 6.55)	(− 6.53)
CAPX	− 0.000287	− 0.000322	− 0.00316	0.00258	− 0.00217	0.000117	0.000151	0.000114
	(− 0.13)	(− 0.14)	(− 1.00)	(0.79)	(− 0.49)	(0.05)	(0.07)	(0.05)

Y = ROA	(1)	(2)	(3)	(4)	(5)	(6)	(7)	(8)
POLICON	0.00747	0.0145 ***	0.0162 **	0.0122	0.0175 *	0.0120 **	0.0120 **	0.0120 **
	(1.42)	(2.84)	(2.21)	(1.58)	(1.73)	(2.43)	(2.43)	(2.43)
BSIZE	0.0218	0.0236	0.0372	−0.00416	−0.00500	0.0278	0.0292	0.0278
	(0.88)	(0.93)	(1.11)	(−0.12)	(−0.12)	(1.11)	(1.17)	(1.10)
INDEPT	0.107	0.113	0.168	0.0492	0.0633	0.110	0.115 *	0.110
	(1.57)	(1.61)	(1.63)	(0.53)	(0.48)	(1.59)	(1.67)	(1.58)
Shares	0.0704	0.110 **	0.0945	0.104	0.245 **	0.101 *	0.0997 *	0.101 *
	(1.32)	(2.08)	(1.22)	(1.30)	(2.03)	(1.92)	(1.90)	(1.92)
Year	−0.00476 **	−0.00657 ***	−0.00233	0.000342	0.00640	−0.00657 ***	−0.00233	0.000342
	(−2.43)	(−3.10)	(−0.72)	(0.10)	(1.28)	(−3.10)	(−0.72)	(0.10)
常数项	9.559 **	0.00179	0.117	0.281	0.337	0.0636	0.0674	0.0638
	(2.45)	(0.01)	(0.68)	(1.23)	(1.25)	(0.48)	(0.51)	(0.48)
R^2	0.168	0.147	0.207	0.115	0.277	0.157	0.157	0.157
F	8.950	7.755	6.903	2.844	3.617	8.277	8.251	7.508
N	632	593	398	333	215	632	632	632
Hausman 检验 P 值	0.0000 固定效应	0.0000 固定效应	0.0002 固定效应	0.0746 固定效应	0.0014 固定效应	0.0000 固定效应	0.0000 固定效应	0.0000 固定效应

注：t statistics in parentheses; $^* p < 0.10$, $^{**} p < 0.05$, $^{***} p < 0.01$.

2. 稳健性检验

稳健性检验的方法有多种，如更改模型设定、增加变量、分组回归、更换被解释变量和改变变量处理方式等。这里选择更换被解释变量 ROA，用不同计算方式得到的 ROA1 替换基准模型中的 ROA。基准模型中 ROA = 净利润/总资产余额；ROA1 =净利润/总资产平均余额❶；重复上述模型以检验结果稳定性。结果如表6-4所示，与基准模型回归结果基本一致，无论是总体补助还是不同细分类型补助与 ROA1 之间均未显现显著性关联；补助与所有制、细分行业交互项也未通过显著性检验。基准回归主要结论未发生实质性变化。

---

❶ 总资产平均余额 =（资产合计期末余额 + 资产合计期初余额)/2

表 6 − 4　改变被解释变量的稳健性检验结果❶

Y = ROA1	(1)	(2)	(3)	(4)	(5)	(6)	(7)	(8)
GS	0.00240					0.00199	0.00343	0.00298
	(1.14)					(0.79)	(0.99)	(0.75)
FGS		− 0.000216			− 0.00603			
		(− 0.13)			(− 1.62)			
RGS			− 0.000590		0.00175			
			(− 0.35)		(0.93)			
TGS				0.00120	0.000909			
				(0.89)	(0.55)			
GS * SOE						0.00121		0.000952
						(0.30)		(0.23)
GS * IND							− 0.00154	− 0.00135
							(− 0.37)	(− 0.32)
Control variables	Yes	Yes	Yes	Yes	Yes	Yes	Yes	Yes
IND	Yes	Yes	Yes	Yes	Yes	Yes	Yes	Yes
Year	Yes	Yes	Yes	Yes	Yes	Yes	Yes	Yes
常数项	5.614	7.073 **	8.193	− 5.611	− 13.75 *	5.624	5.638	5.643
	(1.61)	(1.97)	(1.43)	(− 1.25)	(− 1.96)	(1.61)	(1.61)	(1.61)
R^2	0.121	0.104	0.159	0.127	0.312	0.122	0.122	0.122
F	6.126	4.686	4.477	2.856	3.884	5.565	5.571	5.100
N	632	593	398	333	215	632	632	632
Hausman 检验 P 值	0.0000 固定效应	0.0000 固定效应	0.0018 固定效应	0.0463 固定效应	0.0018 固定效应	0.0000 固定效应	0.0000 固定效应	0.0000 固定效应

注：t statistics in parentheses；$^*p < 0.10$，$^{**}p < 0.05$，$^{***}p < 0.01$.

3. 内生性检验

考虑到政府补助与企业经营绩效之间可能存在互为因果关系，从而产生内生性问题。解决内生性问题一般考虑选择工具变量或是引入解释变量滞后期，这里选择用政府补助滞后一期 L. GS 进行回归检验。结果如表 6 − 5 所示，除模

---

❶　为节省篇幅，全文所有稳健性和内生性检验表格中均未报告控制变量详细数据，如有需要可提供。

型（4）Hausman 检验 P 值大于 0.1，采用随机效应结果外，其他模型 Hausman 检验 P 值均小于 0.1，使用固定效应回归结果。可知滞后一期的总体补助与各不同细分类型补助与 ROA 之间也未显现显著性关联；滞后一期补助与所有制、细分行业交互项也不显著，表明所有制和细分行业未对滞后一期补助与网络文化企业 ROA 之前的关系起到调节作用。

表 6-5　内生性检验（滞后期）回归结果

$Y = ROA$	(1)	(2)	(3)	(4)	(5)	(6)	(7)	(8)
$L. GS$	0.000570					0.000885	0.000773	0.00120
	(0.19)					(0.23)	(0.14)	(0.19)
$L. FGS$		0.000995			-0.000185			
		(0.37)			(-0.03)			
$L. RGS$			-0.000316		-0.00200			
			(-0.13)		(-0.68)			
$L. TGS$				-0.000108	-0.00345			
				(-0.07)	(-1.27)			
$L. GS * SOE$						-0.000778		-0.000832
						(-0.13)		(-0.14)
$L. GS * IND$							-0.000277	-0.000404
							(-0.04)	(-0.06)
Control variables	Yes	Yes	Yes	Yes	Yes	Yes	Yes	Yes
IND	Yes	Yes	Yes	Yes	Yes	Yes	Yes	Yes
Year	Yes	Yes	Yes	Yes	Yes	Yes	Yes	Yes
常数项	16.62***	17.20***	21.35**	10.37*	7.555	16.58***	16.63***	16.59***
	(3.05)	(3.07)	(2.52)	(1.89)	(0.69)	(3.03)	(3.04)	(3.03)
R^2	0.151	0.155	0.194	0.0913	0.271	0.151	0.151	0.151
F	5.087	4.977	4.132	38.20	2.198	4.610	4.609	4.212
N	458	440	292	247	158	458	458	458
Hausman 检验 P 值	0.0000 固定效应	0.0007 固定效应	0.0012 固定效应	0.8385 随机效应	0.0901 固定效应	0.0001 固定效应	0.0001 固定效应	0.0002 固定效应

注：t statistics in parentheses；$*p<0.10$，$**p<0.05$，$***p<0.01$.

（二）政府补助与市场价值实证分析

1. 基准回归

如表 6 - 6 所示，模型（1）-（8）的 Hausman 检验的 P 值均小于 0.1，拒绝原假设，因此选择固定效应作为实证分析依据。列（1）是总体补助与网络文化上市公司市场价值之间的回归结果，总体补助回归系数在 5% 水平下显著为正，说明总体补助和网络文化上市公司市场价值之间存在显著正向关系，表明网络文化企业获得补助对投资者而言是一种利好消息，可以提高投资者对企业的投资信心，假设 H2a 得以验证。

列（2）-（5）显示了不同类型补助与网络文化企业市场价值之间的关系，可以看出财政拨款和税收优惠都在 5% 显著水平下系数为正，说明这两种补助与网络文化企业市场价值之间都存在显著关联性，并未因为财政拨款具有更大自主性而税收优惠更加客观公正而存在显著不同。由第四章分析可知，财政拨款是网络文化上市公司补助的主体，各种明细科目占比 70% 以上，金额占比 40% ~ 50%；税收优惠虽补助的科目不多，但金额占比在 30% 左右，仅次于财政拨款。因而在投资者眼中，这两种补助都代表政府对网络文化企业的认可，从而向社会公众传达了一种积极信号。政府奖励的系数为负，但并不显著，表明政府奖励和网络文化上市公司市场价值之间并无显著关联。原因可能是：一方面虽然政府奖励的明细科目众多，各种奖励名目层出不穷，但补助金额并不多（占比 3% ~ 5%）；另一方面很多奖励对于网络文化企业而言是"锦上添花"而非"雪中送炭"，更多的是政府借奖励名目树立典型引导实现政府部门的特定目标，因而并未得到投资市场广泛的认可或市场已对企业获取奖励的原因进行了响应，所以奖励补助未能影响企业的市场价值。比如知识产权奖励，市场已经对企业获得知识产权这一积极信号给予了正面的回应，当企业因此知识产权获得政府奖励时，这种积极信号已经减弱甚至消失。

列（6）-（8）加入了补助与所有制、细分行业的交互项，以验证补助与网络文化上市公司市场价值之间关系是否受所有制和细分行业因素的影响。结果显示两个交互项系数为负，但均不显著。表明对于网络文化产业而言，政府补助为受助企业带来的积极信号作用，不因企业是国有还是民营，是属于以内容创作为主的核心领域还是提供专用设备或网络文化消费终端的相关领域而产生差异。

从控制变量看，企业规模与资产负债率始终与 Q 值呈现显著负相关关系，说明规模越小、负债率越低的企业，政府补助越能提升其市场价值。政府补助对于企业来说是一笔收入，而大部分网络文化企业都是中小规模企业，融资较为困难，因而获得补助相较于规模较大、融资顺畅的企业而言，更能凸显补助的积极信号价值，引起投资者关注。

表6-6　政府补助与网络文化企业市场价值各模型回归结果

$Y = Q$	(1)	(2)	(3)	(4)	(5)	(6)	(7)	(8)
GS	0.264 **					0.357 **	0.372 *	0.529 **
	(2.21)					(2.49)	(1.85)	(2.27)
FGS		0.202 **			0.193 **			
		(2.10)			(0.83)			
RGS			-0.106		-0.0202			
			(-1.19)		(-0.17)			
TGS				0.105 **	0.166 **			
				(1.17)	(1.62)			
GS * SOE						-0.269		-0.316
						(-1.17)		(-1.34)
GS * IND							-0.157	-0.227
							(-0.66)	(-0.93)
SOE	1.536	1.439	2.854	0.883	0.256	6.282	1.669	7.309 *
	(1.15)	(1.08)	(1.59)	(0.70)	(0.14)	(1.47)	(1.24)	(1.65)
IND	0.841 ***	0.750 **	0.717 **	0.814 **	0.800	0.807 ***	1.732	1.887
	(3.03)	(2.49)	(1.99)	(2.03)	(1.62)	(2.88)	(0.78)	(0.85)
Size	-2.264 ***	-2.107 ***	-1.146 ***	-2.572 ***	-2.035 ***	-2.285 ***	-2.270 ***	-2.298 ***
	(-7.68)	(-6.77)	(-3.09)	(-4.77)	(-3.15)	(-7.74)	(-7.69)	(-7.77)
Lev	-2.198 **	-2.914 **	-2.581 *	-3.530 **	-3.514 *	-2.184 **	-2.184 **	-2.161 **
	(-2.03)	(-2.55)	(-1.73)	(-2.14)	(-1.85)	(-2.01)	(-2.01)	(-1.99)
CAPX	0.132	0.102	0.0404	0.153	0.0436	0.129	0.129	0.125
	(1.22)	(0.89)	(0.26)	(0.98)	(0.22)	(1.19)	(1.19)	(1.15)
POLICON	0.799 ***	0.666 **	0.608	0.0190	0.0180	0.796 ***	0.804 ***	0.803 ***
	(3.01)	(2.41)	(1.58)	(0.05)	(0.04)	(3.00)	(3.02)	(3.02)

Y = Q	（1）	（2）	（3）	（4）	（5）	（6）	（7）	（8）
BSIZE	－1.365	－1.239	－1.974	－2.408	－0.319	－1.516	－1.434	－1.641
	（－1.09）	（－0.95）	（－1.22）	（－1.49）	（－0.17）	（－1.20）	（－1.14）	（－1.29）
INDEPT	－0.0233	2.196	－6.484	0.0947	－1.568	－0.540	－0.152	－0.815
	（－0.01）	（0.61）	（－1.32）	（0.02）	（－0.26）	（－0.16）	（－0.04）	（－0.24）
Shares	－1.196	－0.906	－0.431	2.461	10.91 *	－1.016	－1.363	－1.224
	（－0.43）	（－0.32）	（－0.11）	（0.65）	（1.93）	（－0.36）	（－0.49）	（－0.44）
Year	0.0745	0.0692	－0.141	0.132	0.0236	0.0751	0.0736	0.0740
	（0.75）	（0.65）	（－0.93）	（0.87）	（0.11）	（0.76）	（0.74）	（0.75）
常数项	－100.3	－92.25	320.4	－203.5	－5.717	－102.2	－97.98	－99.21
	（－0.51）	（－0.43）	（1.06）	（－0.68）	（－0.01）	（－0.52）	（－0.50）	（－0.50）
R^2	0.253	0.232	0.214	0.244	0.307	0.255	0.254	0.257
F	14.70	11.99	6.27	6.32	3.80	13.49	13.38	12.44
N	622	583	389	331	213	622	622	622
Hausman 检验 P 值	0.0000 固定效应	0.0002 固定效应	0.0141 固定效应	0.0493 固定效应	0.0895 固定效应	0.0000 固定效应	0.0000 固定效应	0.0000 固定效应

注：t statistics in parentheses；$^*\, p < 0.10$，$^{**}\, p < 0.05$，$^{***}\, p < 0.01$。

2. 稳健性检验

为确保结果稳健可靠，笔者采用不同方法计算的托宾 Q 值替代被解释变量的托宾 Q 值。基准模型中托宾 Q = 总市值/总资产，笔者选择国泰安数据库（SCMAR）中另一种计算方式得出的托宾 Q，记为 $Q1$ = 总市值/（总资产 － 无形资产净额 － 商誉净额），重复模型回归以检验结果稳定性。结果见表 6 - 7，总体补助与网络文化上市公司市场价值系数在 1% 水平下显著为正。财政拨款和税收优惠也与基准回归结果一致，与网络文化企业市场价值显著正相关，政府奖励则未呈现显著关联关系。此外（6）-（8）结果显示补助与所有制、细分行业的交互项也均不显著。稳健性检验结果表明基准回归主要结论未发生实质性变化。

表 6 – 7 改变被解释变量的稳健性检验结果

Y = Q1	(1)	(2)	(3)	(4)	(5)	(6)	(7)	(8)
GS	0.565 ***					0.786 ***	0.500 **	0.823 **
	(2.96)					(3.44)	(1.56)	(2.22)
FGS		0.339 **			0.121 **			
		(2.21)			(1.32)			
RGS			– 0.0931		– 0.0354			
			(– 0.66)		(– 0.19)			
TGS				0.0853 **	0.0558 **			
				(0.36)	(0.34)			
GS * SOE						– 0.641		– 0.651
						(– 1.75)		(– 1.73)
GS * IND							– 0.0949	– 0.0482
							(– 0.25)	(– 0.12)
Control variables	Yes	Yes	Yes	Yes	Yes	Yes	Yes	Yes
IND	Yes	Yes	Yes	Yes	Yes	Yes	Yes	Yes
Year	Yes	Yes	Yes	Yes	Yes	Yes	Yes	Yes
常数项	410.3	377.3	901.5 *	412.9	594.2	405.8	409.0	406.4
	(1.30)	(1.12)	(1.89)	(0.88)	(0.84)	(1.29)	(1.30)	(1.29)
R^2	0.161	0.149	0.129	0.156	0.224	0.166	0.161	0.166
F	8.301	6.972	3.431	3.611	2.471	7.860	7.536	7.190
N	622	583	389	331	213	622	622	622
Hausman 检验 P 值	0.0000 固定效应	0.0477 固定效应	0.0441 固定效应	0.0257 固定效应	0.0512 固定效应	0.0000 固定效应	0.0000 固定效应	0.0000 固定效应

注: t statistics in parentheses; $^*p < 0.10$, $^{**}p < 0.05$, $^{***}p < 0.01$.

3. 内生性问题

为解决内生性问题,笔者借鉴 Lim et al. (2018) 等学者的研究采用 MED_GS 作为工具变量,使用两阶段最小二乘 (2SLS) 估计,重复上述模型。MED_GS 是一个网络文化企业所在省(市)一个财政年度的行业补助中值。如果一个地区的行业补助水平较高,说明该行业和地区内的企业获得的补助可能更高。然而该地区整个行业的补助水平不太可能对企业层面经营绩效的横向变化产生影响,因此可以认为 MED_GS 是一个有效工具变量。结果如表 6 – 8 所示,在第二阶段回归中,总体补助与市场价值在 1% 水平下存在显著正向关系;财政拨款和税收优惠分别在1%和5%水平下与市场价值显著正相关，政府奖励虽然系数由负变正，但依然不显著，结果与表6－6基本一致。第一阶段回归中，*MED_GS*与政府补助显著正相关，且Kleibergen－Paap Wald F统计值从132.22到249.324，在1%的水平上具有统计学意义，表明模型不受弱工具变量问题的影响。

表6－8　内生性检验（2SLS）回归结果

	1st Stage GS	2nd Stage Q	1st Stage FGS	2nd Stage Q	1st Stage RGS	2nd Stage Q	1st Stage RGS	2nd Stage Q
GS		0.739 *** (4.20)						
FGS				0.597 *** (4.36)				
RGS						0.207 (1.53)		
TGS								0.211 ** (2.52)
MED_GS	0.580 *** (11.50)		0.662 *** (13.12)		0.775 *** (13.00)		0.791 *** (15.79)	
Control variables	Yes	Yes	Yes	Yes	Yes	Yes	Yes	Yes
IND	Yes	Yes	Yes	Yes	Yes	Yes	Yes	Yes
YEAR	Yes	Yes	Yes	Yes	Yes	Yes	Yes	Yes
常数项	69.140 (0.91)	257.1 * (1.87)	75.991 (0.90)	230.1 (1.63)	220.9 * (1.66)	472.6 *** (2.72)	255.1 (1.35)	335.8 * (1.82)
R^2		0.303		0.292		0.347		0.338
F		25.24		23.99		14.93		17.23
N		622		583		389		331
Underidentification test: Kleibergen－Paap rk LM statistic（P－value）		66.395 (0.000)		86.609 (0.000)		70.836 (0.000)		37.454 (0.000)
Weak identification test: Kleibergen－Paap rk Wald F statistic（P－value）		132.220 (0.000)		172.209 (0.000)		169.000 (0.000)		249.324 (0.000)

注：*t* statistics in parentheses；* $p < 0.10$，** $p < 0.05$，*** $p < 0.01$.

*MED_GS*分别对应总体补助、财政拨款、政府奖励和税收优惠各自的工具变量，为方便在表中统一用*MED_GS*表示。

二、政府补助与网络文化企业创新

(一) 基准回归

1. 总体补助和不同类型补助的影响回归

如表 6 – 9 所示,模型 (1) – (5) 的 Hausman 检验的 P 值均小于 0.1,拒绝原假设,因此选择固定效应作为实证依据并报告。列 (1) 是总体补助与企业创新之间的回归结果,总体补助回归系数在 1% 水平下显著为正,这说明总体补助对网络文化企业创新具有显著正向作用,假设 H3a 得以验证。网络文化产业是文化与科技融合的产业,创新是网络文化产业持续发展的动力,政府补助一方面可以帮助企业筹集创新活动所需要的资金,引进创新人才,降低创新边际成本;另一方面还能向社会传递积极的认证信息,从而吸引社会资本的投资,进而分散创新的风险。此外,从网络文化企业获取的补助明细科目看,有大量补助直接用于支持企业的科技研发项目、创新平台建设、无形资产的创造和转化以及高新人才的引进。

从列 (2) – (5) 可以看出,不同类型的补助对网络文化企业创新的影响存在差异,补助对企业创新的正向影响主要来自于财政拨款 (FGS),列 (2)显示财政拨款回归系数在 1% 水平下显著为正,这和财政拨款是政府补助的主体有关,其补助金额占总体补助的 40% ~ 50%。2013—2017 年网络文化上市公司共获得财政拨款补助 2465168.89 万元,其中技术创新类补助金额为986262.08 万元,占比 40.01%,远高于其他内容的补助。列 (3) 结果显示政府奖励 (RGS) 对网络文化企业创新有负向影响,其回归系数在 5% 水平下显著为负,原因可能是部分网络文化企业为获取政府给予创新的奖励而创造了一些低价值或无价值的创新成果,以此让自身符合获取奖励的条件。在我国上市企业中的确存在一些领取高额补助却拥有极低无形资产的问题企业 (赵志耘等,2017)。列 (4) 结果表明税收优惠与网络文化企业创新之间无显著性关联,这可能是税收优惠申请条件较为客观,且一般都针对特定的行业和主体,如双软企业、动漫企业等;从税收优惠中用于支持技术创新类内容的补助明细科目看,90% 以上都是软件增值税退税,且集中在少数的网络文化设备企业、数字内容服务企业,即用于直接支持创新的税收优惠,只由少部分特定的网络文化企业获得。而大部分税收优惠都是一般意义上的增值税退税、营改增补贴等，这只能在一定程度上减轻网络文化企业的税费负担。因而对于整体网络文化企业而言，税收优惠与企业创新之间未显现显著关联。因此对假设 H3b 而言，财政拨款对网络文化企业创新具有显著正向影响，政府奖励有显著负向影响，税收优惠则无显著关联。

从控制变量看，企业规模、研发投入和资本性支出与网络文化企业创新显著正相关，表明企业规模越大，研发投入和用于购买固定/无形资产和其他长期资产的支出越多，越有利于企业的创新活动。政治关联性和股权集中度与网络文化企业创新显著负相关，表明高管在政府部门任职以及股权过度集中在一定程度上会阻碍网络文化企业的创新。网络文化产业是一个新兴产业，政府对其态度以规制和扶持并举，但更注重风险的管控，政治关联性较强企业可能更注重政府意愿，在创新的同时更加考虑业务的规范性，从而在创新方面不如政治关联度低的企业。创新具有风险，股权越集中，则大股东承担更大比例的风险，因此股权集中度对于网络文化企业而言可能会存在负向关系。

表 6-9 总体和不同类型补助与创新回归结果

$Y = Intangible$	(1)	(2)	(3)	(4)	(5)
GS	0.234 *** (3.74)				
FGS		0.169 *** (3.42)			0.441 *** (3.10)
RGS			-0.043 ** (-0.79)		-0.031 ** (-0.62)
TGS				0.0820 (1.39)	0.0336 (0.69)
RD	0.0325 ** (2.08)	0.0325 ** (2.08)	0.0399 * (1.82)	0.0255 (1.06)	0.0405 * (1.86)
SOE	-0.172 (-0.24)	-0.259 (-0.37)	1.768 * (1.93)	-0.367 (-0.45)	0.599 (0.56)
IND	0.494 (1.80)	0.437 (1.57)	0.459 (1.40)	0.399 (1.17)	0.126 (0.31)
Size	1.050 *** (7.05)	1.029 *** (6.69)	1.142 *** (6.47)	1.363 *** (4.08)	1.539 *** (4.43)

Y = Intangible	(1)	(2)	(3)	(4)	(5)
Lev	1.355 **	0.994	1.622 **	1.366	1.452
	(2.28)	(1.63)	(2.04)	(1.22)	(1.14)
CAPX	0.269 ***	0.330 ***	0.335 ***	0.318 ***	0.263 **
	(4.61)	(5.64)	(4.36)	(3.42)	(2.14)
POLICON	−0.299 **	−0.325 **	−0.320 *	−0.583 **	−0.404
	(−2.26)	(−2.44)	(−1.77)	(−2.57)	(−1.40)
BSIZE	−1.503 **	−1.833 ***	−1.154	−1.838 *	−1.483
	(−2.21)	(−2.67)	(−1.35)	(−1.70)	(−1.24)
INDEPT	−1.336	−1.993	0.526	−4.366	−1.520
	(−0.71)	(−1.05)	(0.20)	(−1.51)	(−0.40)
Shares	−6.099 ***	−5.790 ***	−5.006 ***	−7.162 ***	−1.865 *
	(−4.93)	(−4.75)	(−2.90)	(−3.30)	(−1.82)
Year	0.017	0.004	0.010	0.023	0.032
	(0.33)	(0.07)	(0.13)	(0.24)	(0.26)
常数项	12.97 ***	14.05 ***	13.36 ***	17.48 ***	8.314
	(5.34)	(5.98)	(4.55)	(4.52)	(1.62)
R^2	0.235	0.240	0.196	0.214	0.219
F	14.73	13.78	6.298	5.884	2.630
N	618	579	389	330	213
Hausman 检验 P 值	0.0077	0.0130	0.0709	0.0366	0.0418
	固定效应	固定效应	固定效应	固定效应	固定效应

注：t statistics in parentheses；* $p<0.10$，** $p<0.05$，*** $p<0.01$.

2. 所有制和产业内部结构的调节作用回归

为进一步考察所有制和网络文化产业内部结构是否影响补助与网络文化企业创新之间的关系，加入交互项 GS * SOE 和 GS * IND。回归结果见表 6 - 10，模型（1）-（3）的 Hausman 检验的 P 值均小于 0.1，拒绝原假设，因此选择固定效应作为实证依据。

在加入交互项之后，总体补助与网络文化企业创新之间的显著正向关系依然存在，在 1% 水平下列模型（1）-（3）的回归系数仍然显著为正。列（1）和列（3）的结果显示补助与所有制交互项回归系数为负，但并不显著，这说明国有网络文化企业和非国有网络文化企业在利用政府补助促进企业创新方面并无明显差异，即所有制性质并不是影响补助与网络文化企业创新之间关系的重要因素。国有网络文化企业在获取补助上相较于非国有企业具有优势（前者补助金额均值是后者的2倍左右），然而在利用补助促进创新方面二者却无差异，说明前者并未将获取补助的优势有效转化到激励创新方面。原因可能和网络文化产业的技术高度关联性特征有关，文化与技术融合不仅模糊了产业边界，还抹平了创新的所有制差异，我国网络文化产业以中小民营企业为主，市场化程度较高，面对激烈的市场竞争，国有网络文化企业不得不进行转型升级，加大技术研发和创新力度，因而无论是国有还是民营网络文化企业都在积极向网络化和数字化方向发展，都高度重视创新，由第五章数据分析可知（详见表5-9），国有网络文化企业获得补助中属于技术创新补助的比重在40%~60%之间，远高出用于其他内容补助的比例，民营网络文化企业这一比例更高，在75%以上，在这种情形下政府补助对创新的影响并未因企业所有制性质不同而产生差异。

列（2）和列（3）的结果显示补助与网络文化细分产业交互项回归系数分别在5%和1%水平下显著为负，表明网络文化产业内部结构差异能显著影响补助对网络文化企业创新之间的关系，即以生产网络文化设备为主的相关领域相较于以网络内容生产为主的核心领域而言，补助对企业创新的影响更加显著。因为在相关领域，创新的主要成果为专利、专有技术等技术类无形资产；而在核心领域，创新主要成果主要为著作权、品牌、资质等无形资产，前者的价值相较于后者更容易评估，且交易市场较为活跃和成熟，因此创新成果的价值更容易体现和被认可。此外核心领域企业获得补助金额相对较少，网络文化产业的主体是以内容生产为主的核心领域企业，样本企业中有132家，占比73.74%，五年的补助金额仅占总额的28.38%，获得补助金额远低于相关领域企业，因此政府应考虑适当增加对网络核心领域企业的补助。因此对假设H3c而言，所有制差异对补助与网络文化上市公司创新的关系并无影响，网络文化产业内部结构差异则呈现显著负向影响。

表6-10　所有制和细分行业对补助与创新关系的调节作用回归结果

$Y = Intangible$	（1）	（2）	（3）
GS	0.250 ***	0.447 ***	0.509 ***
	(3.33)	(4.26)	(4.18)

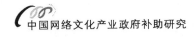

续表

$Y = Intangible$	(1)	(2)	(3)
GS * SOE	- 0. 0501		- 0. 132
	(- 0. 39)		(- 1. 00)
GS * IND		- 0. 322 **	- 0. 353 ***
		(- 2. 52)	(- 2. 69)
SOE	0. 712	0. 100	2. 452
	(0. 30)	(0. 14)	(1. 00)
IND	0. 484 *	3. 783 **	4. 023 **
	(1. 76)	(2. 27)	(2. 38)
RD	0. 0339 **	0. 0374 **	0. 0415 **
	(2. 11)	(2. 39)	(2. 56)
Size	1. 056 ***	1. 041 ***	1. 040 ***
	(7. 06)	(7. 02)	(6. 98)
Lev	1. 356 **	1. 381 **	1. 385 **
	(2. 28)	(2. 34)	(2. 34)
CAPX	0. 267 ***	0. 260 ***	0. 256 ***
	(4. 58)	(4. 49)	(4. 41)
POLICON	- 0. 299 **	- 0. 280 **	- 0. 276 **
	(- 2. 25)	(- 2. 13)	(- 2. 09)
BSIZE	- 1. 524 **	- 1. 608 **	- 1. 672 **
	(- 2. 23)	(- 2. 38)	(- 2. 46)
INDEPT	- 1. 436	- 1. 602	- 1. 888
	(- 0. 76)	(- 0. 86)	(- 1. 00)
Shares	- 6. 033 ***	- 6. 336 ***	- 6. 183 ***
	(- 4. 82)	(- 5. 14)	(- 4. 97)
Year	0. 018	0. 013	0. 013
	(0. 35)	(0. 25)	(0. 24)
常数项	12. 76 ***	13. 72 ***	13. 24 ***
	(5. 12)	(5. 64)	(5. 34)
R^2	0. 235	0. 246	0. 248
F	13. 24	14. 06	12. 87
N	618	618	618
Hausman 检验 P 值	0. 0005	0. 0001	0. 0003
	固定效应	固定效应	固定效应

注: t statistics in parentheses; * $p < 0.10$, ** $p < 0.05$, *** $p < 0.01$.

3. 企业研发投入的中介效应检验

依据温忠麟等（2014）和王薇等（2018）对中介效应的检验方法，分别
对模型6-5、6-6和6-7进行回归，结合模型6-3结果检验研发投入是否
对政府补助与网络文化企业创新之间的关系存在中介效应，结果见表6-11，
（1）-（4）方程回归的 Hausman 检验的 P 值均小于0.1，故选择固定效应作为
实证依据更合适。

表6-11的列（1）结果表明政府补助对网络文化企业创新具有显著正向
促进作用，回归系数为0.25，在1%水平下显著为正，这是依次检验方法的前
提。列（2）结果表明政府补助对网络文化企业研发投入具有正向激励作用，
政府补助的增加能够诱使企业增加研发费用。列（3）结果显示研发投入在
5%水平下系数显著为正，表明企业研发投入与创新之间存在显著正相关关系。
在将研发投入作为控制变量之后，如列（4）所示，政府补助仍然对网络文化
上市公司的创新的正向影响在1%水平上显著，这表明研发投入在政府补助与
网络文化企业创新之间存在部分中介效应。依据温忠麟等（2014）的测算方
法，可知研发投入的中介效应为直接效应的0.06625（0.477 * 0.0325/
0.234），即政府补助对网络文化企业创新的正向促进作用有6.63%是通过研
发投入来实现的，假设 H3d 得以验证。

表6-11 研发投入的中介效应回归结果

	(1) Intangible	(2) RD	(3) Intangible	(4) Intangible
GS	0.250 ***	0.477 **		0.234 ***
	(4.00)	(2.56)		(3.74)
RD			0.0392 **	0.0325 **
			(2.51)	(2.08)
SOE	-0.240	-2.143	-0.0297	-0.172
	(-0.34)	(-0.99)	(-0.04)	(-0.24)
IND	0.349	-2.713	0.436	0.494
	(1.23)	(-3.05)	(1.56)	(1.80)
Size	1.055 ***	0.395	1.127 ***	1.050 ***
	(7.09)	(0.86)	(7.93)	(7.05)
Lev	1.433 **	2.216	1.484 **	1.355 **
	(2.40)	(1.25)	(2.53)	(2.28)

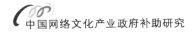

续表

	（1）*Intangible*	（2）*RD*	（3）*Intangible*	（4）*Intangible*
CAPX	0.272 ***	0.0643	0.304 ***	0.269 ***
	(4.65)	(0.39)	(5.37)	(4.61)
POLICON	− 0.314 **	− 0.420	− 0.349 ***	− 0.299 **
	(− 2.37)	(− 1.07)	(− 2.65)	(− 2.26)
BSIZE	− 1.648 **	− 4.464 **	− 1.545 **	− 1.503 **
	(− 2.43)	(− 2.18)	(− 2.35)	(− 2.21)
INDEPT	− 1.438	− 3.037	− 1.468	− 1.336
	(− 0.77)	(− 0.54)	(− 0.80)	(− 0.71)
Shares	− 6.358 ***	− 7.607 **	− 6.832 ***	− 6.099 ***
	(− 5.14)	(− 2.07)	(− 5.68)	(− 4.93)
Year	0.026	0.774 ***	− 0.002	0.017
	(0.51)	(4.96)	(− 0.03)	(0.33)
常数项	13.60 ***	19.64 ***	16.40 ***	12.97 ***
	(5.62)	(2.71)	(7.59)	(5.34)
R^2	0.228	0.138	0.212	0.235
F	15.91	3.765	14.92	14.73
N	618	632	631	618
Hausman 检验 P 值	0.0003 固定效应	0.0017 固定效应	0.0000 固定效应	0.0077 固定效应

注：t statistics in parentheses；* $p < 0.10$，** $p < 0.05$，*** $p < 0.01$.

（二）稳健性检验

稳健性检验的方法有多种，如更改模型设定、增加变量、分组回归、更换被解释变量和改变变量处理方式等。笔者参照耿强等（2011，2013）的做法，改变自变量政府补助的处理方式，对上市企业当年获得的补助金额与行业平均补助金额❶的比值取自然对数作为自变量，即 lnGS = ln（企业补助总额/行业平均补助金额 + 1），细分类型补助也照此处理。

回归结果如表 6 - 12 所示，列（3）为总体补助与网络文化企业创新关系模型的回归结果，显示总体补助对创新的正向影响在 1% 水平下显著。列（4）为验证不同类型的补助对企业创新影响的模型，结果和基准模型基本保持一致，财政拨款对企业创新有显著正向影响，政府奖励有显著负向影响，税收优

---

❶ 行业分类以国家统计局 2018 年新修订的《文化及相关产业分类（2018）》为依据。

惠与企业创新无显著关联。列（5）验证所有制和网络文化产业细分行业对补助与企业创新之间关系的调节作用，可以看出补助与所有制交互项系数为负，但不显著；补助与细分行业交互项系数则在 1% 水平下显著为负，结果与基准回归结果保持一致。列（1）－（3）则检验研发投入对政府补助与网络文化企业创新之间的中介效应，可知政府补助对企业研发投入具有正向激励作用（回归系数 2.515，在 1% 水平下显著），虽然在列（3）中研发投入在 10% 水平下显著，但研发投入的中介效应仍然成立。上述结果表明本研究基准回归中的核心解释变量的回归结果是稳健的。

表 6 - 12　改变政府补助度量方式的稳健性检验结果

	（1）*Intangible*	（2）RD	（3）*Intangible*	（4）*Intangible*	（5）*Intangible*
LnGS	0.958 *** (4.52)	2.515 *** (3.98)	0.888 *** (4.13)		2.770 *** (5.41)
LnFGS				1.074 *** (2.63)	
LnRGS				− 0.054 ** (− 0.19)	
LnTGS				0.229 (0.68)	
*LnGS * SOE*					− 0.998 (− 2.31)
*LnGS * IND*					− 1.925 *** (− 3.96)
RD			0.0274 * (1.74)	0.045 ** (2.04)	0.0371 ** (2.37)
Control variables	Yes	Yes	Yes	Yes	Yes
IND	Yes	Yes	Yes	Yes	Yes
Year	Yes	Yes	Yes	Yes	Yes
常数项	17.04 *** (7.67)	25.92 *** (3.93)	16.33 *** (7.25)	14.78 *** (3.19)	16.10 *** (7.26)
R^2	0.235	0.153	0.240	0.210	0.269
F	16.60	8.024	15.16	2.496	14.36
N	618	632	618	213	618
Hausman 检验 P 值	0.0000 固定效应	0.0007 固定效应	0.0000 固定效应	0.0189 固定效应	0.0000 固定效应

注：*t* statistics in parentheses； * $p < 0.10$， ** $p < 0.05$， *** $p < 0.01$.

（三）内生性问题

鉴于政府补助与网络文化企业无形资产价值之间可能存在互为因果关系，即无形资产价值越大的企业可能获得更多的政府补助，从而可能产生内生性问题。解决内生性问题一般考虑选择工具变量或是引入解释变量滞后期，这里选择用政府补助滞后一期 $L.GS$ 进行回归检验；另检验研发投入中介效应时，引入研发投入滞后期 $L.RD$ 进行回归，结果见表 6-13。

列（4）结果显示滞后一期的政府补助对网络文化企业当期无形资产增长率具有正向作用，其系数为 0.0636，在 5% 水平下显著。列（5）结果说明滞后一期的财政拨款对当期无形资产增长率具有显著正向作用，政府奖励则具有显著负向影响，而税收优惠的系数为负，但并不显著。列（6）显示了所有制和网络文化细分行业的调节作用，可以发现细分行业仍然对补助与创新之间的关系起到负向调节作用，与基准模型结果一致。滞后期补助与所有制交互项回归系数为正，不显著；基准模型中（表 6-10）和稳健性检验（表 6-12）系数为负，但也不显著，可知所有制性质不是调节补助与网络文化企业创新二者关系的关键因素。列（1）和（2）结果表明滞后一期的总体补助对网络文化企业创新具有正向促进作用，对当期研发投入也具有激励效应。结合列（3）和（4）可知，滞后一期的研发投入仍起到中介作用。

表 6-13　内生性检验（滞后期）回归结果

	(1) Intangible	(2) RD	(3) Intangible	(4) Intangible	(5) Intangible	(6) Intangible
$L.GS$	0.0728 **	0.414 **		0.0636 **	·	0.256
	(0.99)	(2.00)		(0.86)		(1.65)
$L.FGS$					0.316 **	
					(2.37)	
$L.RGS$					−0.0482 *	
					(−0.66)	
$L.TGS$					−0.0616	
					(−0.93)	
$L.GS*SOE$						0.288
						(1.90)
$L.GS*IND$						−0.420 ***
						(−2.66)

	（1）*Intangible*	（2）*RD*	（3）*Intangible*	（4）*Intangible*	（5）*Intangible*	（6）*Intangible*
L. RD			0. 0179 **	0. 0220 ***	− 0. 0127	0. 0152 ***
			（1.13）	（1.05）	（−0.30）	（0.72）
Control variables	Yes	Yes	Yes	Yes	Yes	Yes
IND	Yes	Yes	Yes	Yes	Yes	Yes
Year	Yes	Yes	Yes	Yes	Yes	Yes
常数项	17. 58 ***	19. 81 ***	19. 24 ***	17. 15 ***	9. 124 **	19. 62 ***
	（6.64）	（2.67）	（8.04）	（6.40）	（2.01）	（7.07）
R^2	0. 234	0. 118	0. 253	0. 237	0. 312	0. 270
F	10. 85	2. 159	12. 34	9. 776	2. 990	9. 432
N	452	458	460	452	157	452
Hausman 检验 *P* 值	0. 0000	0. 0007	0. 0000	0. 0189	0. 0000	0. 0000
	固定效应	固定效应	固定效应	固定效应	固定效应	固定效应

注：*t* statistics in parentheses；* $p < 0.10$，** $p < 0.05$，*** $p < 0.01$.

三、政府补助与网络文化企业社会责任

（一）基准回归

1. 总体补助和不同类型补助对就业的影响

如表 6 - 14 所示，模型（1）-（5）的 Hausman 检验的 *P* 值均小于 0.1，拒绝原假设，因此选择固定效应作为实证报告依据。

列（1）结果显示总体补助回归系数为 0.0598，在 1% 水平下显著，表明总体补助对网络文化企业增加就业具有显著正向作用，即获得政府补助越多的企业会雇用更多的员工，支持了假设 H4a。补助对网络文化企业增加就业的影响，一方面来源于针对性的就业补助，政府给网络文化企业提供了各种"用工补助""稳岗补贴""应届毕业生就业补贴"等科目的补助，以及各种社保补助、人员培训补贴和个税返还等降低企业用工成本，直接促进企业增加就业岗位。另一方面各种文化产业扶持资金、网络文化项目和工程类扶持资金推动企业不断开发新的项目和工程，也会在一定程度上增加企业对人力资源的需求，进而间接促进网络文化企业增加人员。

列（2）－（5）结果表明财政拨款和税收优惠对网络文化企业增加就业就有显著正向影响，但政府奖励与网络文化企业增加就业无显著关联。这可能和与就业有关的补助中，政府奖励类补助金额较少有关，我国网络文化上市公司2013—2017 年获得人才与就业类补助共计 27249.24 万元，其中财政拨款23138.16 万元（84.91%），税收优惠 2583.19 万元（9.48%），政府奖励1527.9 万元（5.61%），显然在人才与就业类补助中，以财政拨款为主，其次是税收优惠，政府奖励金额最少。而且政府奖励相较于税收优惠更加主观，有些奖励（如"开工奖励"）往往是一次性的，不如税收优惠客观且具有政策可持续性（Lee et al.，2014），此外税收优惠直接降低了网络文化企业的税费负担，对企业增加就业起到了直接或间接的促进作用。故对假设 H4b 而言，财政拨款和税收优惠对网络文化企业增加就业具有显著正向影响，政府奖励则无显著关联性。

从控制变量看，企业规模和资本性支出与网络文化企业增加就业显著正相关，表明企业规模越大，资本性支出越多，企业增加就业岗位的可能性越大。细分行业虚拟变量与网络文化企业增加就业显著负相关，说明网络文化产业相关领域的企业相较于核心领域企业而言，在创造就业岗位上作用更大，下文将引入补助与细分行业交互项进一步回归。

表 6－14　总体和不同类型补助与就业回归结果

Y = Staff	(1)	(2)	(3)	(4)	(5)
GS	0.0598 *** (2.96)				
FGS		0.0561 *** (3.38)			0.0889 ** (2.10)
RGS			0.00596 (0.37)		－0.00716 (－0.33)
TGS				0.0440 *** (2.83)	0.0436 ** (2.31)
SOE	0.343 (1.46)	0.332 (1.40)	0.429 (1.31)	0.196 (0.89)	－0.0245 (－0.07)
IND	－0.622 *** (－4.93)	－0.594 *** (－4.64)	－0.582 *** (－3.99)	－0.532 *** (－3.16)	－0.567 *** (－3.03)

Y = Staff	（1）	（2）	（3）	（4）	（5）
Size	0.510***	0.519***	0.526***	0.750***	0.829***
	(10.98)	(10.36)	(8.73)	(9.64)	(8.80)
Lev	0.727***	0.662***	0.581**	0.464	0.447
	(3.81)	(3.25)	(2.14)	(1.61)	(1.25)
CAPX	0.148***	0.155***	0.205***	0.167***	0.177***
	(8.21)	(8.20)	(8.06)	(6.97)	(4.97)
POLICON	0.0391	0.0332	0.0571	−0.00451	0.0108
	(0.83)	(0.67)	(0.82)	(−0.07)	(0.12)
BSIZE	0.164	0.0222	−0.189	−0.499*	−0.782**
	(0.74)	(0.10)	(−0.63)	(−1.76)	(−2.27)
INDEPT	0.315	−0.108	0.653	−1.197	−2.051*
	(0.52)	(−0.17)	(0.72)	(−1.57)	(−1.82)
Shares	0.512	0.674	0.969	1.047*	3.429***
	(1.14)	(1.46)	(1.43)	(1.68)	(3.21)
Year	0.0523***	0.0546***	0.0669***	0.0662***	0.0850***
	(3.40)	(3.29)	(2.85)	(3.17)	(2.67)
常数项	−102.7***	−106.9***	−131.7***	−128.6***	−167.7**
	(−3.30)	(−3.19)	(−2.78)	(−3.05)	(−2.62)
R^2	0.244	0.245	0.329	0.335	0.529
F	14.27	13.18	11.61	9.870	9.65
N	632	593	398	333	215
Hausman 检验 P 值	0.0000 固定效应	0.0000 固定效应	0.0056 固定效应	0.0000 固定效应	0.0270 固定效应

注：t statistics in parentheses；* $p<0.10$，** $p<0.05$，*** $p<0.01$.

2. 所有制和产业内部结构的调节作用

为考察所有制和网络文化产业内部结构差异是否影响补助与网络文化企业增加就业之间的关系，加入交互项 GS * SOE 和 GS * IND。回归结果见表6−15，模型（1）−（3）的 Hausman 检验的 P 值均小于0.1，拒绝原假设，因此选择固定效应作为实证依据。加入交互项之后，总体补助与网络文化企业增加就业的显著正向关系依然存在。列（1）和列（3）的结果显示补助与所有制交互项回归系数为负，但并不显著，表明国有和非国有网络文化企业在利用政府补助促进企业增加就业方面并无明显差异。从获得补助的均值看，国有网络文化企业是非国有的两倍，但这一优势并未在促进就业方面体现出来，主要原因可能是：一方面，我国国有企业长期以来就存在人员冗余问题，不仅普遍且较为严重，经学者测算其就业过剩率高达20% ~50%（宋静，2013），严重的人员冗余影响了补助对国有企业增加就业的促进作用；另一方面，一部分国有网络文化企业是伴随着我国文化体制改革由文化事业单位转制而来，转制后的人员分流安置等问题也一定程度上产生了补助对促进就业的正向影响。总体上看，网络文化产业的主体是民营网络文化企业，由于其数量庞大，在解决社会就业问题上发挥着重要作用，政府应对就业方面的补助向民营网络文化企业倾斜。

表 6 – 15　所有制和细分行业对补助与就业关系的调节作用回归结果

$Y = Staff$	(1)	(2)	(3)
GS	0.0772 ***	0.0983 ***	0.129 ***
	(3. 18)	(2. 88)	(3. 30)
$GS * SOE$	– 0. 0523		– 0. 0658
	(– 1. 29)		(– 1. 59)
$GS * IND$		– 0. 0574 **	– 0. 0704 ***
		(– 1. 40)	(– 1. 68)
SOE	1. 264 *	0. 391 *	1. 560 **
	(1. 68)	(1. 65)	(2. 02)
IND	– 0. 635 ***	0. 873	1. 043 *
	(– 5. 02)	(1. 40)	(1. 66)
$Size$	0. 508 ***	0. 510 ***	0. 507 ***
	(10. 91)	(10. 99)	(10. 91)
Lev	0. 731 ***	0. 735 ***	0. 741 ***
	(3. 83)	(3. 85)	(3. 89)
$CAPX$	0. 147 ***	0. 147 ***	0. 145 ***
	(8. 15)	(8. 11)	(8. 01)
$POLICON$	0. 0387	0. 0410	0. 0410
	(0. 83)	(0. 88)	(0. 88)
$BSIZE$	0. 135	0. 140	0. 0970
	(0. 60)	(0. 63)	(0. 43)

续表

Y = Staff	(1)	(2)	(3)
INDEPT	0.210	0.256	0.111
	(0.34)	(0.42)	(0.18)
Shares	0.565	0.462	0.517
	(1.26)	(1.03)	(1.15)
Year	0.0519***	0.0517***	0.0509***
	(3.37)	(3.35)	(3.31)
常数项	−101.9***	−101.2***	−99.86***
	(−3.27)	(−3.25)	(−3.21)
R^2	0.247	0.247	0.251
F	13.15	13.18	12.34
N	632	632	632
Hausman 检验 P 值	0.0000 固定效应	0.0000 固定效应	0.0000 固定效应

注：t statistics in parentheses；$p < 0.10$，** $p < 0.05$，*** $p < 0.01$.

列（2）和列（3）的结果显示补助与网络文化细分产业交互项回归系数分别在5%和1%水平下显著为负，表明网络文化产业内部结构差异能显著影响补助和网络文化企业就业之间的关系，具体而言是以生产网络文化设备为主的相关领域相较于以网络内容生产为主的核心领域而言，补助对企业增加就业的影响更大。原因在于核心领域的企业以内容创造为主，属于知识密集型，更多的是需要创意人才，政府补助带来的就业增量效应有限；相关领域企业以生产网络文化设备和消费终端为主，虽然与技术高度关联，但本质上仍属于制造业，人员需求量相对更大，当政府给予适当补助时带来的就业促进效果更为明显。因此对假设 H4c 而言，所有制差异对补助与网络文化上市公司增加就业的关系并无影响，网络文化产业内部结构差异则对二者的关系呈现显著负向调节作用。

（二）稳健性检验

与前文保持一致，改变政府补助处理方式来验证结果的稳健性，即采用 lnGS = ln（企业补助总额/行业平均补助金额 +1）替换自变量，细分类型补助也照此处理。回归结果见表 6 - 16，结果和基准回归结果保持一致，未发生实质变化。总体补助与就业增长率在1%水平下显著正相关，财政拨款和税收优惠分别在5%和1%水平在于就业增长率显著正相关。加入补助与所有制、细分行业虚拟变量交互项之后，总体补助与就业之间的正向显著关联依然存在，且补助与细分行业交互项在5%水平下系数显著为负，补助与所有制交互项系数也为负但不显著。

表 6 − 16　改变政府补助度量方式的稳健性检验结果

Y = Staff	(1)	(2)	(3)
LnGS	0.291 ***		0.601 ***
	(4.25)		(3.57)
LnFGS		0.278 **	
		(2.47)	
LnRGS		− 0.0722	
		(− 0.90)	
LnTGS		0.316 ***	
		(3.33)	
LnGS * SOE			− 0.403
			(− 2.88)
LnGS * IND			− 0.147 **
			(− 0.93)
Control variables	Yes	Yes	Yes
IND	Yes	Yes	Yes
Year	Yes	Yes	Yes
常数项	− 99.44 ***	− 154.5 **	− 92.46 ***
	(− 3.23)	(− 2.51)	(− 3.00)
R^2	0.259	0.569	0.273
F	15.48	11.31	13.77
N	632	215	632
Hausman 检验 P 值	0.0000 固定效应	0.0033 固定效应	0.0000 固定效应

注：t statistics in parentheses；* $p < 0.10$，** $p < 0.05$，*** $p < 0.01$.

（三）内生性问题

现实中可能存在网络文化企业员工越多，相应的会得到更多政府补助的情况，即补助与企业员工数量之间可能互为因果，为此引入政府补助滞后一期 $L.GS$ 进行回归检验，结果见表 6 – 17。模型（1）和（3）Hausman 检验 P 值小于 0.1，使用固定效应，模型（2）Hausman 检验 P 值大于 0.1，无法拒绝原假设，故采用随机效应回归。列（1）–（3）回归结果的核心解释变量结果基本与基准模型保持一致，滞后一期的政府补助对网络文化企业具有正向促进作用，这主要来自财政拨款和税收优惠的显著正向影响，滞后一期的政府奖励虽然系数为正，但不显著。所有制差异对滞后期补助与企业增加就业的关系无调节影响，网络文化产业内部结构差异与滞后期补助系数在 10% 水平下显著为负，与基准回归结果一致。

表 6 – 17 内生性检验（滞后期）回归结果

$Y = Staff$	（1）	（2）	（3）
$L.GS$	0.0149 **		0.0479 ***
	(0.68)		(1.03)
$L.FGS$		0.0875 **	
		(2.02)	
$L.RGS$		0.0139	
		(0.57)	
$L.TGS$		0.0296 *	
		(1.34)	
$L.GS*SOE$			– 0.0322
			(– 0.73)
$L.GS*IND$			– 0.0276 *
			(– 0.58)
Control variables	Yes	Yes	Yes
IND	Yes	Yes	Yes
Year	Yes	Yes	Yes
常数项	– 87.16 **	– 5.572	– 87.05 **
	(– 2.39)	(– 0.07)	(– 2.37)
R^2	0.253	0.385	0.255
F/ Wald chi2	9.703	189.64	8.115
N	458	158	458
Hausman 检验 P 值	0.0000 固定效应	0.7859 随机效应	0.0000 固定效应

注：t statistics in parentheses; $^{*}p < 0.10$, $^{**}p < 0.05$, $^{***}p < 0.01$.

综上研究，本章可以得到如下结论：

第一，对于网络文化上市公司而言，总体补助对其财务绩效无显著正向影响（未支持 H1a），不同类型的补助也对其财务绩效无显著正向影响（未支持 H1b），而且这种无显著正向影响的关系并未受到所有制性质和产业内部结构差异的影响（未支持 H1c）。

第二，对于网络文化上市公司而言，总体补助对其市场价值有显著正向影响（支持 H2a）；财政拨款和税收优惠与其市场价值之间存在显著正向关系，政府奖励则和其市场价值之间并无显著关联（支持 H2b）；补助对其市场价值的显著正向影响并未受到所有制性质和产业内部结构差异的影响（未支持 H2c）。

第三，对于网络文化上市公司而言，总体补助对网络文化企业创新具有显著正向作用（支持 H3a）；财政拨款对网络文化企业创新具有显著正向作用，政府奖励对网络文化企业创新有负向影响，而税收优惠则与网络文化企业创新无显著性关联（支持 H3b）；所有制差异对补助与网络文化上市公司创新的关系并无影响，网络文化产业内部结构差异则呈现显著负向影响，即以生产网络文化设备为主的相关领域相较于以网络内容生产为主的核心领域而言，补助对企业创新的影响更加显著（部分支持 H3c）；研发投入在补助与网络文化企业创新之间起到中介作用，政府补助对网络文化企业创新的正向促进作用有6.63%是通过研发投入来实现的（支持 H3d）。

第四，对于网络文化上市公司而言，总体补助对网络文化企业增加就业具有显著正向作用（支持 H4a）；财政拨款和税收优惠对网络文化企业增加就业就有显著正向影响，但政府奖励与网络文化企业增加就业无显著关联（支持 H4b）；所有制差异对补助与网络文化上市公司增加就业的关系并无影响，网络文化产业内部结构差异则对二者的关系呈现显著负向调节作用，即以生产网络文化设备为主的相关领域相较于以网络内容生产为主的核心领域而言，补助对企业增加就业的影响更大（部分支持 H4c）。

本章小结

本章旨在通过网络文化上市公司微观数据，实证研究政府补助与网络文化企业经营绩效（财务绩效和市场价值）、创新和社会责任（就业）之间的关系，为我国网络文化产业政府补助的有效性提供经验证据。本章采用了 179 家网络文化上市公司 2013—2017 年的非平衡面板数据，使用 OLS 回归方法进行实证分析，根据豪斯曼检验结果选择所依据的报告模型，最后使用多种方法进行稳健性和内生性检验以确保结论的可靠性。

　　研究发现，总体而言政府补助对网络文化企业的市场价值、创新和增加就业方面具有显著正向促进作用；因获补助企业可能被要求承担政府要求的社会政策目标而牺牲了部分盈利能力，因此政府补助对网络文化企业财务绩效并无显著正向影响。不同类型的补助对网络文化企业各种绩效影响存在差异，财政拨款对网络文化企业的市场价值、创新和增加就业方面均有显著正向促进作用；税收优惠对其网络文化企业的市场价值和增加就业方面均有显著正向促进作用，政府奖励对网络文化企业创新有负向影响。对于网络文化产业，所有制性质不是影响补助对网络文化企业正向促进作用的调节因素；细分行业（产业内部差异）是影响补助和网络文化企业创新、就业之间关系的重要因素。

第七章　研究结论及政策建议

　　文化与科技融合已成为文化产业发展的趋势，而网络文化产业是数字技术、信息网络技术与文化产业融合的新型业态，是文化产业的未来式，也逐渐成为国民经济新的增长点。中国的网络文化产业是在文化体制改革不断深化的过程中孕育发展的，具有多种属性特征，其发展壮大离不开政府的支持。本研究以网络文化产业为研究对象，研究其政府补助问题，遵循"要不要—怎么样—行不行"的逻辑，深入研究政府对网络文化产业进行补助的必要性，当前我国网络文化产业补助政策现状和补助的基本特征、内容结构，以及政府补助对网络文化企业是否起到作用等内容。通过上述研究，笔者获得了一些有价值的研究发现，丰富和深化了网络文化产业政府补助的研究。本章将对全书的主要研究结论进行总结，并提出建设性的政策建议。

第一节　主要研究结论

一、网络文化产业是一个不断变化和演进的动态概念

　　网络文化产业来源于文化产业，但至今对于网络文化产业也没有权威统一的界定，各种概念先后出现，从文化创意产业、文化内容产业到数字内容产业、数字文化产业、数字创意产业再到互联网文化产业、网络文化产业等。很多学者将上述概念都等同于网络文化产业，或认为各个概念存在包含的关系。笔者认为多种相关概念的出现并非是包含或简单的替代关系，而是文化产业和不同时段不同技术融合发展产生的结果。每次技术的重大发展，通常会引起文化和经济社会的重大变化，深刻地改变着文化的基础和内容。网络文化产业可以追溯到信息技术革命的突破，其依托不断创新的数字、信息和网络技术，将文化科技融合创新能力持续转化为文化生产力，不断革新文化产业旧的业态、

催生新的业态。因此必须明确网络文化产业不是一个静止、封闭的概念，而是不断变化、演进、开放的动态概念，并且随着科技不断进步，文化与科技融合程度不断加深，网络文化产业的内涵和外延也会不断发生改变，对该产业的界定也会不断演进。

二、中国扶持网络文化产业存在理论依据和现实需求

首先，网络文化产业具有的一些特性需要政府适当地介入，通过补助等手段扶持和引导产业发展。如网络文化产业具有文化、经济和社会意识形态三种属性，其基础来自优质的文化资源和内容，因而产品和服务会受到生产地意识形态的影响；其产品和服务更多的是满足消费者的精神需求，从而反过来又影响人们的价值观、思维方式和认知模式等。因而政府有必要通过补助等手段引导产业内主体开发和传播优秀的网络文化产品和服务。再如网络文化产业与高新技术关联密切，具有极强的产业融合和联动性，其边界随着文化与科技融合而日益模糊并不断扩展。网络文化产业各新型业态之间、网络文化产业与传统文化产业、网络文化产业与其他产业之间不断融合，其外延不断扩展，从而全方位日益深刻地影响整个社会经济活动，扶持网络文化产业的发展可以产生涟漪效应，以较少的投入便能推动技术进步和国民经济的发展。此外，网络文化产业遵循供给创造需求的"萨伊定律"，具有边际成本递减和边际效益递增的经济特性，产品和服务具有虚拟性和共享性，消费趋向于个性化和在线化，内容生产者和消费者相互转换的特性。这些特性将网络文化产业与其他产业明显区分，也为政府介入扶持网络文化产业发展提供了一定依据。

其次，市场失灵理论（外部性、公共产品、信号传递理论）、产业竞争力理论及幼稚产业保护理论为政府介入网络文化产业提供了理论基石。网络文化产品和服务既具有正向外部性（如传播正确价值观），也具有负外部性（如传播暴力、色情、赌博等低级趣味内容）。相较于依靠市场解决外部性，政府介入可能会更有效，政府能够对产生外部性的网络文化产品进行鼓励（如奖励或税收优惠）或规制（提高税率或是立法管制）来解决外部性问题。网络文化产品具有公共物品或准公共物品的特征，对于偏公益性公共文化产品方面，企业供给意愿较低，这就需要政府通过财税补贴、采购等补助方式引导和推动网络文化企业进行产品和服务的创新，增加有效供给。此外政府补助相当于给企业一种隐形信用认证，给外界传递一种积极信号，表明该企业是政府关注和

扶持的对象，进而提高投资者对获助企业的投资信心和信任度。根据波特的竞争优势理论，政府是影响一个产业发展的重要外部因素，再者我国网络文化产业目前还处于成长阶段，发展不够成熟，现阶段的发展还需要外部资源或是资金的支持，政府一方面可通过财政税收、专项资金等方式引导和支持网络文化企业挖掘和开发文化资源，进行产品创新；另一方面注重知识产权的保护，重视网络文化产业人才的培养，为网络文化产业的发展营造良好的环境。

最后，促进网络文化产业健康快速发展符合中国的国家利益。当前中国已进入由追求发展速度转为追求发展质量的经济新常态，面临着必须调整产业结构、转变增长方式的迫切需求。网络文化产业具有逆周期特性，可以促进消费，带动就业；且与技术高度关联，是典型的知识技术密集型产业和绿色环保产业，其快速发展壮大可以优化产业结构，促进技术创新和应用。此外，政府通过各项补助手段扶持网络文化产业的发展也是推动文化事业单位改制和国有文化企业改革，深化我国文化体制改革的现实需要，是缓解中小科技型网络文化企业资金不足的现实需要。但政府在介入网络文化产业时，需要厘清政府和市场的关系，明确政府应该是公共网络文化产品的监管者和提供者，网络文化产业发展的引导者和调控者，网络文化市场秩序的建设者和维护者。

三、中国网络文化产业补助政策不断完善但仍需优化

从20世纪90年代初至今，我国网络文化产业发展历经孕育期（2000年以前）、初步发展期（2001—2004年）、快速发展期（2005—2008年）、全面发展期（2009—2012年）、移动互联网时期（2013—2015年）和战略新兴产业新时期（2016年至今）六个阶段。产业发展最早以为大众提供信息服务为主，慢慢转向内容生产为主，到现在逐渐呈现提供综合服务的发展趋势。伴随着网络文化产业的出现和发展，与其相关的政策也经历了从无到有，并不断丰富完善的过程。

从我国网络文化产业不同阶段的政策变化来看，其具有如下特点和问题：

（1）规制监管的专门性和政府补助的一般性。对于新兴网络文化产业形态，政府部门会出台专门管理政策，但鲜有针对性的补助政策，补助政策一般来自综合性的宏观规划指导性政策。

（2）从政府补助政策结构看，对推动传统文化产业向数字化、网络化转型升级的补助政策多于对促进新兴网络文化产业发展的补助政策，这可能涉及

政策制定主体受所有制惯性影响，传统文化产业主体大都为事业单位或是国有企业，政府制定政策时会偏向此类主体。

（3）从政策演变的时间维度看，对新兴网络文化产业的政策一般都是经过先加强监管，然后慢慢变为监管和扶持并举的过程。

（4）关于网络文化产业的政府补助政策大都属于指导性政策，不够具体；此外这些政策存在明显的"碎片化"特征，缺乏系统性，从而难以落地，最终影响补助的效果。

（5）政府政策的制定和出台存在一定的被动性和滞后性，这可能是因为网络文化产业因与新技术不断融合，从而不断产生新的形态，而政府部门难以预测市场最新动态。

（6）我国政府已形成了包含财政资金支持、专项基金引导、税收减免、政府采购、贷款贴息、保费补贴、项目补贴和政府奖励等在内的多种手段的综合补助政策体系，但目前尚未建立对各种政策和措施的效果和绩效进行评价的机制。此外，我国网络文化产业"多头管理、政出多门"的管理体制已无法满足网络文化产业发展的需要，甚至在一定程度上阻碍了产业的发展，需对网络文化产业管理体制从顶层进行科学合理的设计，以适应该产业的特点。

四、中国网络文化产业补助具有普惠性并且特征复杂

通过对179家网络文化上市公司2013—2017年年报中披露的政府补助明细科目和金额数据进行分析发现：我国网络文化产业上市公司2013—2017政府补助覆盖率在95%以上，说明补助对于网络文化上市公司是"普惠"政策，而非"特惠"政策。样本企业获得的补助总额呈现上升趋势，但补助均值却逐年下降，这与网络文化上市公司数量快速增加有关。从补助类型看，财政拨款是我国网络文化上市公司政府补助最主要的形式，以70%以上的明细科目占据了40%～50%金额；其次为税收优惠类补助（金额比重在30%～40%之间），最后为政府奖励类补助（金额比重在5%以内），但奖励类补助金额比重逐年增加。此外虽然奖励金额比重远低于税收优惠，但明细科目却是税收优惠的2～3倍，具有明显的"奖励名目较多，奖励金额不高"的特征。

总体政府补助的特征表现为：

（1）国有性质的网络文化企业，以及实际控制人为政府（中央＋地方）的网络文化产业在获取政府补助方面具有优势，这从其补助均值远高于其他类

型的企业可以得到验证；但基于网络文化产业的融合性、竞争性等特点，该产业内的企业主要是以民营企业为主，实际控制人也以自然人为主，虽然单个企业在获取补助方面不如国有性质和有政府背景的企业，但是总体上获得的补助总额比重不断增加，并超过了国有性质和实际控制人为政府的企业。

（2）从细分行业看，政府补助主要流向了网络文化相关领域中的文化消费终端生产和文化装备生产两个行业，而网络文化核心领域，则以内容生产和文化传播渠道获得了较多的补助，而且主要涉及网络游戏、数字出版、数字阅读（网络文学）等新兴领域的内容创作生产细分行业企业数量快速增加，获得补助金额的比重和均值也在快速提升。

（3）在区域分布上，由于东部地区的上市公司数量占据绝对优势，所以其补助总额和均值都远高于中西部地区，而在省级行政区层面，则形成了四级梯队格局。

（4）通过单因素方差分析（one – way ANOVA）和 LSD 法（Least – Significant Difference）多重比较验证了所有制性质、实际控制人和细分行业对网络文化上市公司获取政府补助方面的差异具有统计上的显著性，但区域因素在网络文化产业上市公司获得政府补助方面的差异没有显著性。

不同类型政府补助的特征表现为：

（1）在所有制分布方面，国有网络文化企业在获取财政拨款类补助上有绝对优势，而民营网络文化企业则是税收优惠的最大受益方，在获得政府奖励类补助上相较于国有网络文化企业也具有一定优势。外商投资企业因数量少，在各类补助中都处于劣势。

（2）在细分行业方面，文化消费终端生产和文化装备生产两个细分行业对于财政拨款和税收优惠类补助占据优势。网络文化核心领域中内容创作生产行业在获取政府奖励类补助具有绝对优势，在获取财政拨款和税收优惠类补助，相较于核心领域其他细分行业也具有明显优势。

（3）在区域分布上面，东部地区因网络文化上市公司数量占有绝对优势，所以三种补助类型的总额都占据绝对优势，但政府奖励均值低于西部地区。西部地区网络文化上市公司获得奖励总额和均值都超过了中部地区，均值更是超过了东部地区，表明西部地区的网络文化上市公司在获取政府奖励方面优于东部和中部地区。

五、技术创新类补助是网络文化产业补助的主要内容

政府补助内容是指补助的具体事由或补助发挥作用的指向性，即补助用于何种目的。笔者通过梳理网络文化上市公司年报披露的种类繁多的补助科目，将其划分为七种补助内容类型。其中样本企业技术创新补助 5 年总金额占七种补助内容的 68.49%，说明中国政府对网络文化产业的补助大部分都投向了技术和创新方面，这也符合网络文化产业与技术高度关联的特征。其次为产业专项补助（15.11%）和项目专项补助（11.43%）。剩余四种内容补助金额比重极小，投融资补助为 2.86%，涉外补助、人才和就业补助分别为 0.98% 和 0.77%，无形资产补助金额最少，比重仅为 0.37%，这说明政府将大量资金投向了无形资产赖以形成的技术研发和创新方面，对于无形资产的运用和价值实现方面重视程度不够。

我国网络文化产业补助的内容结构因企业所有制、细分行业分布和区域分布不同而呈现不同特征：

（1）从所有制看，总体上技术创新补助在国有、民营和外商投资三类企业中所占比重都是最高的，尤其是民营网络文化企业，技术创新补助比重超过 90%；此外，国有企业在项目专项补助和投融资补助方面的补助比例也高于其他两类企业；外商投资企业则在涉外补助、投融资补助和产业专项补助方面占据一定比例。

（2）从细分行业看，网络文化相关领域因以提供网络文化专业设备和消费终端为主，属于高端制造业与网络文化产业的融合，较为依赖技术研发与创新，所以技术创新类补助占据绝对优势；而网络文化核心领域整体上看，产业专项和项目专项补助金额比重超过了技术创新类补助，但互联网信息服务、数字内容服务和网络广告服务这三个中类中，技术创新补助相较于其他中类比重更大，是因为这三个中类涉及网络信息搜索、网上信息服务、动漫游戏、数字内容服务、互联网游戏运营等服务领域，而这些领域的发展与技术创新密切关联。

（3）从区域分布看，东部地区网络文化上市公司以技术创新补助为主（占比 72.13%）；中部和西部地区补助内容结构保持一致，以产业专项补助为主（分别占比 57.98% 和 62.94%）。此外，中西部网络文化产业上市公司在人才和就业补助、涉外补助方面占比要比东部企业要高，说明对于中西部网络文

化上市公司而言，人才引进和就业、对外贸易仍需要政府支持的力度和迫切性
高于东部地区。

六、补助有益于企业提升市值及促进创新和增加就业

我国政府出台了各种补助政策支持网络文化产业发展，落实到企业层面都
归入到政府补助范畴。总体看政府对网络文化产业的补助金额庞大，内容广
泛。对于政府补助是否起到应有的效用，考虑到网络文化产业的特性和我国网
络文化产业发展的特殊性，本研究从政府补助是否影响网络文化企业经营绩效
（财务绩效和市场价值）、是否影响网络文化企业的创新和社会责任（就业）
多个维度出发，实证检验政府补助的有效性。

研究发现：

（1）总体而言，政府补助对网络文化企业的市场价值、创新和增加就业
方面具有显著正向促进作用，但与财务绩效并无显著关联。政府补助对于网络
文化企业而言相当于一种隐形的政府信用认证，向资本市场传递了积极的信
号，从而提升企业的市场价值。网络文化产业是科技与文化融合的产物，我国
补助中很大一部分资金都是用于支持网络文化企业的技术创新，实证结论也证
明补助对网络文化企业的创新具有正向促进作用。政府补助中既有直接用于鼓
励和支持网络文化企业增加就业的补助内容，也有间接促进企业增加就业岗位
的补助内容，如对于各种创新项目和平台建设的补助也会间接创造岗位需求。
由于很多补助都会要求企业承担相应的社会责任，比如增加就业、保护和开发
优质传统文化、保护环境等，因而获助企业可能因承担政府要求的社会政策目
标而牺牲了部分盈利能力，最终导致补助与网络文化企业财务绩效并无显著
关联。

（2）不同类型的补助对网络文化企业各种绩效影响存在差异，财政拨款
对网络文化企业的市场价值、创新和增加就业方面均有显著正向促进作用，税
收优惠对其网络文化企业的市场价值和增加就业方面均有显著正向促进作用，
政府奖励对网络文化企业创新有负向影响。

（3）所有制因素并没有对补助与网络文化企业的经营绩效、创新和就业
之间的关系起到调节作用，即所有制并不是影响补助与网络文化企业绩效之间
关系的重要因素。国有网络文化企业在获取补助方面，因为政策制定者的
"所有制惯性"原因，较民营网络文化企业具有优势，2013—2017 年每年获得

补助金额的均值是后者的两倍，实证研究结果表明国有企业的这种优势并没有转化为促进企业经营绩效、创新和增加就业等方面的优势。

（4）细分行业（产业内部差异）是影响补助和网络文化企业创新、就业之间关系的重要因素。具体而言，以生产网络文化设备为主的相关领域相较于以网络内容生产为主的核心领域而言，补助对企业创新和增加就业的影响更加显著。

（5）在考察补助对网络文化企业创新的影响时，进一步发现研发投入在补助与网络文化企业创新之间起到中介作用，政府补助对网络文化企业创新的正向促进作用有 6.63% 是通过增加企业的研发投入来实现的。

第二节　网络文化产业补助优化建议

基于本研究对我国网络文化产业政府补助研究的主要发现和结论，提出如下建议以优化网络文化产业补助行为，最大限度发挥政府补助在该产业中的积极作用，实现资源的优化配置。

一、建立专门的网络文化产业管理体制和补助体系

目前我国并没有专门针对网络文化产业的管理或补助政策，管理政策大都是针对新兴的网络文化业态，相关补助政策也只见诸于综合性的宏观规划性政策文件。而且政策存在缺乏系统性、滞后实践、缺乏前瞻性等问题。在这种情况下，我国网络文化产业政府补助出现了一些问题：一是补助名目杂乱繁多，由本书的研究可知我国补助涉及七大内容，每一块内容都包含多种补助科目，过多过滥的补助名目，不仅增加了企业获取补助的成本，也增加了政府部门的管理成本，限制补助作用的发挥。二是供需不匹配，资源分配不合理。大量补助可能投向了规模较大、创新能力本身就比较强的网络文化企业，而中小网络文化企业获得的补助的机会和金额更少。比如软件增值税退税就集中在十几家提供网络文化专用设备和终端消费设备的大型企业及极少数设计软件的网络游戏企业，大部分其他网络文化产业都无法享受这一税收优惠。产生上述问题的原因，一方面是当前国内外无论是政府部门还是学术研究，对网络文化产业都没有权威统一的界定，再加上网络文化产业与技术高度关联，具有极强产业融合性，产业边界不断扩张。另一方面是多头管理、条块分割的管理体制，目前

有管理权限的部门包括文化和旅游部、国家新闻出版署、国家广播电视总局、工业和信息化部等，有规制权限的管理机构更多。虽然 2018 年国务院启动了第三次机构改革，但目前尚未成立专门网络文化产业管理机构，对产业进行垂直统一的管理。基于此建议：

首先，成立专门的网络文化产业管理机构。当前有关网络文化产品的内容和业务审批权、网络文化企业运营审批权分属于文化和旅游部、国家新闻出版署、国家广播电视总局和工信部，网络文化产业仍面临多重管理和审批的问题。因此建议继续推行机构改革，将上述多部门关于网络文化管理的职能整合，成立专门的网络文化产业发展和管理委员会，对网络文化产业进行统一管理，制定针对性政策。并依据网络文化产业发展需要在委员会下面设立专门的下属机构，尤其是要设立的单独政策规划统筹部门，负责设计整个网络文化产业的管理政策和补助政策。此外其他相关部门，如国家发展和改革委员会、财政部、国家税务总局、国家市场监督管理局等部门依据自身与网络文化产业发展有关的职能配合和支持网络文化产业发展和管理委员会的工作。

其次，制定专门的网络文化产业发展纲要。网络文化产业是文化产业的未来式，传统的文化产业正快速地向数字化和网络化转型，网络文化产业对国民经济的贡献越来越大。因此有必要针对网络文化产业制定具有纲领性和前瞻性的《网络文化产业发展纲要》，该文件首先应科学界定网络文化产业的概念，明确该产业的边界。在此基础上应全面剖析我国网络文化产业发展的现状，明确产业发展目标、发展路径、未来重点发展方向，以及支持网络文化产业发展的各项保障措施，为网络文化产业的发展指明方向，促进我国网络文化产业的发展。该纲要可在网络文化产业发展和管理委员会主导下制定和实施。

最后，构建专门的网络文化产业补助体系。对于网络文化产业的补助政策大都来自文化产业、信息技术产业或是一些综合性的规划政策文件，并无专门针对网络文化产业的补助政策。建议针对网络文化产业，从专项基金、税收优惠和标准认定等方面制定专门补助政策并形成体系。具体可考虑：一是在中央层面设立网络文化产业发展专项基金，一方面明确国家对网络文化产业发展的重视，另一方面可以吸引更多的社会资本进入该产业，为网络文化企业扩宽融资渠道，获得发展所需资金。二是当前我国网络文化企业享受的税收优惠大都是通过动漫企业认定、"双软企业"认定和高新技术企业认定获得的，而"双软企业"和高新技术企业的认定，不仅标准较高且不太适合大部分的网络文化企业，导致大部分网络文化企业，尤其是中小微网络文化企业难以享受税收优惠。因此建议制定专门的《网络文化企业认定及税收优惠管理办法》，明确网络文化企业认定标准及享受的税收优惠内容。此外网络文化产业是科技与文化融合的产物，具有技术关联性特征，因此应针对网络文化企业实际情况，制定《网络文化高新技术企业认定管理办法》，或对当前正实施的《高新技术企业认定管理办法》进行修订，以便能将更多有实力的网络文化企业纳入其中并享受相应的税收优惠。

二、明确各类补助的特征和效果确保发挥最佳效用

不同类型的政府补助因为政策来源、申请流程和目的指向性不同而呈现不同的特征。而且经过笔者研究，发现各自对网络文化企业的影响也存在差异。因此政府部门必须了解不同补助类型的特征及其效用，有的放矢以便发挥政府补助对网络文化企业的最佳效果。

首先，财政拨款类补助，其是网络文化产业政府补助的主体，以70%的补助科目占据了40%～50%金额；实证研究也证明其对网络文化企业的市场价值、创新和增加就业方面均有显著正向促进作用。金额庞大，补助名目多，相较于税收优惠更加依赖政府部门决策者的自由裁量权，主观性更强，这些特点一方面可以让政府部门更加灵活的运用该类补助去支持网络文化企业的发展；但另一方面可能让补助在网络文化产业中成为"大水漫灌"的"普惠"政策，从而无法发挥补助的效果。因此政府部门在使用该类补助时要有针对性，突出重点。

其次，政府奖励类补助，和税收优惠一样属于事后补助，但又和财政拨款一样具有较强的主观性，且通常是一次性奖励，不具有可持续性；本研究发现其具有"奖励名目较多，奖励金额不高"的特征，且对网络文化企业创新有负向影响。在投资者眼里，政府奖励对于网络文化企业而言是"锦上添花"而非"雪中送炭"。因此对于该类型补助应该谨慎使用，在特定情形下为了树立典型或引导企业实现政府部门特定目的时使用效果较好。

最后，税收优惠类补助，其由既定的政策和指导原则驱动的，相较于其他两类补助更加透明客观公正。补助名目少而金额较多，以6%左右的补助科目占据了30%～40%的金额，税收优惠可以显著的降低网络文化企业的税费负担，是促进网络文化企业发展的重要补助类型，研究表明其对网络文化企业的

市场价值和增加就业方面均有显著正向促进作用。但税收优惠补助获取的条件要求较高，且具有专门的指向性，比如针对动漫企业、"双软企业"和高新技术企业的税收优惠政策，这些都限定了获得税收优惠补助的企业数量。因此对于税收优惠补助，一方面要认识到其重要性，另一方面要针对网络文化企业特征，制定符合网络文化企业的税收优惠认定条件和税收优惠内容。

三、破除所有制惯性确保市场主体可公平获得补助

由于历史原因，我国文化产业的主体有较大比例是由事业单位改制而来，也存在一定比例的国有文化企业。长期以来政策制定主体因此形成了"所有制惯性"，因此在给予网络文化企业补助时，国有网络文化企业相较于非国有网络文化企业具有优势。在网络文化样本企业中，国有性质企业2013—2017年每年获得补助均值是非国有性质企业的两倍左右，且单因素方差分析（one－way ANOVA）和LSD多重比较法（Least－Significant Difference）分析结果表明国有和民营网络文化上市公司在获取政府补助方面存在显著差异。然而本书实证研究结果表明所有制性质并不是影响补助与网络文化企业绩效之间关系的重要因素。说明国有网络企业在获取补助方面的优势并没有转化为促进企业经营绩效、创新和增加就业等方面的优势。此外，在网络文化产业中民营企业在数量上占有绝对优势，且科技型企业比重较大。因此希望政府部门主动破除"所有制惯性"，坚持"竞争中性"原则和"所有制中立"原则，给予国有和民营网络文化企业平等市场地位，消除政府资源配置的扭曲状态，公平合理的分配补助资源，增强所有市场主体的竞争力。

四、关注产业内部结构差异可适当向核心领域倾斜

网络文化产业的核心领域主要以内容创作、提供信息服务和传播渠道为主，本书研究的样本企业涉及的核心领域主要包括新闻信息服务、内容创作生产、创意设计服务和文化传播渠道四个大类。相关领域主要以生产设备为主，样本企业主要涉及网络文化装备生产和网络文化消费终端生产两个大类。从样本企业2013—2017年获得补助金额看，网络文化产业核心领域获取的补助总额远低于网络文化产业相关领域，两者比例大致为3∶7。实证研究表明产业内部差异是影响补助和网络文化企业创新、就业之间关系的重要因素，相关领域相较于核心领域而言，补助对企业创新和增加就业的影响更加显著。所以当

前政府对相关领域企业的补助并无不妥，但建议应适当向核心领域倾斜。因为核心领域才是网络文化产业的主体，最能体现网络文化产业特性和实现网络文化产业的各项功能；从 179 家样本企业看，核心领域企业有 132 家（约为74%），占据着绝对优势地位，而且网络文化核心领域企业大都是中小规模的企业，相关领域企业则以规模较大的企业为主。政府部门不仅应在补助金额方面向核心领域企业进行适当倾斜，更应考虑核心领域企业的特征有针对性地制定补助政策，既要确保需要补助扶持的网络文化核心领域企业获得补助，还要确保补助能够发挥作用。

五、建立科学有效的网络文化产业补助绩效评价机制

长期以来，我国对包括网络文化产业领域在内的政府补助都缺乏绩效评价，现实操作中普遍只注重对企业是否符合补助条件的资格审查，而事后对补助是否产生了作用、是否达到了预期效果并不关心。缺乏监督和绩效评价的补助很可能被企业用来粉饰财务报表，但实证研究结果表明当前政府补助对我国网络文化企业的市场价值、创新和增加就业方面具有正向促进作用，因此政府应坚持通过补助扶持网络文化产业的发展，但需要建立有效的补助绩效评价机制，加强网络文化企业补助的监管和绩效评价。具体而言，一是要依据政府部门给予补助的目的构建相应的绩效评价体系，即依据补助政策实施的主体部门、实施的目的构建相应的评价指标体系。如果是为了地方政府提升网络文化企业的经营业绩，则需要考虑补助投入前后网络文化企业经营绩效的改善情况；如果是科技部门为了促进网络文化企业的创新，则需要在评价体系中设计包含与创新活动相关的指标，比如获得补助之后，企业的研发费用和研发人员是否增加，无形资产的数量和价值提升的幅度等；如果是专门的统一管理部门的补助政策，则需要构建多维度的评价指标体系，既要考虑补助产生的经济效益，也要考虑其社会效应和文化效益。二是明确政府补助绩效的评价机制，需要考虑由谁主导、由谁评估以及何时评估的问题。补助绩效评价是对正在实施的补助政策效果的检验，以便制定政策的政府部门能够了解政策的效果，并进行修正和完善，因此应当由制定和实施补助政策的政府部门主导补助的绩效评价。为保证评价结果的科学性和公正性，应当由具有专业评估能力和评估资格的第三方独立评估机构依据制定的有效的评价体系按照科学的评估方法开展评价工作。对于周期较短的补助，应当事后进行评价；而对于周期较长（如3～5

年）的持续性补助，则需要定期进行评价，既要有阶段性绩效评估结果，也要考虑整个周期的补助绩效评估结果，综合评价该项补助的效果。三是将补助绩效评价结果作为企业以后申请补助的参考条件。补助绩效评价结果除可用于实施部门调整完善补助政策之外，还可作为了解获助企业是否合理有效利用补助的依据，并依据评价结果决定企业后续是否可以申请补助。如果企业通过"寻租"获得补助，或是将补助用于盈余管理，粉饰财务报表，没有用于提升企业的核心竞争力；又或是多次未能实现补助的预期结果，则在以后的补助资格审核时对其从严审核或是取消其获取补助的资格。如此不断提高网络文化产业政府补助的利用效率，提高政府补助的有效性。

参考文献

［1］安同良，周绍东，皮建才. R&D 补贴对中国企业自主创新的激励效应［J］. 经济研究，2009（10）：87-98.

［2］毕绪龙. 数字文化产业政策的六个关注点［J］. 人文天下，2018（10）：2-4.

［3］步丹璐，郁智. 政府补助给了谁：分布特征实证分析——基于2007—2010年中国上市公司的相关数据［J］. 财政研究，2012（8）：58-63.

［4］常征. 中国数字内容产业生命周期模型建立与阶段识别［J］. 北京邮电大学学报（社会科学版），2012，14（1）：67-73.

［5］陈林，朱卫平. 出口退税和创新补贴政策效应研究［J］. 经济研究，2008（11）：74-87.

［6］陈晓，李静. 地方政府财政行为在提升上市公司业绩中的作用探析［J］. 会计研究，2001（12）：20-28.

［7］陈少峰，陈晓燕. 基于数字文化产业发展趋势的商业模式构建［J］. 北京联合大学学报（人文社会科学版），2013，11（2）：64-69.

［8］陈少峰. 互联网文化产业环境下文化国企发展对策分析［J］. 北京联合大学学报（人文社会科学版），2015，13（1）：29-33.

［9］陈少峰，侯杰耀. 互联网文化产业的挑战与对策［J］. 北京联合大学学报（人文社会科学版），2016，14（2）：8-12.

［10］陈冬华. 地方政府、公司治理与补贴收入——来自我国证券市场的经验证据［J］. 财经研究，2003，29（9）：15-21.

［11］陈奇志. 上市公司获得的政府补贴为何高烧难退［J］. 造纸信息，2017（11）：37-42.

［12］戴晨，刘怡. 税收优惠与财政补贴对企业 R&D 影响的比较分析［J］. 经济科学，2008（03）：58-71.

［13］戴祁临，安秀梅. 产业链整合、技术进步与文化产业财税扶持政策优化——基于文化企业生产与研发的视角［J］. 财贸研究，2018（3）：30-39.

［14］谷丽静，王星星. 政府补助能促进企业技术创新吗？［J］. 中国注册会计师，2017（5）：62-68.

［15］高乐华. 中国文化产业经济前沿问题研究［M］. 北京：经济管理出版社，2017.

209

[16] 高志强. 文化产业的经济学诠释 [J]. 现代商贸工业, 2017 (21): 10 - 11.

[17] 耿强, 江飞涛, 傅坦. 政策性补贴、产能过剩与中国的经济波动——引入产能利用率 RBC 模型的实证检验 [J]. 中国工业经济, 2011 (05): 27 - 36.

[18] 耿强, 胡睿昕. 企业获得政府补贴的影响因素分析: 基于工业企业数据库的实证研究 [J]. 审计与经济研究, 2013 (06): 80 - 90.

[19] 关萍萍. 我国文化产业政策体系的3P评估 [J]. 西南民族大学学报 (人文社科版), 2012, 33 (1): 144 - 149.

[20] 郭晓丹, 何文韬, 肖兴志. 战略性新兴产业的政府补贴、额外行为与研发活动变动 [J]. 宏观经济研究, 2011 (11): 63 - 69.

[21] 郭剑花, 杜兴强. 政治联系、预算软约束与政府补助的配置效率——基于中国民营上市公司的经验研究 [J]. 金融研究, 2011 (2): 114 - 128.

[22] 郭玉军, 李华成. 欧美文化产业税收优惠法律制度及其对我国的启示 [J]. 武汉大学学报 (哲学社会科学版), 2012, 65 (1): 5 - 10.

[23] 郭玥. 政府创新补助的信号传递机制与企业创新 [J]. 中国工业经济, 2018 (09): 98 - 116.

[24] 胡彬. 创意产业价值创造的内在机理与政策导向 [J]. 中国工业经济, 2007 (5): 22 - 29.

[25] 胡惠林. 文化产业学: 现代文化产业理论与政策 [M]. 上海: 上海文艺出版社, 2006.

[26] 胡惠林. 论政府与文化市场的关系 [J]. 长白学刊, 2014 (03): 28 - 32.

[27] 胡荣才, 曾汪泉, 刘黎. 政府补贴的省际与行业差异效应研究——以中部六省上市公司为例 [J]. 中国管理科学, 2014, 22 (S1): 253 - 260.

[28] 胡若痴, 武靖州. 支持文化创意产业发展的财政政策研究 [J]. 经济纵横, 2014 (1): 92 - 95.

[29] 黄德俊. 数字内容产业发展影响因素的实证研究 [J]. 科技管理研究, 2013, 33 (9): 134 - 138.

[30] 黄德俊. "钻石模型" 视角下我国数字内容产业发展途径研究 [J]. 科技管理研究, 2013 (17): 113 - 117.

[31] 黄翔, 黄鹏翔. 政府补助企业的主要动机研究——基于我国A股上市公司面板数据的实证检验 [J]. 西部论坛, 2017, 27 (3): 106 - 116.

[32] 黄芝茗. 政府补助、成长性与企业价值——基于创业板上市企业的经验证据 [J]. 中国市场, 2017 (5): 24 - 26.

[33] 贾康, 马衍伟. 税收促进文化产业发展的理论分析与政策建议 [J]. 财政研究, 2012 (4): 2 - 9.

［34］金业阳. 数字内容产业价值链关键环节影响因素与对策研究［J］. 深圳大学学报
（人文社会科学版），2013，30（5）：176－181.

［35］金元浦. 我国当前文化创意产业发展的新形态、新趋势与新问题［J］. 中国人民大
学学报，2016，30（4）：2－10.

［36］孔东民，刘莎莎，王亚男. 市场竞争、产权与政府补贴［J］. 经济研究，2013（2）：
55－67.

［37］孔东民，李天赏. 政府补贴是否提升了公司绩效与社会责任？［J］. 证券市场导报，
2014（06）：26－31，62.

［38］来尧静，徐梁. 发达国家数字内容产业：发展历程与配套措施［J］. 学海，2010
（6）：78－82.

［39］林毅夫. 新结构经济学——重构发展经济学的框架［J］. 经济学（季刊），2011，10
（1）：1－32.

［40］林菁璐. 政府研发补贴对中小企业研发投入影响的实证研究［J］. 管理世界，2018
（3）：33－47.

［41］林环. 欧美国家数字内容产业发展政策模式比较［J］. 中国出版，2018（6）：63－66.

［42］李健，杨蓓蓓，潘镇. 政府补助、股权集中度与企业创新可持续性［J］. 中国软科
学，2016（6）：180－192.

［43］李晓钟，吴振雄，张小蒂. 政府补贴对物联网企业生产效率的影响研究——基于沪
深两市2010—2013年公司数据的实证检验［J］. 中国软科学，2016（2）：105－113.

［44］李秀金. 促进文化产业发展的地方财政政策选择［J］. 财政研究，2009（8）：76－78.

［45］李万福，杜静，张怀. 创新补助究竟有没有激励企业创新自主投资——来自中国上
市公司的新证据［J］. 金融研究，2017（10）：130－145.

［46］李文明，吕福玉. 网络经济边际效应与网络文化产业发展模式研究［J］. 现代财经－
天津财经大学学报，2011（10）：5－15.

［47］李文明，吕福玉. 基于供求关系的网络文化产业运作［J］. 现代出版，2012（2）：
12－16.

［48］李文明，吕福玉. 网络文化产业研究［M］. 北京：经济科学出版社. 2014.

［49］李鹏. 数字内容产业的自我规制研究［J］. 软科学，2017，31（2）：33－37.

［50］梁琦，吕大国. 市场一体化、企业异质性与地区补贴——一个解释中国地区差距的新
视角［J］. 中国工业经济，2012（2）：16－25.

［51］梁媛. 深入把握数字创意产业"有核无边"特征［N］. 人民日报，2018－03－23.

［52］柳光强，杨芷晴，曹普桥. 产业发展视角下税收优惠与财政补贴激励效果比较研
究——基于信息技术、新能源产业上市公司经营业绩的面板数据分析［J］. 财贸
经济，2015（08）：38－47.

[53] 柳光强. 税收优惠、财政补贴政策的激励效应分析——基于信息不对称理论视角的实证研究 [J]. 管理世界, 2016 (10)：62–71.

[54] 刘相锋. 供给端补贴、需求端补贴与补贴退坡政策——基于三部门 DSGE 模型分析 [J]. 财贸经济, 2018, 39 (02)：36–51.

[55] 刘爽. 1999—2009 年我国网络文化产业政策综述 [J]. 江汉学术, 2011 (6)：37–41.

[56] 刘鹏, 杜啸尘. 我国文化产业财政政策的历史演变及分析 [J]. 地方财政研究, 2014 (7)：38–42.

[57] 刘继兵, 王定超, 夏玲. 政府补助对战略性新兴产业创新效率影响研究 [J]. 科技进步与对策, 2014 (23)：56–61.

[58] 刘萍, 胡欣荷. 政府补助对新能源上市公司绩效的影响 [J]. 财会月刊, 2015 (33)：74–78.

[59] 刘靖宇, 朱卫东, 孙宜博, 汪益玲. 政府补助对企业财务绩效影响的评价 [J]. 统计与决策, 2016 (10)：179–182.

[60] 刘果, 王梦洁. 数字内容产业发展：基于经济、产业、用户的视角 [J]. 求索, 2017 (7)：91–95.

[61] 刘吉发, 熊英霞. 比较优势的动态化视角下数字文化产业的政策路径 [J]. 国际文化管理, 2018 (00)：101–107.

[62] 龙莉, 蔡尚伟, 严昭柱. 中国互联网文化产业政策研究 [M]. 1 版. 成都：四川大学出版社, 2016.

[63] 娄策群, 王颖. 文娱类信息消费的边际效用分析 [J]. 情报科学, 2009 (05)：754–757.

[64] 陆国庆, 王舟, 张春宇. 中国战略性新兴产业政府创新补贴的绩效研究 [J]. 经济研究, 2014 (7)：44–55.

[65] 陆地, 陈学会. 中国网络文化产业发展报告 [M]. 北京：新华出版社, 2010.

[66] 陆琦林. 我国上市公司政府补助现状与分布 [J]. 地方财政研究, 2017 (10)：67–74.

[67] 罗维. 我国网络文化产业的落差与流向 [J]. 中国国情国力, 2005 (3)：60–62.

[68] 罗海蛟, 马海, 李建平. 上海数字内容产业预测与分析 [J]. 中国信息界, 2010 (Z1)：105–108.

[69] 马洪范. 文化产业发展与财税金融政策选择 [J]. 税务研究, 2010 (7)：14–16.

[70] 迈克尔·波特. 竞争战略 [M]. 北京：华夏出版社, 1997.

[71] 毛其淋, 许家云. 政府补贴对企业新产品创新的影响——基于补贴强度"适度区间"的视角 [J]. 中国工业经济, 2015 (6)：94–107.

[72] 毛牧然, 王健, 陈凡. 我国网络文化产业科技创新税收优惠政策的现状不足与对策 [J]. 中国科技论坛, 2014 (9)：115–120.

[73] 欧阳煌, 祝鹏飞, 张政. 地方政府补助与上市公司选址的关系研究 [J]. 中国软科

学, 2016 (4): 184 – 192.

[74] 欧阳友权, 吴钊. "互联网 +" 与中国文化产业 [J]. 求索, 2016 (4): 12 – 16.

[75] 欧阳友权, 江晓军. 问题聚焦与政策论证: 我国文化产业政策演变分析 [J]. 国家
行政学院学报, 2018 (01): 132 – 137, 152.

[76] 彭红星, 毛新述. 政府创新补贴、公司高管背景与研发投入——来自我国高科技行业
的经验证据 [J]. 财贸经济, 2017 (3): 147 – 160.

[77] 戚骥. 支持文化产业发展的税收政策研究 [J]. 财政研究, 2013 (6): 37 – 39.

[78] 戚骥. 支持文化产业发展的财政支出政策探析 [J]. 宏观经济管理, 2018 (7):
59 – 65.

[79] 邵敏, 包群. 政府补贴与企业生产率——基于我国工业企业的经验分析 [J]. 中国
工业经济, 2012 (7): 70 – 82.

[80] 生延超. 创新投入补贴还是创新产品补贴: 技术联盟的政府策略选择 [J]. 中国管
理科学, 2008, 16 (06): 184 – 192.

[81] 盛光华, 张志远. 补贴方式对创新模式选择影响的演化博弈研究 [J]. 管理科学学
报, 2015, 18 (9): 34 – 45.

[82] 宋静. 不同所有制结构中资本积累与就业的影响分析 [J]. 经济问题, 2013 (04):
39 – 42.

[83] 宋凌云, 王贤彬. 政府补贴与产业结构变动 [J]. 中国工业经济, 2013 (4):
94 – 106.

[84] 宋丽颖, 杨潭. 财政补贴、行业集中度与高技术企业 R&D 投入的非线性关系实证研
究 [J]. 财政研究, 2016 (7): 59 – 68.

[85] 唐清泉, 罗党论. 政府补贴动机及其效果的实证研究——来自中国上市公司的经验
证据 [J]. 金融研究, 2007 (6a): 149 – 163.

[86] 田翠香, 臧冲冲. 政府补助影响企业技术创新研究综述 [J]. 会计之友, 2017
(23): 94 – 97.

[87] 田贵平. 刍议网络文化产业经济发展中的问题与对策 [J]. 现代财经 – 天津财经大学
学报, 2008, 28 (6): 85 – 88.

[88] 童锦治, 刘诗源, 林志帆. 财政补贴、生命周期和企业研发创新 [J]. 财政研究,
2018 (4): 33 – 47.

[89] 王斌, 蔡宏波. 数字内容产业的内涵、界定及其国际比较 [J]. 财贸经济, 2010
(2): 110 – 116.

[90] 王德祥, 李昕. 政府补贴、政治关联与企业创新投入 [J]. 财政研究, 2017 (8):
79 – 89.

[91] 王刚刚, 谢富纪, 贾友. R&D 补贴政策激励机制的重新审视——基于外部融资激励

机制的考察 [J]. 中国工业经济, 2017 (2): 60 - 78.

[92] 王昀, 孙晓华. 政府补贴驱动工业转型升级的作用机理 [J]. 中国工业经济, 2017 (10): 99 - 117.

[93] 王克敏, 杨国超, 刘静, 李晓溪. IPO 资源争夺、政府补助与公司业绩研究 [J]. 管理世界, 2015 (9): 147 - 157.

[94] 王克敏, 刘静, 李晓溪. 产业政策、政府支持与公司投资效率研究 [J]. 管理世界, 2017 (3): 113 - 124.

[95] 王宇, 刘志彪. 补贴方式与均衡发展: 战略性新兴产业成长与传统产业调整 [J]. 中国工业经济, 2013 (8): 57 - 69.

[96] 王红梅, 李代民, 孙莹. 我国数字创意产业发展的制约因素分析——基于钻石模型视角 [J]. 福建论坛, 2010 (4): 100 - 103.

[97] 王红梅, 王红, 岳继华. 数字创意产业的区域生态环境——一个简单模型与案例研究 [J]. 经济管理, 2010, 32 (07): 15 - 19.

[98] 王强东. 网络文化产业与网络消费研究 [J]. 广东财经大学学报, 2009, 24 (4): 39 - 42.

[99] 王薇, 艾华. 政府补助、研发投入与企业全要素生产率——基于创业板上市公司的实证分析 [J]. 中南财经政法大学学报, 2018 (05): 88 - 96.

[100] 魏鹏举, 王玺. 中国文化产业税收政策的现状与建议 [J]. 同济大学学报 (社会科学版), 2013, 24 (5): 45 - 51.

[101] 魏志华, 吴育辉, 曾爱民. 寻租、财政补贴与公司成长性——来自新能源概念类上市公司的实证证据 [J]. 经济管理, 2015 (1): 1 - 11.

[102] 魏志华, 吴育辉, 李常青, 等. 财政补贴, 谁是"赢家"——基于新能源概念类上市公司的实证研究 [J]. 财贸经济, 2015 (10): 73 - 86.

[103] 魏志华, 赵悦如, 吴育辉. 财政补贴: "馅饼"还是"陷阱"? ——基于融资约束 VS. 过度投资视角的实证研究 [J]. 财政研究, 2015 (12): 18 - 29.

[104] 温忠麟, 叶宝娟. 中介效应分析: 方法和模型发展 [J]. 心理科学进展, 2014 (5): 731 - 745.

[105] 巫建国. 提高财政补贴经济效益的思考 [J]. 财贸经济, 1987 (2): 31 - 35.

[106] 吴静. 政府补助能提升文化企业的投资效率吗? ——基于我国文化产业上市公司的经验证据 [J]. 财会通讯, 2017 (06): 109 - 112.

[107] 武咸云, 陈艳, 李秀兰, 李作奎. 战略性新兴产业研发投入、政府补助与企业价值 [J]. 科研管理, 2017, 38 (9): 30 - 34.

[108] 夏后学, 谭清美. 简政放权与政府补贴如何影响技术创新 [J]. 财贸经济, 2017, 38 (5): 129 - 146.

[109] 解学芳. 政府与市场博弈下的网络文化产业管理 [J]. 中共天津市委党校学报, 2007, 9 (2): 72-76.

[110] 解学芳. 论网络文化产业的特征 [J]. 学术论坛, 2010, 33 (6): 164-167.

[111] 解学芳. 网络文化产业公共治理论 [M]. 同济大学出版社, 2011 年第 1 版。

[112] 解学芳, 臧志彭. "互联网+"背景下的网络文化产业生态治理 [J]. 科研管理, 2016, 37 (2): 80-89.

[113] 解学芳, 葛祥艳. 全球视野中 "一带一路" 国家文化创意产业创新能力与中国路径研究——基于 2012—2016 年全球数据 [J]. 青海社会科学, 2018 (04): 51-59.

[114] 解维敏, 唐清泉, 陆姗姗. 政府 R&D 资助, 企业 R&D 支出与自主创新——来自中国上市公司的经验证据 [J]. 金融研究, 2009 (06): 86-99.

[115] 肖兴志, 王伊攀. 战略性新兴产业政府补贴是否用在了 "刀刃" 上?——基于 254 家上市公司的数据 [J]. 经济管理, 2014 (4): 19-31.

[116] 肖宇, 夏杰长. 我国数字文化产业发展现状、问题与国际比较研究 [J]. 全球化, 2018 (08): 70-86.

[117] 许罡, 朱卫东, 孙慧倩. 政府补助的政策效应研究——基于上市公司投资视角的检验 [J]. 经济学动态, 2014 (6): 87-95.

[118] 许家云, 毛其淋. 政府补贴、治理环境与中国企业生存 [J]. 世界经济, 2016, 39 (2): 75-99.

[119] 徐海龙. 文化产业基础理论 [M]. 北京: 高等教育出版社, 2015. 10.

[120] 闫世刚. 数字内容产业国际发展模式比较及借鉴 [J]. 技术经济与管理研究, 2011 (1): 104-107.

[121] 叶文辉. 文化产业发展中的政府管理创新研究 [J]. 管理世界, 2016, 269 (2): 178-179.

[122] 杨向阳, 童馨乐. 财政支持、企业家社会资本与文化企业融资: 基于信号传递分析视角 [J]. 金融研究, 2015 (1): 117-133.

[123] 杨其静, 杨继东. 政治联系、市场力量与工资差异——基于政府补贴的视角 [J]. 中国人民大学学报, 2010, 24 (2): 69-77.

[124] 杨选辉, 杜一为. 基于模糊综合评价法的网络文化产业价值评估体系的构建 [J]. 南昌工程学院学报, 2014 (6): 65-68.

[125] 杨洋, 魏江, 罗来军. 谁在利用政府补贴进行创新?——所有制和要素市场扭曲的联合调节效应 [J]. 管理世界, 2015 (1): 75-86.

[126] 杨毅, 张琳, 王佳. 政府补贴对数字内容产业绩效影响的实证研究——基于我国上市影视公司的全业态数据分析 [J]. 中国文化产业评论, 2017 (1): 334-347.

[127] 尹达, 杨海平. 我国数字内容产业政策法规体系和运行保障机制研究 [J]. 图书情

报工作，2010，54（23）：19 – 22.

[128] 余明桂，回雅甫，潘红波. 政治联系、寻租与地方政府财政补贴有效性［J］. 经济研究，2010（3）：65 – 77.

[129] 苑德宇，李德刚，宋小宁. 产业集聚、企业年龄与政府补贴［J］. 财贸经济，2018，39（09）：39 – 56.

[130] 臧志彭，解学芳. 中国网络文化产业技术创新的动态演化［J］. 社会科学研究，2012（5）：44 – 51.

[131] 臧志彭，解学芳. 中国网络文化产业制度创新演化研究——基于 1994—2011 年的实证分析［J］. 科学学研究，2013，31（4）：630 – 640.

[132] 臧志彭. 基于决策树的网络文化产业发展影响因素实证研究：来自上海的经验证据［J］. 科技管理研究，2014，34（24）：211 – 217.

[133] 臧志彭. 政府补助、公司性质与文化产业就业——基于 161 家文化上市公司面板数据的分析［J］. 中国人口科学，2014（5）：57 – 66.

[134] 臧志彭. 政府补助、研发投入与文化产业上市公司绩效——基于 161 家文化上市公司面板数据中介效应实证［J］. 华东经济管理，2015（6）：80 – 88.

[135] 臧志彭. 政府补助、资本性质与文化上市公司无形资产［J］. 上海金融，2015（5）：100 – 104.

[136] 臧志彭. 政府补助、公司性质与文化产业上市公司经营绩效关系研究——基于 2011 年—2013 年的面板数据实证分析［J］. 现代管理科学，2015（3）：48 – 50.

[137] 臧志彭. 中国网络文化产业发展指数构建与动态演化实证分析［J］. 统计与决策，2015（1）：103 – 106.

[138] 臧志彭. 数字创意产业全球价值链重构——战略地位与中国路径［J］. 科学学研究，2018，36（5）：825 – 830.

[139] 翟江林，刘素荣. 政府补助对中小信息技术企业研发投入的影响——基于中小板上市公司的实证分析［J］. 企业科技与发展，2016（7）：1 – 4.

[140] 詹一虹，侯顺. 网络文化产业研究的逻辑起点与问题域［J］. 深圳大学学报（人文社会科学版），2016，33（5）：29 – 35.

[141] 张同斌，高铁梅. 财税政策激励、高新技术产业发展与产业结构调整［J］. 经济研究，2012，47（05）：58 – 70.

[142] 张杰，陈志远，杨连星，等. 中国创新补贴政策的绩效评估：理论与证据［J］. 经济研究，2015（10）：4 – 17.

[143] 张帆，孙薇. 政府创新补贴效率的微观机理：激励效应和挤出效应的叠加效应——理论解释与检验［J］. 财政研究，2018（4）：48 – 60.

[144] 张文宇，高晶. 基于聚类分析的数字文化产业价值链提升研究［J］. 系统工程，

2014（3）：131 – 136.

［145］张宪超，李孟刚. 我国数字文化产业发展研究［J］. 广西社会科学，2014（7）：184 – 187.

［146］赵璨，王竹泉，杨德明，等. 企业迎合行为与政府补贴绩效研究——基于企业不同盈利状况的分析［J］. 中国工业经济，2015（7）：130 – 145.

［147］赵志耘，高影繁，周伊晓，姚长青. 一种基于无形资产的上市公司政府补助使用效率的评价方法［J］. 中国软科学，2017（10）：136 – 142.

［148］赵普光，李凌汉. 我国网络文化产业发展的现状、问题与对策［J］. 青岛科技大学（社会科学版），2008，24（3）：44 – 47.

［149］郑春荣. 我国文化产业发展面临的问题与公共政策探讨［J］. 税务研究，2010（7）：17 – 22.

［150］郑春美，李佩. 政府补助与税收优惠对企业创新绩效的影响——基于创业板高新技术企业的实证研究［J］. 科技进步与对策，2015（16）：83 – 87.

［151］周亚虹，蒲余路，陈诗一，等. 政府扶持与新型产业发展——以新能源为例［J］. 经济研究，2015（6）：147 – 161.

［152］周晓英. 数字内容价值创造中政府的角色和作用［J］. 情报科学，2015，33（10）：3 – 10.

［153］朱长春. 基于 SWOT 分析的我国网络文化产业战略研究［J］. 北京邮电大学学报（社会科学版），2008，10（2）：32 – 34.

［154］朱松，陈运森. 政府补贴决策、盈余管理动机与上市公司扭亏［J］. 中国会计与财务研究，2009，（3）：92 – 140.

［155］AHARONY J, LEE C W J, WONG T J. Financial Packaging of IPO Firms in China［J］. Journal of Accounting Research, 2000, 38（1）：103 – 126.

［156］ALECK, MITZE, REINKNOWSKI. Does Firm Size Make a Difference? Analyzing the Effectiveness of R&D Subsidies in East Germany［J］. German Economic Review, 2012, 13（2）：174 – 195.

［157］ANKARHEM, M., DAUNFELDT, S., QUORESHI, S., RUDHOLM, N., Do regional investment grants improve firm performance? Evidence from Sweden［J］. Technology and Investment, 2010, 1（3）：221 – 227.

［158］ARQUÉ – CASTELLS P. Persistence in R&D Performance and its Implications for the Granting of Subsidies［J］. Review of Industrial Organization, 2013, 43（3）：193 – 220.

［159］BARBARA J. SPENCER, JAMES A. Brander. International R&D Rivalry and Industrial Strategy［J］. The Review of Economic Studies, 1983, 50（4）：707 – 722.

［160］BASTIN, C., SZKLO, A., Rosalp, Diffusion of New Automotive Technologies for Improving Energy Efficiency in Brazil's Light Vehicle Fleet [J]. Energy Policy, 2010, 38 (7): 3586 – 3597.

[161] BANKS M, LOVATT A, O'CONNOR J, et al. Risk and trust in the cultural industries [J]. Geoforum, 2000, 31 (4): 453 – 464.

[162] BEASON R, WEINSTEIN D E. Growth, Economies of Scale, and Targeting in Japan (1955 – 1990) [J]. Review of Economics & Statistics, 1996, 78 (2): 286 – 295.

[163] BEEK K V D, SWATMAN P M C, KRUEGER C. Creating Value from Digital Content: eBusiness Model Evolution in Online News and Music [J]. 2005, 7: 206a.

[164] BERESTEANU, A., LI, S., Gasoline Prices, Government Support and the Demand for Hybrid Vehicles in the United States [J]. International Economic Review, 2011, 52 (1): 161 – 182.

[165] BERGSTROM F. Capital subsidies and the performance of firm [J]. Small Business Economics, 2000, 14 (13): 183 – 193.

[166] BERNINI, C., G. PELLEGRINI. How Are Growth and Productivity in Private Firms Affected by Public Subsidy? Evidence from a Regional Policy [J]. Regional Science and Urban Economics, 2011, 41 (3): 253 – 265.

[167] BOEING, P. The Allocation and Effectiveness of China's R&D Subsidies – Evidence from Listed Firms [J]. Research Policy, 2016, 45 (9): 1774 – 1789.

[168] CATOZZELLA A., VIVARELLI M., Beyond Additionality: Are InnovationSubsidies Counterproductive? [M]. Social Science Electronic Publishing, 2011.

[169] CATOZZELLA A., VIVARELLI M. The Possible Adverse Impact of Innovation Subsidies: Some Evidence from Italy [J]. International Entrepreneurship & Management Journal, 2016, 12 (2): 351 – 368.

[170] CERQUA A, PELLEGRINI G. Do subsidies to private capital boost firms' growth? A multiple regression discontinuity design approach? [J]. Journal of Public Economics, 2014, 109 (109): 114 – 126.

[171] CHAMINADE, C., EDQUIST, C. Rationales for Public Policy Intervention from a System of Innovation Approach: The Case of Vinnova [D]. CIRCLE, Lund University, 2006.

[172] CHAUDHRY P. The looming shadow of illicit trade on the internet [J]. Business Horizons, 2017, 60 (1): 77 – 89.

[173] CHEN, V. Z., LI, J., SHAPIRO, And D. M. AND ZHANG, X., Ownership Structure and Innovation: An Emerging Market Perspective [J]. Asia Pacific Journal of Management, 2012, (31): 1 – 24.

[174] CHENA J., CHENG SUANG HENGB, BERNARD C. Y. TANB, ZHIJIE LINC, the dis-

tinct signaling effects of R&D subsidy and non – R&D subsidy on IPO performance of IT entrepreneurial firms in China [J]. Research Policy, 2018, 47: 108 – 120.

[175] CHILD, J. And TSE, D. K. China's Transition and its Implications for International Business [J]. Journal of International Business Studies, 2001, (32): 5 – 21.

[176] CHRIS GIBSONL, LILY KONG. Cultural economy: a critical review [J]. Progress in Human Geography, 2005, 29 (5): 541 – 561.

[177] CHU Y L, WANG J, ZENG C, et al. China's "Mercantilist" Government Subsidies, the Cost of Debt and Firm Performance [J]. Journal of Banking & Finance, 2017, 86: 37 – 52.

[178] CLARO, S. Supporting Inefficient Firms with Capital Subsidies: China and Germany in the 1990s [J]. Journal of Comparative Economics, 2006, 34 (2): 377 – 401.

[179] CLARYSSE, B. , M. WRIGHT AND P. MUSTAR. Be Havioural Additionality of R&D Subsidies: A Learning Perspective [J]. Research Policy, 2009, 38 (10): 1517 – 1533.

[180] CLEMENTS B J, RODRÍGUEZ H, SCHWARTZ G. Economic Determinants of Government Subsidies [J]. IMF Working Papers, 1998, 98 (98/166): 557 – 66.

[181] COOKE P. , PROPRIS L. D. A policy agenda for EU smart growth: the role of creative and cultural industries [J]. Policy Studies, 2011, 32 (4): 365 – 375.

[182] COLOMBO M G, GRILLI L, MURTINU S. R&D subsidies and the performance of high – tech start – ups [J]. Economics Letters, 2011, 112 (1): 97 – 99.

[183] CRANED. Cultural globalization and the dominance of the American film industry: cultural policies, national film industries and transnational film [J]. International Journal of Cultural Policy, 2014, 20 (4): 365 – 382.

[184] CRISCUOLO, CHIARA, MARTIN, RALF, OVERMAN, HENRY G, et al. The Causal Effects of an Industrial Policy [J]. Social Science Electronic Publishing, 2012, No. 17842.

[185] CUNNINGHAM, STUART D. From cultural to creative industries: Theory, industry and policy implications [J]. Media International Australia Incorporating Culture and Policy: Quarterly Journal of Media Research and Resources, 2002, 102 (1): 54 – 65.

[186] CZARNITZKI D, EBERSBERGER B, FIER A. The relationship between R&D collaboration, subsidies and R&D performance: Empirical evidence from Finland and Germany [J]. Journal of Applied Econometrics, 2007, 22 (7): 1347 – 1366.

[187] DAI X. , CHENG L. The effect of Public Subsidies on Corporate R&D Investment: An Application of the Generalized Propensity Score [J]. Technological Forecasting & Social Change, 2015, 90, (2): 410 – 419.

[188] DAVID THROSBY. Assessing the Impacts of a Cultural Industry [J]. The Journal of Arts

Management, Law, and Society, 2004, 34 (3): 188 – 204.

[189] DAWLEY A P, TOMANEY S T. Resilience, adaptation and adaptability [J]. Cambridge Journal of Regions, Economy and Society, 2010, 3 (1): 59 – 70.

[190] DENHAM J. Digital culture industry: a history of digital distribution [M]. Palgrave Macmillan, 2013.

[191] DIMOS, C., & PUGH, G. The effectiveness of R&D subsidies: a meta – regression analysis of the evaluation literature [J]. Research Policy, 2016, 45 (4), 797 – 815.

[192] DOMINIQUE GUELLEC. Applications, grants and the value of patent [J]. Economics Letters, 2000, 69 (1): 109 – 114.

[193] DOMINIQUE, G., V. P. BRUNO. The Impact of Public R&D Expenditure on Business R&D [R]. OECD Working Paper, 2000.

[194] ELLISON, G., GLAESER, E. The Geographic Concentration of Industry: Does Natural Advantage Explain Agglomeration? [J]. American Economic Review, 1999. 89. 2, 311 – 316.

[195] EINIÖ, E. R&D subsidies and company performance: evidence from geographic variation in government funding based on the ERDF population – density rule [J]. Review of Economics & Statistics, 2013, 96 (4), 710 – 728.

[196] FACCIO M, MASULIS R W, MCCONNELL J J. Political Connections and Corporate Bailouts [J]. Journal of Finance, 2006, 61 (6): 2597 – 2635.

[197] FELDMAN, M. P. AND KELLEY, M. R., the Ex Ante Assessment of Knowledge Spillovers: Government R&D Policy, Economic Incentives andPrivate Firm Behavior [J]. Research Policy, 2006, (35): 1509 – 1521.

[198] FORNAHL, BROEKEL, BOSCHMA. What Drives Patent Performance of German Biotech Firms? The Impact of R&D Subsidies, Knowledge Networks and Their Location [J]. Regional Science, 2011, 90 (2): 395 – 418.

[199] FREDRIK BERGSTRÖM. Capital Subsidies and the Performance of Firms [J]. Small Business Economics, 2000, 14 (3): 183 – 193.

[200] FRYE, T., SHLEIFER, A. The Invisible Hand and the Grabbing Hand [J]. American Economic Review, 2007, 87 (2): 354 – 358.

[201] GALLAGHER, K. S., MUEHLEGGER, E., Giving Green to Get Green? Incentives and Consumer Adoption of Hybrid Vehicle Technology [J]. Journal of Environmental Economics and Management, 2011, 61 (1): 1 – 15.

[202] GANDIA R. The Digital Revolution and Convergence in the Videogame and Animation Industries: Effects on the Strategic Organization of the Innovation Process [J]. International Journal of Arts Management, 2013, 15 (2): 32 – 44.

[203] GARCIA A. , MOHNEN P. , Impact of Government Support on R&D and Innovation [J]. Genetics, 2010, 148 (4): 1777 – 2786.

[204] GONZALEZ, X. , JAUMANDREU, J. , PAZO, C. , Barriers to innovation and Subsidy effectiveness [J]. Rand Journal of Economics, 2005, 36 (4): 930 – 950.

[205] GÖRG, H. , STROBL, E. The effect of R&D subsidies on private R&D [J]. Economica, 2007, 74 (294): 215 – 234.

[206] GRETZ R T, SCOTT R C. R&D subsidy games: a cost sharing approach vs. reward for performance [J]. Journal of Technology Transfer, 2012, 37 (4): 385 – 403.

[207] GUIMARES, P. , FIGUEIREDO, O. , WOODWARD, D. , A Tractable Approach to the Firm Location Decision Problem [J]. The Review of Economics and Statistics, 2003. 85 (1), 201 – 204.

[208] GUIMARES, P. , FIGUEIREDO, O. , and WOODWARD, D. Industrial Location Modeling: Extending the Random Utility Framework [J]. Journal of Regional Science, 2004. 44 (1), 1 – 20.

[209] GUO, D. , GUO, Y. , & Jiang, K. Government – subsidized R&D and firm innovation: evidence from china [J]. Research Policy, 2016, 45 (6), 1129 – 1144.

[210] HARRISR I D. The Employment Creation Effects of Factor Subsidies: Some Estimates for Northern Ireland Manufacturing Industry, 1955 – 1983 [J]. Journal of Regional Science, 1991, 31 (1): 49 – 64.

[211] HARRIS R, TRAINOR M. Capital Subsidies and their Impact on Total Factor Productivity: Firm – Level Evidence from Northern Ireland [J]. Journal of Regional Science, 2010, 45 (1): 49 – 74.

[212] HARTLEY, J. et al. Creative Industry and Innovation in China [J]. International Journal of Cultural Studies, 2006, 9 (3): 259 – 264.

[213] HALL, B. , MAFFIOLI, A. Evaluating the Impact of Technology Development Funds in Emerging Economies: Evidence from Latin America [J]. European Journal of Development Research, 2008, 20 (2).

[214] HEMELS S, GOTO K. Tax Incentives for the Creative Industries [M]. Springer Singapore, 2017.

[215] HIROSHI OHASHI, Learning by Doing, Export Subsidies, and Industry Growth: Japanese Steel in the 1950s and 1960s [J]. Journal of International Economics, 2005, 66 (2): 297 – 323.

[216] Howkins, John. The Creative Economy: How People Make Money from Ideas [M]. London: Allen Lane, 2001.

[217] IRWIN, D. A., and KLENOW, P. J. High – Tech R&D subsidies: Estimating the effects of Sematech [J]. Journal of International Economics, 1996, 40 (3 – 4): 323 – 344.

[218] ISABEL BUSOM. An Empirical Evaluation of the Effects of R&D Subsidies [J]. Economics of Innovation & New Technology, 2000, 9 (2): 111 – 148.

[219] KANG K N, PARK H. Influence of government R&D support and inter – firm collaborations on innovation in Korean biotechnology SMEs [J]. Technovation, 2012, 32 (1): 68 – 78.

[220] KAISER, U., Private R&D and Public R&D Subsidies: Micro econometric Evidence for Denmark [J]. National Economic, 2006, 144: 1 – 17.

[221] Kim D. New regulatory Institution for the Convergence of Broadcasting and Telecommunications: A Korean Case [J]. Government Information Quarterly, 2011, 28 (2), 155 – 163.

[222] K. J. ARROW. Economic Welfare and the Allocation of Resources for Invention [J]. Social Science Electronic Publishing, 1972, 12: 609 – 626.

[223] KLOUDOVA JITKA, CHWASZCZ ONDREJ. The Analysis of the Creative Industry Linked in Connection with the Economic Development [J]. E&M Ekonomiea Management, 2014, 17 (1): 32 – 42.

[224] KOSKI H. The role of business subsidies in job creation of start – ups, gazelles and incumbents [J]. Small Business Economics, 2013, 41 (1): 195 – 214.

[225] LACH S. Do R&D Subsidies Stimulate or Displace Private R&D? Evidence from Israel [J]. Journal of Industrial Economics, 2010, 50 (4): 369 – 390.

[226] LARSEN, B., SHAH, A. World fossil fuel subsidies and global carbon emissions [J]. Working paper, 1992.

[227] LEE C Y. The differential effects of public R&D support on firm R&D: Theory and evidence from multi – country data [J]. Technovation, 2011, 31 (5 – 6): 256 – 269.

[228] LEE E, WALKER M, ZENG C. Do Chinese government subsidies affect firm value? [J]. Accounting Organizations & Society, 2014, 39 (3): 149 – 169.

[229] LEE YOONSHIK, YOON JONG HYUN. A study on the policy change processes of culture and arts support system: Focusing on strategic policy belief system of advocacy coalition [J]. Korean Journal of Policy Analysis and Evaluation, 2013, 23 (3): 69 – 91.

[230] LIM C Y, WANG J, ZENG C, et al. China's "Mercantilist" Government Subsidies, the Cost of Debt and Firm Performance [J]. Journal of Banking and Finance, 2018, 86: 37 – 52.

[231] LI L, CHEN J, GAO H, et al. The certification effect of government R&D subsidies on innovative entrepreneurial firms' access to bank finance: evidence from China [J]. Small Business Economics, 2018 (1): 1 – 19.

[232] LILY KONG. From cultural industries to creative industries and back? Towards clarifying

theory and rethinking policy, Inter – Asia Cultural Studies, 2014, 15 (4): 593 – 607.

[233] Lind D A. Statistical Techniques in Business & Economics [J]. Journal of the Operational Research Society, 2002, 42 (2): 187 – 188.

[234] LOPEZ, R., GALINATO, G. I. Should governments stop subsidies to private goods? Evidence from rural Latin America [J]. Journal of Public Economics, 2007, 91 (5 – 6): 1071 – 1094.

[235] MALACKOWSK, J. E. The Intellectual Property Marketplace: Past, Present and Future, the John Marshall Review of Intellectual Property Law, 2006, 5 (4): 605 – 616.

[236] MARCUS, N., HOWARD, P. Industrial Policy in an Era of Globalization: Lessons from Asia [C]. Washington, Peterson Institute Press: All Books, 2003.

[237] MARINO M, LHUILLERY S, PARROTTA P, et al. Additionality or crowding – out? An overall evaluation of public R&D subsidy on private R&D expenditure [J]. Research Policy, 2016, 45 (9): 1715 – 1730.

[238] MICKEY B. Special report: state of the content industry [J]. E – content. 2001 (24): 20 – 21.

[239] MITRA S, WEBSTER S. Competition in remanufacturing and the effects of government subsidies [J]. International Journal of Production Economics, 2012, 111 (2): 287 – 298.

[240] MEULEMAN M, MAESENEIRE W D. Do R&D subsidies affect SMEs' access to external financing? [J]. Research Policy, 2012, 41 (3): 580 – 591.

[241] MT. AUBURN ASSOCIATES. Utilizing Tax Incentives to Cultivate Cultural Industries and Spur Arts – Related Development [C]. Conference Series on Economic Development Planning, Strategy and Evaluation, 2010, P. 26.

[242] NARAYANAN, K., PINCHES, E., KELM, M., LANDER, M. The Influence of Voluntarily Disclosed Qualitative Information [J]. Strategic Management Journal, 2000, 21 (7).

[243] NEARY, J. P. Cost asymmetries in international subsidy games: Should governments help winners or losers? Journal of International Economics, 1994, 37 (3 –4): 19 – 218.

[244] NEARY, J. P. Pitfalls in the Theory of International Trade Policy: Concertina Reforms of Tariffs, and Subsidies to High – Technology Industries [J]. Scandinavian Journal of Economics, 2010, 100 (1): 187 – 206.

[245] OECD. Digital Broadband Content: The online computer and video game industry Complete Edition [J]. OECD Science & Information Technology, 2005, volume 2005 (3): i – 68 (69).

[246] OGUS A, Carbonara E. Self – regulation [M]. Production of Rules, 2012.

[247] OZIMEK A. Creative economy and culture: Challenges, changes and futures for the creative industries [J]. Information Communication & Society, 2015, 20 (12): 1-3.

[248] PARIS T, PATRICK L, DAVID M. Technological Change at the Heart of the Creative Process: Insights from the Videogame Industry [J]. International Journal of Arts Management, 2013, 15 (2): 45-59.

[249] PARK H, YOON H, HWANG J. Prospect of the next - generation digital content industry: Three perspective approach to the user acceptance of the Realistic content technology [C]. International Conference on Advanced Communication Technology. IEEE, 2016: 675-680.

[250] PORTER M E. Clusters and the new economics of competition [J]. Harvard Business Review, 1998, 76 (6): 77.

[251] PRATT ANDY C. Cultural industries and public policy [J]. International Journal of Cultural Policy, 2005, 11 (1): 31-44.

[252] RADAS, S., and I. D. ANIC. Evaluating Additionality of an Innovation Subsidy Program Targeted as SMEs: An Exploratory Study [J]. Croatian Economic Survey, 2013, 15 (1): 61-88.

[253] RICHARD E. CAVES, Creative Industries: Contracts between Arts and Commerce [M]. Harvard University Press, 2000.

[254] Richard Florida. The Rise of Creative Class [M]. New York: Basic, 2002.

[255] ROBINSON, K., HARRIS, R. Industrial Policy in Great Britain and Its Effect on Total Factor Productivity in Manufacturing Plants, 1990-1998 [J]. Scottish Journal of Political Economy, 2004, 51 (4).

[256] RODGERS S J. Jobs for creatives outside the creative industries: a study of creatives working in the Australian manufacturing industry [J]. Creative Industries Journal, 2015, 8 (1): 3-23.

[257] RODRIK D. Industrial Policy for the 21st Century [C]. CEPR Discussion Papers, 2004.

[258] RODRÍGUEZ - FERRÁNDIZ R. Culture Industries in a Postindustrial Age: Entertainment, Leisure, Creativity, Design [J]. Critical Studies in Media Communication, 2014, 31 (4): 327-341.

[259] ROODHOUSE S. Creative Industries: The Business of Definition and Cultural Management Practice [J]. International Journal of Arts Management, 2008, 11 (1): 16-27.

[260] RYU, SUNG - YONG. The Investments on intangible assets and the Firm's Value in the culture content industry [J]. Journal of Distribution and Management Research, 2014, 17 (6): 69-80.

[261] SCHWARTZ, G. , CLEMENTS, B. Government subsidies [J]. Journal of Economic Survey, 1999, 13 (2), 119 – 147.

[262] SCOTT J. WALLSTEN. The Effects of Government – Industry R&D Programs on Private R&D: The Case of the Small Business Innovation Research Program [J]. The RAND Journal of Economics, 2000, 31 (1): 82 – 100.

[263] SCOTT. The Cultural Economy of Cities [M]. London: Sage, 2000.

[264] STENBACKA, RUNE AND MIHKEL M. TOMBAK. Technology Policy and the organization of R&D [J]. Journal of Economic Behavior & Organization, 1998, 36 (4): 503 – 520.

[265] STIGLITZ J E. Markets, Market Failures, and Development [J]. American Economic Review, 1989, 79 (2): 197 – 203.

[266] STEPHEN E. Siwek of Economists Incorporated, Copyright Industries in the U. S. Economy [R]. New York: OTA, 2011.

[267] TASSEY G. Policy Issues for R&D Investment in a Knowledge – Based Economy [J]. Journal of Technology Transfer, 2004, 29 (2): 153 – 185.

[268] TERRY F. The creative industries: culture and policy [M]. London: SAGE, 2012.

[269] THOMSON R K, JENSEN P H. The effects of government subsidies on business R&D employment: evidence from OECD countries [J]. National Tax Journal, 2013, 66 (2), 281 – 310.

[270] TOWSE R. Cultural Economics, Copyright and the Cultural Industries [J]. Society and Economy in Central and Eastern Europe, 2000, 22 (4): 107 – 134.

[271] TSAI H H, LEE H Y, YU H C. Developing the Digital Content Industry in Taiwan [J]. Reviews of Police Research, 2008, 25 (2): 169 – 188.

[272] TZELEPIS D, SKURAS D. The effects of regional capital subsidies on firm performance: an empirical study [J]. Journal of Small Business & Enterprise Development, 2004, 11 (1): 121 – 129.

[273] VALLBÉ J J, BODÓ B, HANDKE C, et al. Knocking on Heaven's Door – User Preferences on Digital Cultural Distribution [J]. Social Science Electronic Publishing, 2015, 1 – 24.

[274] WARREN P, GREENOP D, CRAWLEY B. The content industry – convergence and diversity [J]. Journal of the Institution of British Telecommunications Engineers, 2001 (2): 59 – 66.

[275] WREN C, WATERSON M. The Direct Employment Effects of Financial Assistance to Industry [J]. Oxford Economic Paper, 1991, 43 (1): 116 – 138.

[276] WREN C. Regional Grants: Are They WorthIt? [J]. Fiscal Studies, 2010, 26 (2):

245 – 275.

[277] XULIA GONZÁLEZ, CONSUELO PAZÓ. Do public subsidies stimulate private R&D spending? [J]. Research Policy, 2008, 37 (3): 371 – 389.

[278] YONG G J, SOHN SY. Structural Equation Model for Effective CRM of Digital Content Industry [J]. Expert Systems with Application, 2008, 34 (1): 63 – 71.

[279] YUSUF S, NABESHIMA K. Creative industries in East Asia [J]. Cities, 2005, 22 (2): 109 – 122.

[280] YU, F., GUO, Y., LE – NGUYEN, K., BARNES, S. J., & ZHANG, W. The impact of government subsidies and enterprises' R&D investment: a panel data study from renewable energy in china [J]. Energy Policy, 2016, 89, 106 – 113.

[281] ZHANG, H., LI, L., ZHOU, D., & ZHOU, P. Political connections, government subsidies and firm financial performance: evidence from renewable energy manufacturing in china [J]. Renewable Energy, 2014, 63 (1), 330 – 336.

附录 A 《文化及相关产业分类（2018）》

国家统计局 2018 年新修订的《文化及相关产业分类（2018）》将文化及相关产业划分为大类（9 个）、中类（43 个）和小类（146 个）三层。其中01—06 大类为文化核心领域，07—09 大类为文化相关领域。笔者以该分类标准中有关网络文化产业的内容为依据进行网络文化上市公司的行业分类。现将该分类标准中有关网络文化产业内容摘录如下：

《文化及相关产业分类（2018）》中涉及网络文化产业内容摘录

代 码			类别名称	说 明
大类	中类	小类		
01			新闻信息服务	
	012		报纸信息服务	
		0120	报纸出版	包括党报出版、综合新闻类报纸出版和其他报纸出版服务
	013		广播电视信息服务	
		0131	广播	指广播节目的现场制作、播放及其他相关活动，还包括互联网广播
		0132	电视	指有线和无线电视节目的现场制作、播放及其他相关活动，还包括互联网电视
		0133	广播电视集成播控	指 IP 电视、手机电视、互联网电视等专网及定向传播视听节目服务的集成播控，还包括普通广播电视节目集成播控
	014		互联网信息服务	
		0141	互联网搜索服务	互联网中的特殊站点，专门用来帮助人们查找存储在其他站点上的信息
		0142	互联网其他信息服务	包括网上新闻、网上软件下载、网上音乐、网上视频、网上图片、网上动漫、网上文学、网上电子邮件、网上新媒体、网上信息发布、网站导航和其他互联网信息服务

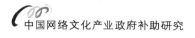

续表

代码			类别名称	说明
大类	中类	小类		
02			内容创作生产	
	021		出版服务	
		0211	图书出版	包括书籍出版、课本类书籍出版和其他图书出版服务
		0212	期刊出版	包括综合类杂志出版，经济、哲学、社会科学类杂志出版，自然科学、技术类杂志出版，文化、教育类杂志出版，少儿读物类杂志出版和其他杂志出版服务
		0213	音像制品出版	包括录音制品出版和录像制品出版服务
		0214	电子出版物出版	包括马列毛泽东思想、哲学等分类别电子出版物，综合类电子出版物和其他电子出版物出版服务
		0215	数字出版	指利用数字技术进行内容编辑加工，并通过网络传播数字内容产品的出版服务
	022		广播影视节目制作	
		0221	影视节目制作	指电影、电视和录像（含以磁带、光盘为载体）节目的制作活动，该节目可以作为电视、电影播出、放映，也可以作为出版、销售的原版录像带（或光盘），还可以在其他场合宣传播放，还包括影视节目的后期制作，但不包括电视台制作节目的活动
		0222	录音制作	指从事录音节目、音乐作品的制作活动，其节目或作品可以在广播电台播放，也可以制作成出版、销售的原版录音带（磁带或光盘），还可以在其他宣传场合播放，但不包括广播电台制作节目的活动
	023		创作表演服务	
		0233	其他文化艺术业	包括网络（手机）文化服务，史料、史志编辑服务，街头报刊橱窗管理服务和其他未列明文化艺术服务
	024		数字内容服务	
		0241	动漫、游戏数字内容服务	指将动漫和游戏中的图片、文字、视频、音频等信息内容运用数字化技术进行加工、处理、制作并整合应用的服务，使其通过互联网传播，在计算机、手机、电视等终端播放，在存储介质上保存

代码			类别名称	说 明
大类	中类	小类		
		0242	互联网游戏服务	指以互联网为传输媒介，以游戏运营商服务器和用户计算机为处理终端，以游戏客户端软件为信息交互窗口，旨在实现娱乐、休闲、交流和取得虚拟成就的具有可持续性的个体性多人在线游戏。包括互联网电子竞技服务
		0243	多媒体、游戏动漫和数字出版软件开发	仅指通用应用软件中的多媒体软件、游戏动漫软件、数字出版软件开发
		0244	增值电信文化服务	仅指固定网增值电信、移动网增值电信、其他增值电信中的文化服务，包括手机报、个性化铃音等业务服务
		0245	其他文化数字内容服务	仅指文化宣传领域数字内容服务
03			创意设计服务	
	031		广告服务	
		0311	互联网广告服务	指提供互联网广告设计、制作、发布及其他互联网广告服务。包括网络电视、网络手机等各种互联网终端的广告的服务
	032		设计服务	
		0323	专业设计服务	包括时装、包装装潢、多媒体、动漫及衍生产品、饰物装饰、美术图案、展台、模型和其他专业设计服务
04			文化传播渠道	
	041		出版物发行	
		0411	图书批发	包括书籍、课本和其他图书的批发和进出口
		0413	音像制品、电子和数字出版物批发	包括音像制品及电子出版物的批发和进出口
		0415	音像制品、电子和数字出版物零售	包括音像制品专门零售店、电子出版物专门零售、音像制品及电子出版物固定摊点零售服务
	042		广播电视节目传输	
		0421	有线广播电视传输服务	指有线广播电视网和信号的传输服务
		0422	无线广播电视传输服务	指无线广播电视信号的传输服务

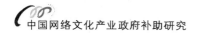

续表

代　码			类别名称	说　明
大类	中类	小类		
		0423	广播电视卫星传输服务	包括卫星广播电视信号的传输、覆盖与接收服务，卫星广播电视传输、覆盖、接收系统的设计、安装、调试、测试、监测等服务
	043		广播影视发行放映	
		0431	电影和广播电视节目发行	包括电影发行和进出口交易、非电视台制作的电视节目发行和进出口服务
		0432	电影放映	指专业电影院以及设在娱乐场所独立（或相对独立）的电影放映等活动。
	045		互联网文化娱乐平台	
		0450	互联网文化娱乐平台	仅包括互联网演出购票平台、娱乐应用服务平台、音视频服务平台、读书平台、艺术品鉴定拍卖平台和文化艺术平台
05			文化投资运营	
06			文化娱乐休闲服务	
	061		娱乐服务	
		0613	网吧活动	指通过计算机等装置向公众提供互联网上网服务的网吧、电脑休闲室等营业性场所的服务
07			文化辅助生产和中介服务	
	073		版权服务	
		0730	版权和文化软件服务	仅指版权服务、文化软件服务，文化软件服务指与文化有关的软件服务，包括软件代理、软件著作权登记、软件鉴定等服务
08			文化装备生产	
	082		广播电视电影设备制造及销售	
		0822	广播电视接收设备制造	指专业广播电视接收设备的制造，但不包括家用广播电视接收设备的制造
		0824	专业音响设备制造	指广播电视、影剧院、录音棚、会议、各种场地等专业用录音、音响设备及其他配套设备的制造
		0825	应用电视设备及其他广播电视设备制造	指应用电视设备、其他广播电视设备和器材的制造

续表

代 码			类别名称	说 明
大类	中类	小类		
	083		摄录设备制造及销售	
		0831	影视录放设备制造	指非专业用录像机、摄像机、激光视盘机等影视设备整机及零部件的制造，包括教学用影视设备的制造，但不包括广播电视等专业影视设备的制造
		0832	娱乐用智能无人飞行器制造	指按照国家有关安全规定标准，经允许生产并主要用于娱乐的智能无人飞行器的制造
09			文化消费终端生产	
	093		玩具制造	
		0930	玩具制造	指以儿童为主要使用者，用于玩耍、智力开发等娱乐器具的制造
	095		信息服务终端制造及销售	
		0951	电视机制造	指非专业用电视机制造。包括彩色、黑白电视机以及其他视频设备（移动电视机和其他未列明视频设备）的制造
		0952	音响设备制造	指非专业用音箱、耳机、组合音响、功放、无线电收音机、收录音机等音响设备的制造
		0953	可穿戴智能文化设备制造	指由用户穿戴和控制，并且自然、持续地运行和交互的个人移动计算文化设备产品的制造
		0954	其他智能文化消费设备制造	指虚拟现实设备制造活动
		0955	家用视听设备批发	指家用视听设备批发活动

注：鉴于该分类标准并非为专门针对网络文化产业的分类标准，并不能涵盖所有网络文化产业的形态或是相关服务领域，实际上部分企业无法对应上述分类。此外，只有当企业的业务和产品涉及网络文化产业领域时才能归为本书的研究对象，单纯的文化及相关产业不纳入样本。所以本研究以该分类标准为主要依据，但会结合样本企业实际情况进行具体确定和分类。

附录 B　中国网络文化及相关产业上市公司名单

依据《文化及相关产业分类（2018）》中有关网络文化行业的内容，比对截止到 2017 年底 A 股上市公司 2013—2017 年年报披露的公司主营业务和主营产品及结合本研究确定的事实认定标准得到网络文化上市公司研究样本共计 179 家，详细名单如下（按上市板块排列）：

证券代码	证券名称	上市板块	省市	所有制	行业大类	上市年份
600652	游久游戏	主板	上海	民营企业	02 内容创作生产	1990
000016	深康佳 A	主板	广东	国有企业	09 文化消费终端生产	1992
600634	富控互动	主板	上海	民营企业	02 内容创作生产	1993
600637	东方明珠	主板	上海	国有企业	01 新闻信息服务	1993
600640	号百控股	主板	上海	国有企业	01 新闻信息服务	1993
600633	浙数文化	主板	浙江	国有企业	02 内容创作生产	1993
000038	深大通	主板	广东	民营企业	03 创意设计服务	1994
600831	广电网络	主板	陕西	国有企业	04 文化传播渠道	1994
600804	鹏博士	主板	四川	民营企业	02 内容创作生产	1994
000050	深天马 A	主板	广东	国有企业	08 文化装备生产	1995
600892	大晟文化	主板	广东	民营企业	02 内容创作生产	1996
000676	智度股份	主板	河南	民营企业	03 创意设计服务	1996
000665	湖北广电	主板	湖北	国有企业	01 新闻信息服务	1996
600715	文投控股	主板	辽宁	国有企业	04 文化传播渠道	1996
000607	华媒控股	主板	浙江	国有企业	03 创意设计服务	1996
600734	实达集团	主板	福建	外商投资企业	09 文化消费终端生产	1996
600745	闻泰科技	主板	湖北	民营企业	09 文化消费终端生产	1996
600898	国美通讯	主板	山东	外商投资企业	09 文化消费终端生产	1996
600100	同方股份	主板	北京	国有企业	09 文化消费终端生产	1997
000681	视觉中国	主板	江苏	民营企业	01 新闻信息服务	1997
000839	中信国安	主板	北京	国有企业	04 文化传播渠道	1997
000793	华闻传媒	主板	海南	国有企业	01 新闻信息服务	1997
000719	中原传媒	主板	河南	国有企业	02 内容创作生产	1997

证券代码	证券名称	上市板块	省市	所有制	行业大类	上市年份
000673	当代东方	主板	山西	民营企业	02 内容创作生产	1997
000063	中兴通讯	主板	广东	民营企业	09 文化消费终端生产	1997
000727	华东科技	主板	江苏	国有企业	08 文化装备生产	1997
000802	北京文化	主板	北京	民营企业	02 内容创作生产	1998
600136	当代明诚	主板	湖北	民营企业	02 内容创作生产	1998
000801	四川九洲	主板	四川	国有企业	08 文化装备生产	1998
000810	创维数字	主板	四川	民营企业	08 文化装备生产	1998
000917	电广传媒	主板	湖南	国有企业	04 文化传播渠道	1999
000835	长城动漫	主板	四川	民营企业	02 内容创作生产	1999
000892	欢瑞世纪	主板	重庆	民营企业	02 内容创作生产	1999
600288	大恒科技	主板	北京	民营企业	02 内容创作生产	2000
000156	华数传媒	主板	浙江	国有企业	04 文化传播渠道	2000
600242	中昌数据	主板	广东	民营企业	03 创意设计服务	2000
600229	城市传媒	主板	山东	国有企业	02 内容创作生产	2000
600130	波导股份	主板	浙江	民营企业	09 文化消费终端生产	2000
600037	歌华有线	主板	北京	国有企业	04 文化传播渠道	2001
000725	京东方 A	主板	北京	国有企业	08 文化装备生产	2001
600373	中文传媒	主板	江西	国有企业	02 内容创作生产	2002
600050	中国联通	主板	上海	国有企业	02 内容创作生产	2002
600576	祥源文化	主板	浙江	民营企业	02 内容创作生产	2003
600462	九有股份	主板	吉林	民营企业	08 文化装备生产	2003
600986	科达股份	主板	山东	民营企业	03 创意设计服务	2004
000100	TCL 集团	主板	广东	民营企业	09 文化消费终端生产	2004
601098	中南传媒	主板	湖南	国有企业	02 内容创作生产	2010
603000	人民网	主板	北京	国有企业	01 新闻信息服务	2012
601929	吉视传媒	主板	吉林	国有企业	04 文化传播渠道	2012
603398	邦宝益智	主板	广东	民营企业	09 文化消费终端生产	2015
600959	江苏有线	主板	江苏	国有企业	04 文化传播渠道	2015
603729	龙韵股份	主板	上海	民营企业	03 创意设计服务	2015
603918	金桥信息	主板	上海	民营企业	02 内容创作生产	2015
603996	中新科技	主板	浙江	民营企业	09 文化消费终端生产	2015
603888	新华网	主板	北京	国有企业	01 新闻信息服务	2016
603258	电魂网络	主板	浙江	民营企业	02 内容创作生产	2016
600977	中国电影	主板	北京	国有企业	04 文化传播渠道	2016
600936	广西广电	主板	广西	国有企业	04 文化传播渠道	2016

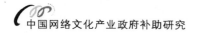

证券代码	证券名称	上市板块	省市	所有制	行业大类	上市年份
600996	贵广网络	主板	贵州	国有企业	04 文化传播渠道	2016
601595	上海电影	主板	上海	国有企业	04 文化传播渠道	2016
603189	网达软件	主板	上海	民营企业	02 内容创作生产	2016
603533	掌阅科技	主板	北京	民营企业	02 内容创作生产	2017
603825	华扬联众	主板	北京	民营企业	03 创意设计服务	2017
603444	吉比特	主板	福建	民营企业	02 内容创作生产	2017
603721	中广天择	主板	湖南	国有企业	02 内容创作生产	2017
601019	山东出版	主板	山东	国有企业	02 内容创作生产	2017
603466	风语筑	主板	上海	民营企业	03 创意设计服务	2017
603096	新经典	主板	天津	民营企业	02 内容创作生产	2017
603103	横店影视	主板	浙江	民营企业	04 文化传播渠道	2017
603890	春秋电子	主板	江苏	民营企业	08 文化装备生产	2017
002036	联创电子	中小板	浙江	外商投资企业	08 文化装备生产	2004
002045	国光电器	中小板	广东	民营企业	08 文化装备生产	2005
002071	长城影视	中小板	江苏	民营企业	02 内容创作生产	2006
002052	同洲电子	中小板	广东	民营企业	08 文化装备生产	2006
002148	北纬科技	中小板	北京	民营企业	02 内容创作生产	2007
002174	游族网络	中小板	福建	民营企业	02 内容创作生产	2007
002175	东方网络	中小板	广西	民营企业	02 内容创作生产	2007
002113	天润数娱	中小板	湖南	民营企业	02 内容创作生产	2007
002195	二三四五	中小板	上海	民营企业	01 新闻信息服务	2007
002143	印纪传媒	中小板	四川	民营企业	02 内容创作生产	2007
002103	广博股份	中小板	浙江	民营企业	03 创意设计服务	2007
002188	巴士在线	中小板	浙江	民营企业	03 创意设计服务	2007
002181	粤传媒	中小板	广东	国有企业	01 新闻信息服务	2007
002235	安妮股份	中小板	福建	民营企业	07 文化辅助生产和中介服务	2008
002238	天威视讯	中小板	广东	国有企业	04 文化传播渠道	2008
002261	拓维信息	中小板	湖南	民营企业	02 内容创作生产	2008
002247	帝龙文化	中小板	浙江	民营企业	02 内容创作生产	2008
002230	科大讯飞	中小板	安徽	国有企业	09 文化消费终端生产	2008
002241	歌尔股份	中小板	山东	民营企业	08 文化装备生产	2008
002279	久其软件	中小板	北京	民营企业	01 新闻信息服务	2009
002280	联络互动	中小板	浙江	民营企业	02 内容创作生产	2009
002292	奥飞娱乐	中小板	广东	民营企业	09 文化消费终端生产	2009

续表

证券代码	证券名称	上市板块	省市	所有制	行业大类	上市年份
002319	乐通股份	中小板	广东	民营企业	03 创意设计服务	2009
002425	凯撒文化	中小板	广东	外商投资企业	02 内容创作生产	2010
002502	骅威文化	中小板	广东	民营企业	02 内容创作生产	2010
002464	众应互联	中小板	江苏	民营企业	02 内容创作生产	2010
002519	银河电子	中小板	江苏	民营企业	08 文化装备生产	2010
002354	天神娱乐	中小板	辽宁	民营企业	02 内容创作生产	2010
002517	恺英网络	中小板	上海	民营企业	02 内容创作生产	2010
002343	慈文传媒	中小板	浙江	民营企业	02 内容创作生产	2010
002348	高乐股份	中小板	广东	外商投资企业	09 文化消费终端生产	2010
002400	省广集团	中小板	广东	国有企业	03 创意设计服务	2010
002445	中南文化	中小板	江苏	民营企业	02 内容创作生产	2010
002362	汉王科技	中小板	北京	民营企业	09 文化消费终端生产	2010
002467	二六三	中小板	北京	民营企业	04 文化传播渠道	2010
002351	漫步者	中小板	广东	民营企业	09 文化消费终端生产	2010
002369	卓翼科技	中小板	广东	民营企业	09 文化消费终端生产	2010
002416	爱施德	中小板	广东	民营企业	09 文化消费终端生产	2010
002429	兆驰股份	中小板	广东	民营企业	09 文化消费终端生产	2010
002512	达华智能	中小板	广东	民营企业	08 文化装备生产	2010
002555	三七互娱	中小板	安徽	民营企业	02 内容创作生产	2011
002619	艾格拉斯	中小板	浙江	民营企业	02 内容创作生产	2011
002624	完美世界	中小板	浙江	民营企业	02 内容创作生产	2011
002558	巨人网络	中小板	重庆	民营企业	02 内容创作生产	2011
002699	美盛文化	中小板	浙江	民营企业	02 内容创作生产	2012
002712	思美传媒	中小板	浙江	民营企业	03 创意设计服务	2014
002771	真视通	中小板	北京	民营企业	02 内容创作生产	2015
002739	万达电影	中小板	北京	民营企业	04 文化传播渠道	2015
002862	实丰文化	中小板	广东	民营企业	09 文化消费终端生产	2017
002905	金逸影视	中小板	广东	民营企业	04 文化传播渠道	2017
002848	高斯贝尔	中小板	湖南	民营企业	08 文化装备生产	2017
002841	视源股份	中小板	广东	外商投资企业	08 文化装备生产	2017
002845	同兴达	中小板	广东	民营企业	08 文化装备生产	2017
002881	美格智能	中小板	广东	民营企业	08 文化装备生产	2017
002888	惠威科技	中小板	广东	外商投资企业	09 文化消费终端生产	2017
002866	传艺科技	中小板	江苏	民营企业	08 文化装备生产	2017
300027	华谊兄弟	创业板	北京	民营企业	02 内容创作生产	2009

证券代码	证券名称	上市板块	省市	所有制	行业大类	上市年份
300031	宝通科技	创业板	江苏	民营企业	02 内容创作生产	2009
300002	神州泰岳	创业板	北京	民营企业	02 内容创作生产	2009
300028	金亚科技	创业板	四川	民营企业	08 文化装备生产	2009
300058	蓝色光标	创业板	北京	民营企业	03 创意设计服务	2010
300071	华谊嘉信	创业板	北京	民营企业	03 创意设计服务	2010
300079	数码科技	创业板	北京	民营企业	08 文化装备生产	2010
300104	乐视网	创业板	北京	民营企业	04 文化传播渠道	2010
300051	三五互联	创业板	福建	民营企业	02 内容创作生产	2010
300052	中青宝	创业板	广东	民营企业	02 内容创作生产	2010
300063	天龙集团	创业板	广东	民营企业	03 创意设计服务	2010
300081	恒信东方	创业板	河北	民营企业	02 内容创作生产	2010
300148	天舟文化	创业板	湖南	民营企业	02 内容创作生产	2010
300074	华平股份	创业板	上海	民营企业	02 内容创作生产	2010
300113	顺网科技	创业板	浙江	民营企业	02 内容创作生产	2010
300133	华策影视	创业板	浙江	民营企业	02 内容创作生产	2010
300144	宋城演艺	创业板	浙江	民营企业	04 文化传播渠道	2010
300043	星辉娱乐	创业板	广东	外商投资企业	02 内容创作生产	2010
300038	梅泰诺	创业板	北京	民营企业	03 创意设计服务	2010
300182	捷成股份	创业板	北京	民营企业	04 文化传播渠道	2011
300235	方直科技	创业板	广东	民营企业	02 内容创作生产	2011
300242	佳云科技	创业板	广东	外商投资企业	03 创意设计服务	2011
300264	佳创视讯	创业板	广东	民营企业	02 内容创作生产	2011
300269	联建光电	创业板	广东	民营企业	03 创意设计服务	2011
300251	光线传媒	创业板	北京	民营企业	02 内容创作生产	2011
300211	亿通科技	创业板	江苏	民营企业	08 文化装备生产	2011
300312	邦讯技术	创业板	北京	民营企业	02 内容创作生产	2012
300315	掌趣科技	创业板	北京	民营企业	02 内容创作生产	2012
300299	富春股份	创业板	福建	民营企业	02 内容创作生产	2012
300343	联创互联	创业板	山东	民营企业	03 创意设计服务	2012
300287	飞利信	创业板	北京	民营企业	02 内容创作生产	2012
300291	华录百纳	创业板	北京	国有企业	02 内容创作生产	2012
300292	吴通控股	创业板	江苏	民营企业	01 新闻信息服务	2012
300295	三六五网	创业板	江苏	民营企业	03 创意设计服务	2012
300336	新文化	创业板	上海	民营企业	02 内容创作生产	2012
300322	硕贝德	创业板	广东	民营企业	08 文化装备生产	2012

证券代码	证券名称	上市板块	省市	所有制	行业大类	上市年份
300392	腾信股份	创业板	北京	民营企业	03 创意设计服务	2014
300364	中文在线	创业板	北京	民营企业	02 内容创作生产	2015
300418	昆仑万维	创业板	北京	民营企业	02 内容创作生产	2015
300431	暴风集团	创业板	北京	民营企业	09 文化消费终端生产	2015
300494	盛天网络	创业板	湖北	民营企业	04 文化传播渠道	2015
300467	迅游科技	创业板	四川	民营企业	02 内容创作生产	2015
300459	金科文化	创业板	浙江	民营企业	02 内容创作生产	2015
300433	蓝思科技	创业板	湖南	外商投资企业	08 文化装备生产	2015
300518	盛讯达	创业板	广东	民营企业	02 内容创作生产	2016
300533	冰川网络	创业板	广东	民营企业	02 内容创作生产	2016
300556	丝路视觉	创业板	广东	民营企业	03 创意设计服务	2016
300571	平治信息	创业板	浙江	民营企业	02 内容创作生产	2016
300528	幸福蓝海	创业板	江苏	国有企业	02 内容创作生产	2016
300612	宣亚国际	创业板	北京	民营企业	03 创意设计服务	2017
300592	华凯创意	创业板	湖南	民营企业	03 创意设计服务	2017
300686	智动力	创业板	广东	民营企业	08 文化装备生产	2017
300710	万隆光电	创业板	浙江	民营企业	08 文化装备生产	2017

注：1. 关于所有制性质：样本公司涵盖 2013—2017 年数据，部分企业在某些年份，所有制性质因股权变动而有所变化，表中只列示 2017 年所有制性质。其中国有企业包括国有独资、国有控股企业或国有股为第一大股东企业；外商投资企业包括外商独资、中外合资、中外合作企业，港澳台和华侨投资也属外资范畴。所有制类型数据来自国泰安数据库，部分企业数据缺失由手动搜寻年报信息补充。

2. 关于行业大类：依据附录 A《文化及相关产业分类（2018）》中 01—09 行业大类分类。